2013年度安徽省高等学校省级质量工程

地理教学论

DILI JIAOXUELUN

黄成林◆主编

安徽师范大学出版社

内容简介:本教材试图全面贯彻新一轮基础教育课程改革理念,以培养新时期优秀的中学地理教师为目标,从地理教育发展、地理课程改革、地理教学过程、地理教学方法、地理课程资源、地理课程评价和地理教师专业化发展等方面系统构建教材框架,分别论述其内涵,研究地理教学系统,进而揭示地理教学客观规律,努力融先进性、理论性、系统性、实用性于一体。本教材既可作为高等师范院校地理科学专业学生和地理课程与教学论专业硕士生地理教学论课程教材,也可作为地理教师专业培训、自我研修教材,还可作为地理教学科研人员参考用书。

责任编辑:黄成林　祝凤霞　　**装帧设计**:丁奕奕　　**责任印制**:郭行洲

图书在版编目(CIP)数据

地理教学论/黄成林主编.—芜湖:安徽师范大学出版社,2012.7(2014.1重印)
ISBN 978-7-81141-748-7
Ⅰ.①地… Ⅱ.①黄… Ⅲ.①中学地理课-教学研究 Ⅳ.①G633.552

中国版本图书馆CIP数据核字(2012)第020016号

地理教学论
黄成林　主编

出版发行:安徽师范大学出版社
　　　　芜湖市九华南路189号安徽师范大学花津校区　　邮政编码:241002
网　　址:http://www.ahnupress.com/
发 行 部:0553-3883578　5910327　5910310(传真)　　E-mail:asdcbsfxb@126.com
经　　销:全国新华书店
印　　刷:安徽芜湖新华印务有限责任公司
版　　次:2012年7月第1版
印　　次:2014年1月第2次印刷
规　　格:700×1000　1/16
印　　张:16.25
字　　数:292千
书　　号:ISBN 978-7-81141-748-7
定　　价:27.00元

2013年度安徽省高等学校省级质量工程项目·省级规划教材
安徽师范大学教材建设基金资助项目

新课程学科教学论系列教材
编写委员会

序

基础教育课程改革对高师院校的课程与教学提出了严峻的挑战。学科教学论既是高师院校体现教师专业特点的重要课程，又是直接反映基础教育课程改革要求的重要载体。当前，我国学科教学论教材建设滞后于基础教育课程改革，“学科教学论”教学基本上沿用了传统的教学内容，没有渗透新的教育理念，不能满足高师院校对未来中学教师培养的需要。

从学与教、理论与实践的关系来看，“学科教学论”教学与教材滞后主要表现在以下四个方面。

一、重“教材”研究，轻“课程”研究

在我国，“教材”差不多成了“课程”的代名词。几乎所有的“学科教学论”教材，都有专门章节讨论教材的作用、教材的编写原则、教材的使用等，而“课程”中所包含的课程理念、课程计划、课程资源的开发、教材在课程中的地位、课程实施中学生的地位和教师的作用、生成性课程等，则少有涉及。

二、重“教”，轻“学”

长期以来，受传统教育思想的影响，我们习惯上将“教学”当作一个词汇来理解，因此“教学法”在实际上便成了“教法”的代名词。事实上，教学是一个以“学”为主的双边甚至多边活动，是“教”和“学”的统一体。在教育过程中，学生的学习既是教学活动的出发点，也是教学活动的归宿。

三、重“考试性评价”，轻“发展性评价”

在我国教育实践中，“评价”与“考试”同义，以考试代替评价。新课程倡导形成性评价、发展性评价的新理念。评价活动是教学活动的重要组成部分，评价的目的在于促进学生学习的进步、教师教学效率的提高和学校工作的改进。

四、重“传统教学技能”培养，轻“现代教学手段”应用

面对迅猛发展和不断更新换代的现代教学设施设备，仅仅注重传统的教师教学技能培养显得不够全面。很多师范院校的学生在毕业之前，对于多媒体辅助教学和网络教学仅限于理论上的感知，缺乏实际操作应用。传统的教学技能和手段固然重要，但不掌握现代教学技能和手段，显然无法适应新课程教学的需要。

面对基础教育新课程的挑战，学科教学论课程与教学内容必须进行改革。

一、必须重新确立学科教学论的学科性质与地位

学科教学论在教师教育和教师专业化中有着不可替代的作用。只有强化学科教学论学科建设，才能真正发挥学科教学论在教师专业化中的作用。我们认为，学科教学论不是一般教学论理论的简单套用，它亦有自身的理论体系。学科教学论是研究学科教学规律及其应

用的一门学科。从培养目标来看,学科教学论是结合本专业学科课程十分紧密,又很贴近中学学科教学实际,为师范生从事学科教学工作直接打基础、“实战性”最强、最基本的一门课程。

二、必须重新构建学科教学论课程结构与内容体系

根据基础教育新课程理念的要求,学科教学论课程结构的改革与重建应注意以下两点:一是要反映现代教育理论的发展趋势,将哲学、教育学、心理学、教育技术以及学科教学理论有机结合起来;二是要反映基础教育改革对教师素质的新要求,将先进的教育理论、最新的学科知识、多样化的教学操作技能有机结合起来。学科教学论属于研究学科教学的一般规律和教学操作体系的应用性理论学科,主要包括学科教学的一般理论,其内容涉及课程论、教材论、教学论、学习论等。同时,它具有学科教学的操作体系,如学科教学基本技术、学科教学设计、学科教学评价等。学科教学论理论体系的建构,一方面,要学习和借鉴当代教育学、心理学理论的最新成果,例如主体教育理论、建构主义理论等;另一方面,又要关照学科教学实践,要将鲜活的学科教学实践经验提升到理论高度,从而形成学科教学论特有的新理论体系。

三、必须凸显学科教学论的学科特色

一要有理论性。学科教学论要以现代课程论、教学论、学习论为理论基础,结合学科教学实际,力求从理论高度把握学科教学的一般规律,回答学科教学目标、学科课程、学科教学过程、教学建模、教学评价等基本理论问题。二要有实践性。学科教学论不仅要有理论体系的建构,也要有具体的学科教学操作技能体系,诸如教学基本技能、备课与教学设计技术、现代教育技术在学科教学中的应用、评价技术等。

四、必须重建学科教学论的研究范式

学科教学论的研究范式要从理论与实践两个方面展开。

一方面，关注理论的实践研究。学科教学论的理论研究，要努力跟踪与学科教学有关的相关学科的前沿理论，结合学科教学实际，整合各种理论，并努力将其运用于学科教学实践，尝试建立学科教学的理论模型。目前，尤其要注重研究学科教学中一些重大而基本的理论问题，如学科学习策略的厘定问题，学科教学模式的建构问题等。

另一方面，关注实践的理论研究。要在先进理论的指导下研究学科教学的实践，对于学科教学中的实践经验，特别是代表学科发展方向的先进经验，要进行理论概括与提升。

基于上述认识，我们根据新课程实施的调研情况，组织我校及省内具有丰富教学经验的学科教学论专家、学者和一线教师编写了这套“新课程学科教学论系列教材”。该系列教材是专为有志成为中学教师的师范生编写的，也可作为在职中学教师的专业培训、自我研修读物。相信这套教材能够对师范院校教师教育课程内容的改革提供有益的经验，能够适应基础教育新课程对学科教学论教材的需求，能够对在校师范生新课程从教能力的培养有所帮助。

可喜的是，2007年9月这套教材入选“安徽省高等学校‘十一五’省级规划教材”，2013年12月其中的大部分又被列为“2013年度安徽省高等学校省级质量工程项目”之“省级规划教材”。希望老师们继续努力，写出更好的教材。

王伦

2014年1月18日

前　言

囿于时间，本教材本次重印时虽然结构上有所调整，但意犹未尽。借写前言之际，和读者交流四个问题，也许能使读者走上讲台时多一份成功。

一、本教材各章之间的逻辑关系和主要内容

这是一本高等师范教育地理专业学生从事地理教育的入门教科书，一共八章，各有期求。

(1)本教材各章之间的逻辑关系。总体上，本教材围绕中学地理新课程“教什么”、“怎么教”展开：第一章绪论和第二章地理教育的发展重点概述“教什么”、“怎么教”的大背景，第三章地理课程改革重点解决“教什么”的问题，第四章地理教学过程、第五章地理教学方法和第六章地理课程资源重点解决“怎么教”的问题，第七章地理课程教学评价重点解决“教得怎样”的问题，第八章地理教师专业化发展重点解决“如何持续地教好”的问题。

(2)本教材各章主要内容。

第一章重点概述地理教学论的研究对象和任务、学科属性、理论基础，学习地理教学论的意义和方法，目的是从宏观层面认识这门课程，为学习本课程奠定基础。

第二章重在勾勒古今中外地理教育教学发展简史，着眼于地理教育的价值、发展趋势和发展策略。

第三章综述课程改革的背景和目标，地理新课程的学科价值、社会价值和教育价值；详细解读地理课程标准，辨析不同行为动词引领下的课程标准内容的广度和深度；结合新教材，剖析课程标准和新教材的关系，新教材编写的指导思想，新教材内容体系、特点和使用注意事项。通过本章学习，能够从宏观和理论层面把握新课程改革、地理课程标准，理解课程改革、课程标准和教材的关系，学会使用新教材。

第四章从中观和微观层面概述地理教学过程。过程是事情进行或者事物发展所经过的程序，没有必要的程序有可能进入无序状态，教学必须有序推

进。把握必要的教学理论和地理学习理论，理解地理教学过程基本原理，是开展和保证地理教学过程顺利推进的基础。地理教学准备和地理教学形式，是对地理学习理论、地理教学过程基本原理的具体落实。通过本章学习，能够掌握地理教学过程，学会教学准备，能运用基本的教学形式。

第五章从微观和技术层面概述地理教学方法，主要概述在长期地理教学实践中总结出来的地理教学模式和地理教学方法，介绍常用的地理教学媒体。模式是事物的标准形式或人们可以照着做的标准样式。方法是解决问题的路径。虽然经常说"学无定法"、"教无定法"，但完整的表述应该是"学习有法，学无定法，贵在得法"，"教学有法，教无定法，贵在得法"。学习也好，教学也好，都有方法可循，需要方法指导；方法很多，方法并非唯一或一成不变，最重要的是找到符合课程改革精神、适合教材、适合学生、适合自己的方法。掌握这些模式和方法，学会使用这些媒体，至少可以缩短成才之路，有"桥"和"船"这种"顶层设计"，完全没有必要"摸着石头过河"。

第六章主要概述地理课程资源、校内外课程资源、地方课程和校本课程。课程资源无处不在，新的课程资源观丰富了课程资源的视野，积极使用校内外课程资源有利于构成丰富多彩的教学情境，活化教学内容。国家课程为主、地方课程和校本课程为辅的课程结构，开创了我国课程管理的新局面，有利于发挥多种教育资源优势，提高人才培养质量。

第七章主要概述地理教学评价基本概念和理念，以及地理新课程背景下如何开展教师评价和学生评价。教学评价是对教师在理解课程改革、组织教学过程、选择教学方法开展教学活动后的一种教学效果或者质量的反馈性评判，是为了更好地全面提升地理教师教学质量和学生的地理素养。

第八章主要概述地理教师专业化发展的内涵与必要性、地理教师专业化发展构成等。教师专业化发展是国际教师领域改革的一项令人瞩目的举措，备受各国重视。没有教师的发展，就难有学生的发展。接受高等师范地理教育仅仅是从事地理教学工作最基本的教育，大学所学的专业知识和技能并不能充分满足中学地理教学全部需求，况且地理学科在不断发展，最新地理学科知识不断进入教材，新的教学理论不断出现，等等，都需要地理教师不断接受专业知识、专业技能乃至专业态度的学习和培训。

二、正确理解课程总目标和三维目标的关系

地理课程的总目标是培养学生的地理科学素养，三维目标是在"科学素养"的统领之下。三维目标是一个宏观、抽象的目标，需要在单元和课时教学目标

中细化和落实。

(1)三维目标是一个统一的有机整体,在具体实施过程中必须全面落实,不可分割或偏废。因为方便研究、编写和具体落实的需要,把地理课程目标细分为"知识与技能"、"过程与方法"和"情感态度与价值观"三个维度。"知识与技能"是地理课程的基础目标,"过程与方法"是地理课程的关键目标,"情感态度与价值观"是地理课程的终极目标。"基础"、"关键"、"终极"三个词非常准确地表达了目标的三个维度在地理课程目标中的地位,"基础目标"是最起码的教学目标,"关键目标"是实现"基础目标"和"终极目标"的关键环节,"终极目标"是最高层次的目标。

传统地理教学中"重知识轻方法"、"重结论轻过程"、"重科技教育轻人文精神培养"的现象,必须从根本上予以改变。

(2)三维目标是一个相互促进、共同达成的目标体系,教师是课程目标达成的促进者。知识是人们在社会实践中所获得的认识和经验的总和。商务印书馆第六版《现代汉语词典》对技能的解释是"技能是掌握和运用专门技术的能力"。传统的理解,技能一般是"通过练习获得的能够完成一定任务的动作系统或活动方式,分动作技能和心智技能"。《义务教育地理课程标准(2011年版)》中提出的地理技能要求是"掌握阅读和使用地球仪、地图的基本技能;掌握获得地理信息并利用文字、图像等形式表达地理信息的基本技能;掌握简单的地理观测、地理实验、地理调查等技能"[1];《普通高中地理课程标准(实验)》提出的地理技能要求是"学会独立或合作进行地理观测、地理实验、地理调查;掌握阅读、分析、运用地理图表和地理数据的技能"[2]。按照层次分,地理素养包含地理能力,地理能力包含地理技能。

掌握娴熟的地理技能,有助于不断获得新的地理知识;新的地理知识的不断积累,有利于掌握更多的新的地理技能。过程是事情进行或者事物发展所经过的程序,方法是解决问题的路径。方法合理、过程不当,或者方法不当、过程合理,都有可能事倍功半;方法得当、过程有序,定能事半功倍。一段时间里,地理教学"满堂灌",教师不能"授人以渔",学生"左耳进右耳出"、"接受性学习"、"死记硬背"、"机械训练",教学效果不好,问题就在于"过程与方法"有问题。老师传授知识的"过程与方法"有问题,学生学会知识的"过程与方法"同样也会出问题。学生没有学会基本技能,只能"囫囵吞枣"、"死记硬背",以致知识掌握不

---

[1] 中华人民共和国教育部. 义务教育地理课程标准(2011年版)[M]. 北京:北京师范大学出版社,2012:5.

[2] 中华人民共和国教育部. 普通高中地理课程标准(实验)[M]. 北京:人民教育出版社,2003:5.

牢,不能"举一反三",面对新的地理问题不知所措。科学合理的"过程与方法"是掌握"知识与技能"的"金钥匙"。在教学过程中,必须大力倡导学生"积极参与,注重过程,强调方法"。学习过程是认知活动和情意活动相统一的过程,没有认知因素的参与学习任务不可能完成,没有情意因素的参与学习活动不可能持久。当一个学生掌握的"知识与技能"、"过程与方法"升华为意志、观念、责任和习惯,升华为"情感态度与价值观"时,就能促进学生掌握新的"知识与技能"、"过程与方法",时时有地理意识,对学生终身发展受益无穷。

(3)三维目标是"以学生为主体"确立的。"知识与技能"是"学到了什么","过程与方法"是"怎样学到什么","情感态度与价值观"是在"学到了什么"和"怎样学到什么"的过程中或之后内化为自己的相对稳定的情意。简单地说,"知识与技能"目标是立足于学生"学会","过程与方法"目标是立足于学生"会学","情感态度与价值观"目标之一是立足于学生"乐学"。说偏颇一点,"知识与技能"是"收获","过程与方法"是"耕耘","情感态度与价值观"是"收获"中的精华——"种子"。

三、科学认识地理素养

简单地说,地理教育教学的总目标是培养学生的地理素养。地理素养是人们由训练和实践而获得的地理知识、地理能力、地理意识、地理情感等的有机构成与综合反映,是学习者经过地理学习后养成的比较稳定的心理品格。

(1)地理知识。地理知识是人们在地理学习和社会实践中所获得的认识和经验的总和,是地理素养的基础。地理知识包括陈述性(事实性)知识和程序性(原理性)知识。地理陈述性知识包括地理名称、地理分布、地理数据等,也就是我们通常讲的地理之"地"。地理程序性知识包括地理概念、地理特征、地理规律、地理成因、地理原理等,也就是我们通常所说的"理"。地理教学中,不能有"地"无"理"、"地""理"分家,必须知"地"识"理";不能对课程标准中"知识与技能"的"知识"的理解局限于陈述性(事实性)知识,而应知"地"析"理",知"地"究"理"。

(2)地理能力。地理能力是进行地理思考、回答地理问题所需的能力,是地理知识的应用和发展,是培养地理思维的必要工具,是认识地理环境、解决地理问题的特有方法或程序。一般认为,中学阶段着重强调两类地理能力:地理学习能力、地理应用能力。中学地理教学中,培养学生以下地理能力尤为重要。

一是获取和解读地理信息的能力。这里的地理信息是指各种地理材料和事实中反映的与地球表层空间位置直接或间接相关的事物和现象的信息。获取和解读信息，主要包括发现信息、理解信息、判断信息的重要程度、提炼信息有效内容和价值等思维过程。地理信息有直接和隐含之分，定性与定量之分，文字信息与图形图表信息之分，关键信息与一般信息之分。在教与学的过程中，要能够从多种呈现方式的信息中快速、全面、准确、完整地获取各种地理信息，能够准确、完整地理解各种地理信息，及时找出对解决当下地理问题有用的地理信息。

二是调动和运用地理知识、基本技能的能力。地理知识与地理技能是地理课程的基础目标。在教与学的过程中，不能过于关注知识的记忆和复述，而要强化知识的变式和迁移，强化知识间的内在联系，关注基本技能的掌握和运用，关注地理事实和学科发展；要能够调动和运用地理数据、地理概念、地理事物的主要特征及分布、地理原理与规律等知识，能够调动和运用自主学习过程中获得的相关地理知识，能够运用地理基本技能，能够选择和运用其他相关学科的基本技能解决地理问题。

三是描述和阐释地理事物、地理基本原理与规律的能力。描述主要是指运用恰当的表达方式述说地理事物的特征。阐释主要是指对地理事物和现象的本质或成因进行说明和解释。在教与学的过程中，要能够用简洁的文字语言、图形语言或其他方式，描述地理概念、地理事物的特征、地理事物的分布和发展变化、地理基本原理与规律的要点；要能够运用所学的地理知识和相关学科知识，通过比较、判断、分析，阐释地理事物基本原理和规律。

四是论证和探讨地理问题的能力。包括能够发现或提出科学的具有创新意识的地理问题；能够提出必要的论据，论证和解决地理问题；能够用科学的语言、正确的逻辑关系，表达出论证和解决地理问题的过程与结果；能够运用正确的地理观念，探讨、评价现实中的地理问题等。

(3)地理意识。意识是人们的头脑对于客观物质世界的反映，是感知、思维等各种心理过程的总和。地理意识是对地理知识的认知达到一定境界后的自然感悟和意念流露。中学地理意识主要包括空间意识、人口意识、资源意识、环境意识、全球意识、忧患意识、国家意识和可持续发展意识等，空间意识是地理意识中最基础的意识，研究地理事物的空间分布和空间结构，阐明地理事物的空间差异和空间联系，揭示地理事物的空间运动、空间演变规律，都离不开空间意识。

在地理课程标准中，有时候还出现有地理观念一词。在商务印书馆第六版《现代汉语词典》中，“观念”的第一种解释是“思想观念”。据此，地理观念就是地理意识。

(4)地理情感。地理情感是地理素养的重要组成部分,是维持地理思维活动、影响判断能力、支配地理活动的精神支柱,具体表现在学生的学习兴趣、文化情操、审美情趣等方面。

地理课程标准是对学生地理素养的基本要求,地理三维目标与地理素养各组成部分具有对应关系,全面落实地理三维目标是培养学生地理素养的重要途径,重视知识目标而忽略其他目标无益于学生地理素养的培养。

四、准确理解地理课程标准中的地理名词

初、高中地理课程标准中有很多地理名词,将它们认真梳理出来,廓清各自的内涵和外延,加以比较鉴别,有利于开展地理教育教学。因为课程标准很多内容就是行为动词加学科名词组成的。如《普通高中地理课程标准(实验)》在课程设计思路上要求学生"在梳理、分析地理事实的基础上,逐步学会运用基本的地理原理探究地理过程、地理成因以及地理规律等"[1],四十多个汉字中就有地理事实、地理原理、地理过程、地理成因和地理规律共二十个汉字的五个地理名词。

除了前述地理知识、地理能力、地理意识和地理情感等地理名词之外,现行初、高中地理课程标准中还有以下地理名词。

(1)地理环境与地理要素。地理环境是指一定社会所处的地理位置以及与此相联系的各种自然条件和社会经济条件的总和。地理环境是能量交错带,位于地球表层,即岩石圈、水圈、土壤圈、大气圈、生物圈、文化圈相互作用的交错带上,其厚度约10千米至30千米。地理环境可以分为自然地理环境和人文地理环境两大部分,自然地理环境是由岩石圈、水圈、土壤圈、大气圈、生物圈有机组成的自然综合体,人文地理环境是人类通过历史的和现代的政治、经济、社会、文化等活动在自然环境基础上营造的人为环境。

地理要素是构成地理环境和地理系统的基本单元。地理环境是一个巨型复杂的镶嵌系统,其中的每一部分都可以构成一个子系统,每个子系统又由若干个地理要素组成。无论系统大小,自然地理环境都由地质地貌、气象气候、土壤、水文、植物和动物六大要素组成,人文地理环境都由人口、城市、乡村、工业、农业、交通等或者政治、经济、文化、科学技术等地理要素组成。

(2)地理事物、地理现象与地理表象。这是三个既有联系又有区别的地理名词。地理事物是客观存在的一切地理物体和现象,地理课程标准上称之为

[1] 中华人民共和国教育部. 普通高中地理课程标准(实验)[M]. 北京:人民教育出版社,2003:2.

“地理事物和现象”。有时候为了便于区别，把它们分成地理事物和地理现象。狭义的地理事物具有物体所具有的质量和空间属性，如陆地、海洋、山岳、河湖、公路、铁路、机场、城市等。现象是相对本质而言的。地理现象是地理事物在发生、发展和变化中所表现的外部形态、联系和特征，一般多指动态的，如天之风雨雷电、地之春夏秋冬、日之东升西落、月之阴晴圆缺等，都属于地理现象。地理事物和现象是地理环境的重要组成部分。

地理表象是经过感知的客观地理事物在头脑中再现的形象。地理事物和地理现象都是自在之物，不论是否被感知都客观存在。例如长江，不去利用它的时候，它是自然之物；去利用它的时候，它是地理事物；它的水位变化、它的百舸争流，是地理现象；谈论长江时眼前并没有长江，这时的长江是人们头脑中再现的长江，它是长江的地理表象。理解《义务教育地理课程标准（2011年版）》中的“通过各种途径感知身边的地理事物和现象，积累丰富的地理表象”[1]这句话，有利于理解地理事物、地理现象和地理表象，以及三者之间的关系。

（3）地理事实与地理信息。地理事实是地理事物和现象的真实情况。耳听为虚，眼见为实。道听途说肯定不实，不合实际的地理事物和现象不是地理事实。地理教学强调实践，要“读万卷书，走万里路”，就在于地理分析要以地理事实为依据。地理信息是人们对地理事物的感知。感知地理信息的多少取决于掌握的地理知识和地理能力，以及提取信息的“过程（程序）和方法（路径）”。例如：从春运期间相关站点票源紧张状况，可以获取民工流及旅游流、探亲流的流向等地理信息；面对秀美山川，地理认知能力弱的人可能只能提取“山光水色”、“山清水秀”、“人行明镜中，鸟度屏风里”等表层地理信息，而地理能力强的人不仅能说出“山光水色”、“山清水秀”、“人行明镜中，鸟度屏风里”及其原因，还能说出诸如“一山有四季，十里不同天”、“游山如读史，观山如观画”、“登泰山而小天下”、“一山一世界”等深层地理信息，进而感悟到“江山如此多娇”、山川是祖国的代名词、热爱祖国是公民的应有之举等。

（4）地理概念。地理概念是反映地理事物和现象的一般的、本质的特征。掌握地理概念的最佳途径不是背诵现成的条文，而是“根据收集到的地理信息，通过比较、分析、归纳等思维过程，形成地理概念”[2]：地理信息→地理思维→地理概念。例如城镇，不论规模大小、人口多少、地处何方、历史长短、建筑新旧

[1] 中华人民共和国教育部. 义务教育地理课程标准（2011年版）[M]. 北京：北京师范大学出版社，2012：6.

[2] 中华人民共和国教育部. 义务教育地理课程标准（2011年版）[M]. 北京：北京师范大学出版社，2012：6.

等,人口集中、工商业发达、居民以非农业人口为主是其本质特征,所以,城镇的概念应该是"人口集中、工商业发达、居民以非农业人口为主的地区",城镇化的概念是"农村人口逐步向城镇转移,非农产业不断向城镇聚集,城镇人口和城市数量不断增加,城镇规模不断扩大的过程"。

(5)地理过程。地理过程是指地理事物和现象发生发展的演变过程。地理过程包括自然地理过程和人文地理过程两大类。从另一个层面看,很多自然地理过程其本质是物理过程、化学过程和生物过程。

中学地理教学中涉及的自然地理过程主要有地球运动过程,地球内部物质循环过程,大气运动过程,天气过程(如降水过程、寒潮过程、台风过程等),风化过程,盐渍化过程,沙漠化过程,沼泽化过程,水循环过程,洋流运动过程,等等。中学地理教学中涉及的人文地理过程主要有极化与扩散过程、工业化过程、城乡一体化过程、区域一体化过程、城镇化过程等。

(6)地理特征、地理规律与地理成因。地理特征是地理事物和现象特点的征象或标志。掌握地理特征的最佳方法是归纳。如冬、夏风向转换明显,夏季高温多雨、冬季寒冷干燥,是我国季风气候的基本特征。规律也称法则,地理规律是地理事物在运动和发展过程中表现出的比较恒定的在更大范围内具有普适性的内在本质联系。掌握地理规律的最佳方法是理解。地理成因是地理事物、现象和规律等形成的内在机制。如地处"两大"之间,海陆间巨大的热力差异及其运动或叠加行星风带的季节性移动,是我国季风气候形成的主要原因。

地理特征和地理规律容易混淆,实际上二者有差异,前者比较具体,来自于对地理事物的具体认知,后者比较抽象,来自于对诸多同类地理事物的归纳。以海陆风为例,它的特征因海陆位置不同具体风向和对海滨地区的影响而不同,但海陆风的基本规律是一致的,即白天下层风由海洋吹向陆地(海风),夜间下层风由陆地吹向海洋(陆风),以一天为周期。从成因看,海陆风是局地环流的结果。

中学地理教学中涉及的地理规律主要是地理事物空间运动、空间演变、空间分布规律。具体的地理规律很多,如地球运动规律,我国太阳辐射能时空分布规律,地域分异规律,世界气候分布规律,等等。地理事物空间运动、空间演变、空间分布规律很多很多,很多地理过程都具有地理规律。如地球运动过程具有规律性——地球自转规律、地球公转规律;大气运动过程具有规律性——三圈环流运动规律等;世界洋流运动过程具有规律性——世界洋流运动与分布规律。

(7)地理原理和地理理论。地理原理是带有普遍性的、最基本的、可以作为其他地理规律的基础的规律,是具有普遍意义的地理道理。地理理论是人们在地理实践中概括出来的关于自然界和社会的知识的有系统的结论。地理规律遵循地理原理。地理理论有的是地理规律或地理原理的系统总结,如人地关系理论、区位理论;有的来自其他科学,如自然地理环境整体性和差异性原理遵循系统科学理论,海陆风的形成广义地遵循物理学理论。

有时候,人们容易混淆原理和理论,如有人称人地关系理论为人地关系原理,其实二者亦有区别,原理重在普适性,理论重在系统总结。

中学地理教学中,地理原理有自然地理环境整体性和差异性原理等,地理理论主要有板块构造学说、人地关系理论、地域分异理论(地域分异规律和地域组合规律)、区位理论(如农业区位论、工业区位论、市场区位论、中心地理论、点轴发展理论等)、空间相互作用与扩散理论等。

(8)地理思维。地理思维是地理学习能力的一种,是人们根据思维的共同规律,认识地理事物,把握地理事物的本质,揭示其内部联系,达到对地理事物规律性的认识的过程。它是人们对地理事物的理性认识过程,这种理性认识活动是认识的高级阶段。地理思维分为形象思维、逻辑思维、辩证思维等主要类型和抽象概括、判断推理、分析综合等基本形式。

(9)地理问题。地理问题是指需要研究并加以解决的地理矛盾或疑难等。地理问题是一种客观存在,具有区域性、综合性、复杂性等特点。具有区域性的问题都是地理问题,如我国中东部地区的雾霾问题,西北地区土地荒漠化问题,黄土高原水土流失问题,区域协调发展问题,新型城镇化问题,等等。地理问题与地理认知有关,地理认知越丰富,越容易感知或者发现地理事物和现象中的地理问题。

(10)地理方法。地理学除了采用众多学科经常采用的方法如归纳法、演绎法外,还有自己特有的方法,包括传统的地理学方法,如地图方法、地理观测、地理考察和地理调查方法,以及地理学的现代研究方法,如地理实验、遥感、地理信息系统、全球定位系统和地理模拟等。在中学地理教学中,这些方法都有涉及。

结合雾霾来说明上述部分地理名词,也许有助于理解这些地理名词。雾霾是一种地理现象,也是一件地理事实。雾霾最明显的是地理表象是能见度低、空气质量差。从地理概念看,雾霾是雾和霾的统称。雾和霾的区别很大:雾是由大量悬浮在近地面空气中的微小水滴或冰晶组成的气溶胶系统,多出现于秋冬季节,是近地面层空气中水汽凝结或凝华的产物;霾是灰霾的意思,空气中因悬浮着大量的烟、尘等微粒而形成的浑浊现象,能见度低,通称阴霾或者灰霾。

有雾的天气发生灰霾,对人的健康危害很大。从雾霾天气中,可以获取雾霾地区气象条件和空气质量等地理信息。一次雾霾的地理过程是:大气层结稳定,空气悬浮颗粒物增多,雾霾产生;随着大尺度大气环流形势发生改变,气流活动增强,大气层结不稳定,或者产生降水,雾霾逐渐消失。从地理特征看,雾霾突出表现为能见度低,影响范围广,空气质量差。从地理成因看,主要包括两方面:一是不利气象条件造成污染物在大气中持续累积。受近地面静稳天气控制,空气在水平和垂直方向流动性非常小,大气扩散条件非常差。二是空气中悬浮颗粒物增多。如机动车尾气排放,其他悬浮颗粒物(如北方冬季燃煤采暖排放的烟尘等污染物,建筑工地扬尘等)。从地理规律看:时间上雾霾主要发生在秋冬季节,空间上雾霾主要发生在工业集聚、污染治理滞后的地区。具备地理思维的人,一定认为雾霾是一种灾害性天气,是一个地理问题。在目前科技背景下,改变不利气象条件暂不具备,减少污染源、削减大气污染物是解决雾霾的根本之道:第一产业方面,减少野外燃烧作物秸秆,减少裸露地面,加强绿化等;第二产业方面,工业企业限排减产,严控污染物排放等;第三产业方面,汽车改燃油为用气用电,冬季供暖煤改气,加强工地控尘措施,增加道路保洁频次等。

目　录

第一章　绪　论

地理教学论是一门比较年轻的学科，源于教学论。从捷克教育家夸美纽斯的《大教学论》、德国教育家赫尔巴特的《普通教育学》出版算起，近代学科教学论只有几百年的历史。在我国，虽然近代学科教学论的传播和建立时间不长，但是20世纪五六十年代以来，尤其是改革开放以来，教学理论研究非常活跃，从研究方法到研究内容都有许多创新，逐步形成了具有中国特色的教学理论。

基于我国学科教学论的发展，我国地理教学论应运而生。

第一节　地理教学论的研究对象和任务

一门学科的产生，必须具备三个条件：一是要有自己的研究对象和在此基础上建立的一套特有的概念，并按一定的逻辑结构形成自己的知识体系；二是具有科学的方法论和具体的研究方法与手段，以揭示某一领域内的事物特征和本质规律；三是具有一定的社会功能，能够解决某一领域内的特殊矛盾。

一、地理教学论的概念

从解释角度分析，地理教学论就是研究地理教学的理论，"教学"是地理教学论的关键词。

"教学"一词，我国古代早已有之。商代甲骨文中就有"教"、"学"两个字的最早形式。因使用场合和习惯不同，西方"教学"有两种形式：一是instruct，来源于拉丁文，有"积累"、"堆积"的意思；二是teaching，来源于希腊语，有"解释"、"指示"、"演示"、"引导"的意思。

对于"教学"一词，因为教学活动本身是一个复杂的有着多重联系的社会活动，在意义的广狭上和概念的外延与内涵上，古今中外，见仁见智。理论界大多数人认同的教学的含义是：教学是以课程内容为中介的师生双方教和学的共同活动，是学校实现教育目的的基本途径。教学的特点是通过系统知识、技能的传授与掌握，促进学生身心发展[1]。

教学论，也叫教学理论，英文为 didactics 或 theory of instruction 或 on the teaching，来源于希腊文“我教”的意思。其研究范围包括教学任务(目的)、教学内容、教学过程、教学原则、教学方法、教学形式、教学评价等，是教育学科的组成部分。

在中国古代，《礼记·学记》中提出的“教学相长”、“学不躐等”、“不陵节而施”、“禁于未发”以及“君子之教喻也，道(导)而弗牵，强而弗抑，开而弗达”等思想，是世界教育史上关于教学的最早论述。此后，历代学者在他们的从教治学中均提出了不少精辟见解。

关于西方教学论，一般认为，17世纪捷克夸美纽斯的《大教学论》总结了欧洲文艺复兴以来的教学思想，奠定了该学科的基础。其后，瑞士裴斯泰洛齐、俄国乌申斯基也提出各自的教学论主张。19世纪德国赫尔巴特在《普通教育学》和《教育学讲义纲要》中使之系统化，建立了以统觉为基础的教学理论。20世纪初，美国杜威完成了他的实用主义教学理论著作《儿童与课程》。继之，苏联凯洛夫主编的《教育学》继承了欧洲民主主义教育思想，力图以辩证唯物主义认识论为指导建立教学理论体系。1957年，苏联达尼洛夫、叶希波夫在此基础上首次编出了第一本以《教学论》命名的专著。美国布鲁纳在《教学论定理》中试图以结构主义心理学为基础阐述教学论。苏联巴班斯基在《教学过程最优化——一般教学论方面》中试图用系统论观点建构教学论。

改革开放以后，中国学者对教学论学科性质、任务，教学过程的本质、规律、原则、方法等提出过不少新的构想，出版了多种教学论专著。但是，迄今为止，教学论的内涵仍无定论。为了研究、教学的需要，当代中国学者多数认为，教学论是研究教学现象、揭示教学规律的科学。作为教学论的分支学科，地理教学论可以定义为：地理教学论是一门研究地理教学现象，揭示地理教学规律，指导地理教学实践的学科。

二、地理教学论的研究对象

地理教学论伴随地理教学产生。地理教学论作为一门独立的学科，有着自己特定的研究领域和研究对象。

(一)地理教学论研究对象的发展阶段

由于人们的认识水平、研究能力随着地理教学实践的发展而不断提高，地

[1] 顾明远. 教育学大辞典[M]. 上海：上海教育出版社，1998：711.

理教学论的研究对象也经历了一个逐步发展的过程，形成了三个明显的阶段。

1. 地理教学方法阶段（1904—1949年）

在新中国成立前的40多年中，我国中小学地理教学在课程设置、教学内容等方面虽有一定的变化和发展，但由于当时中国处于半殖民地半封建社会，地理教学带有明显的半殖民地色彩，教学内容多从西方国家的地理教材中编译而来。加之当时教学水平比较低，以单纯传授地理知识为主要目的，教师的着眼点在于怎样教好书，学科教学论教育重在"教师如何教"。虽然陶行知先生提议改"教授法"为"教学法"，竺可桢先生在1922年《史地学报》第2期发表了《地理教学法之商榷》专门文章，但地理教学论始终没有形成自己的理论体系，地理教学研究处于比较低的水平层次上，零零碎碎发表的地理教学文章只重视地理教师的"教"，而忽视学生的"学"。因此，这个阶段地理教学论的研究对象是地理教学方法或地理教学技巧。

2. 地理教学过程阶段（1950—1977年）

新中国成立以后，中小学地理教学进入了一个新时期。新中国成立初期，百废待兴，地理教学照搬苏联的经验，中学地理教材一般以苏联中学地理教材为蓝本，部分内容根据我国国情加以改编，但地理教材内容明显存在着不符合我国国情的东西。

20世纪五六十年代，教育部两次制（修）订中学地理教学大纲，明确提出了中学地理教学目的："中学地理教学的任务，是要把一定范围的地理知识教给学生，并且使他们获得一些实际的技能和熟练技巧，帮助他们形成辩证唯物主义世界观，使他们受到爱国主义和国际主义的教育，能以无限忠诚献身于伟大祖国的社会主义建设事业，献身于保卫世界和平事业。"[1]"中学地理的教学目的，是在小学教育的基础上，使学生进一步掌握中国的、全球的、各大洲和世界主要国家的地理基础知识；使他们进一步掌握运用地图等基本技能；培养他们的爱国主义和国际主义精神，战胜自然，建设社会主义祖国的雄心。"[2]由此，地理教学研究一改照搬苏联模式，在重视向学生传授知识的同时，注重学生能力培养和思想品德形成教育，地理教学过程成为地理教学论的研究对象。但是，这个阶段地理教学研究成果并不多，特别是"文革"十年，地理教学研究陷于停顿。

3. 地理教学系统阶段（1978年以来）

自1977年恢复全国高等学校统一招生考试，地理被列为文科统考科目（部分年份除外）以来，地理教学研究真正进入了科学研究的春天。与此同时，世界

[1] 中华人民共和国教育部. 中学地理教学大纲（草案）[S]. 1956.

[2] 中华人民共和国教育部. 全日制中学地理教学大纲（草案）[S]. 1963.

范围内的科学技术飞速发展，新的科学方法论不断涌现，地理学科、教育学科的新思想新观点层出不穷，并涌现了一大批地理教学研究成果，如褚亚平主编的《中学地理教学法》(人民教育出版社，1981年版)、褚绍唐等编的《地理教学法》(华东师范大学出版社，1982年版)以及曹琦、喻成炳、张恒渤等人编著的各种教学论专著。广大地理教师，尤其是地理教学研究者，越来越感到地理教学法的学科名称、研究对象和理论水平等已不能适应我国地理教育不断发展的需要，必须进行改革。

进入90年代，地理教学研究者的视野更加开阔，成果更加丰硕，逐渐形成了一支科研队伍，地理教学研究朝着多层次、多角度、全方位方向发展。此时，人们把地理教学的研究对象定位在整个地理教学系统上。特别是进入21世纪以来，地理新课程改革全面启动，地理教学研究在强调素质教育的同时，重视对地理教学中学生学的现象的研究，如探究式学习、研究性学习、合作学习等方面的研究，主张以学生的"学"为出发点去研究教师的"教"，研究教师的"教"是为了学生的"学"，以"学"为目的去"教"。这是现代地理教学论的根本宗旨。

(二)地理教学论研究对象基本要素分析

一般认为，地理教学论的研究对象是地理教学系统。这个系统包含地理教学活动的一切现象和规律，是一个开放的由相互联系、相互依存的各种地理教学要素构成的有机整体。基于研究视角不同，不同学者提出的地理教学系统的要素构成有所差异，基本有以下几类：

三要素说：即教师、学生、教材(或教学内容)；

四要素说：即教师、学生、教学内容和教学手段(或教学环境)；

五要素说：即教师、学生、课程(或教材)、教学方法、教学媒体(或教具、学具)；

六要素说：即教师、学生、课程、方法、教学媒体、教学目的；或教师、学生、教学内容、工具、时间、空间；

七要素说：即教师、学生、教学目的、教学内容、教学方法、教学环境、教学反馈。

另外还有八要素、九要素、十要素甚至更多更复杂的要素系统。

我们认为，地理教学系统由学生、教学目的、地理课程、地理教师、地理教学方法、地理教学评价和地理教学环境等要素所构成。

1. 学　生

学生是地理教学过程的核心要素，是地理教学过程的主体，也是地理教学的出发点和归宿。地理教学过程就是为学生展开的，没有学生就不存在地理教学活动。现代教学论认为，在整个教学活动中，学生占据着中心地位。这与传统的地理教学观念中教师占据中心地位，地理教学的基本格局为“教师讲、学生听”有很大区别。学生这个要素是地理教育系统诸要素中最活跃、最丰富多彩的要素，学生的认知水平、个性特点、能力倾向等都影响着地理教学过程。

2. 地理教学目的

教学目的是地理教学活动必不可少的要素之一。地理教学活动是有目的的活动，地理教学目的是地理教学活动预期的结果。这种预期结果总体上产生于地理教学活动之前。地理教学过程围绕地理教学目的进行。地理教学目的虽然具有主观性，但是它受社会需要、学生需要以及地理学科发展的制约。地理教学目的是广义的，有远期目的和近期目的，有比较抽象的目的和比较具体的目的，等等。这些不同层次、不同性质或方面的目的，形成一个完整的体系或结构，落实到学生身上。地理教学过程中要注意各目的的结合。

3. 地理课程

地理课程是地理教学活动中最具实质性的因素。地理课程是地理课业及其进程。具体表现为地理课程标准、地理教材（包括教科书、地图册、电子音像教材等）。地理课程受地理教学目的的制约。

4. 地理教师

地理教师是地理教学过程中的主导因素。在学校地理教学活动中，学生的学习活动都是在教师的指导下进行的。虽然传统的教学论过分强调了教师的主导作用，但并不等于现代教学活动就可以忽视地理教师的作用。无论科学技术如何发达，都不可能有其他的因素可以替代教师在学校教学活动中所起的作用。

5. 地理教学方法

地理教学方法也是地理教学过程中较为活跃的因素。这里所说的方法是广义的，包括教师在课内和课外所使用的各种教学方式、方法、教学手段、教学媒体以及教学组织形式等。地理教师运用地理课程来达到地理教学目的，必须依赖正确、合理、有效的地理教学方法。教学方法是通过教与学的互动，帮助学生达到地理知识海洋彼岸的桥梁。

6. 地理教学评价

地理教学是在教师与学生之间进行信息传递的交互活动。信息交流、交互活动都离不开反馈。地理教学评价具有反馈、调控以及改进教学的功能。

7. 地理教学环境

地理教学环境是地理教学活动中一个重要但易被忽视的因素。任何地理教学活动都必须在一定的时空条件下进行，这种时空条件包括有形和无形的教学环境。有形的教学环境包括教室（含地理专用教室）、地理园，以及校内外的自然和人文环境等。无形的教学环境包括师生之间、同学之间的人际关系，校风、班风，还有课堂上的氛围以及社会环境、网络环境等。教学环境这一因素以往常常被人忽视，实际上，它的潜移默化作用，如在情感、美育等方面对学生的熏陶等，往往是其他因素不能替代的。

三、地理教学论的研究任务

一门学科的研究任务取决于它的研究目的。基于新课程的地理教学论研究任务有别于以往地理教学论的研究任务，它是根据地理新课程的特点，研究地理教学现象，剖析地理教学现象诸要素，最终目的是为了揭示地理教学规律，指导地理教学实践。发展地理教学理论、指导地理教学实践是新课程地理教学论的总任务。

（一）研究地理课程改革

地理课程改革研究包括研究地理课程改革背景与目标，地理课程的功能定位，地理课程的理念，以及地理课程标准和地理课程内容体系，以体现现代我国社会对地理课程内容的价值取向。

（二）研究地理教学过程

在传统地理课程的基础上，倡导新的教学理念，用素质教育理论、认知结构理论、多元智能理论、建构主义理论等，指导地理课堂教学各个环节和地理教学活动各个方面，以达到教学过程最优化。

（三）研究地理教学方法

地理新课程是在新的教育理念基础上诞生的，应该有新的教学方法。因为现代中学地理教学要求学生学有用的地理知识，学学生生活中用得着的和对学生今后发展有帮助的地理知识，传统的教学模式、教学方法、教学技能与教学技巧不一定全部适合地理新课程的需要，必须研究和应用新的教学理念下的新的教学模式、新的教学方法。探究式教学、范例式教学、研究性学习、合作性学习等，必须融入地理新课程教学中。如何运用这些教学方法，是提高地理新课程教学质量必须重视的问题。

（四）研究教学评价

传统的地理教学论很少关注教学评价，因为地理成为全国高考科目以后相当长的一段时间里，重结果的评价体系在教学评价中占据着牢固的统治地位。如何根据地理课程标准，变重结果评价为重教学过程评价，如何从思想上建立新的评价体系，在操作上对教师、学生两个方面作多方位、多类型的评价，是新课程地理教学论不同于以往地理教学论的一个重要亮点。

(五)研究地理课程资源

充分利用各种信息资源,广泛开发地理课程资源,对于丰富地理课程内容,开展生动活泼的地理教学,养成学生对于地理科学的浓厚兴趣和终身学习地理的能力,提高教师的全面素质,都具有重要意义。建设、开发地理课程资源的目的,是实现国家所规定的地理课程目标,建立起国家、地方、校本三级课程体系。如何建立起三级课程体系,如何开发校内、校外的地理课程资源,如何使校内、校外的地理课程资源成为学生主动学习、乐于探究、勤于思考的教学素材,需要进一步去研究。

第二节 地理教学论的学科属性

地理教学论是一门什么性质的学科,这一问题直接关系到地理教学论的研究目的和研究方向,因而是地理教学论中必须回答的一个问题。目前,人们对地理教学论的学科性质认识不尽相同,概括起来有以下三种观点。

一、地理教学论是一门理论学科

在西方教育史上,第一个倡导教学理论的学者是17世纪德国教育家拉特克。他在《改革学校和社会的建议书》中自称是"教学论者"。他致力于探求"教授之术",开拓了教学理论研究领域。在这种背景下形成的教学论,以教学方法、教学技术问题为中心。20世纪50年代以来,苏联出版的教学论著述同样持有这种主张,认为教学论是研究教育和教学的理论,是研究教与学之间关系的科学,是研究有关教学内容、教学手段、教学方法的理论。德国教育家克拉因认为,教学论是研究教学中智育和德育统一过程的学科。美国布鲁纳认为,从严格意义上说,教学论是一种规范理论,它要探求教授和学习的理想模式。

近年来,我国教学论专家也趋向于将教学论定位于一门理论学科。他们认为:"随着现代教学论的发展和教学论学科的不断分化与综合……教学论将因其主要是阐明教与学的原理,揭示教学规律的学科而越来越成为一门理论科学"[1];"将教学论定位于一门研究一般教学现象、普通教学问题的基本原理的理论学科是合理的和必要的"[2]。

[1] 蔡宝来,王嘉毅. 现代教学论的概念、性质及研究对象[J]. 教育研究,1998(2):57-59.

[2] 张广君. 教学论研究与发展的困境、盲点和误区[J]. 教育研究,1998(11):55-57.

如果教学论是一门理论学科，作为其分支学科的地理教学论理所当然也是一门理论学科。因此，有学者把地理教学论的研究范畴定位在教学目的、教学任务、教学过程、教学规律、教学原则、教学内容、教学方法、教学组织形式以及学业成绩的检查与评定上，地理教学论的研究目的是试图从哲学认识论的角度对地理教学活动提出一个描述性、解释性的框架体系。这种研究由于比较抽象，内在逻辑体系严密，有可能导致地理教学论内容空洞、抽象，脱离实际需要。

二、地理教学论是一门应用学科

这种观点认为，地理教学论是一般教学论和相关学科理论在地理学科教学中的应用。根据这种观点，地理教学论的研究取向是理论加地理实例，是用地理实例去印证教学理论和相关理论的正确性。“更具体一些说，地理教学法属应用教育学科的一门学科”[1]，就是这种观点的代表。

这种观点的不足之处是偏重于教学理论和概念的移植，缺少结合学科教学实践的实证研究，学科内容无非是地理学科教学目的、教学原则、教学过程、教学方法和教材分析，所涉及的大多是指示性的理论而缺少相应的地理教学规律的阐释，结果必然导致地理教学论体系过度融合于教育学科的基本范畴和基本理论之中，本身学科特色不足。

从“应用学科”的特征上分析，把地理教学论看做是一门应用学科不可取。通常所说的“应用学科”是应用某一既有科学理论在某一领域内阐述、对这一领域有直接指导作用的学问，实用性是应用科学的最突出特点。虽然地理教学遵循一般教学规律，但这种一般教学规律在教学论中已经阐明，所以地理教学论对此只引入而不展开论述。必须指出，这种简略并不意味着地理教学论只是运用它，地理教学论的主要任务也不在于揭示这些“一般规律”，而在于探索由地理学科教学的特殊性所决定的相应的特殊规律。正因为如此，“理论教育科学对应用教育科学具有指导作用；地理教学法虽是应用教育科学的学科，但在其内容中丝毫不能忽略本学科理应阐明的有关理论问题”[2]。

三、地理教学论是一门应用理论学科

将地理教学论定位于“一门应用理论学科”，以陈澄教授为代表。他在《地理教学论》中明确提出：“将地理教学论的学科性质定位于‘理论性和实践性并

[1] 褚亚平. 中学地理教学法[M]. 北京：人民教育出版社，1981：2.

[2] 褚亚平. 中学地理教学法[M]. 北京：人民教育出版社，1981：2.

重'的学科,或者说是'应用理论的学科'是合理的、恰当的。"[1]如此定位地理教学论,有其理由:

其一,从地理教学论的缘起看,作为地理教学论前身的地理教授法、地理教学法、地理教材教法(包括中学地理教材教法和小学地理教材教法),由于它们在指导地理教师运用教法、分析教材等方面的具体性、直接性,其学科性质的应用性、实践性很明显,它们基本上属于地理教学经验的描述和总结,抽象概括的层次不高,缺乏理论色彩和理论深度,特别是对于学生个性发展、创造性学习、合作学习、探究学习等学习方式以及一些现代理论与流派,如布鲁纳的认知结构理论、布鲁姆的掌握学习理论、加涅的学习阶层论、罗杰斯的指导性教学论、格拉泽的个别化教学设计模式、班杜拉的社会学习理论等概不涉及。新课程地理教学论在新的教学理念下,这些理论必然成为其研究内容,并将之运用到教师的教和学生的学的过程中。

其二,在层次上,人们通常将现代科学划分为基础理论研究、应用理论研究和应用技术研究等层次。基础理论研究主要揭示科学领域内的基本规律,是组成科学结构的基石;应用理论研究是将科学的基础理论变为直接生产力的桥梁;应用技术研究则是直接指导生产实践的科学。这种学科分类思想比较适合于新课程教学论的学科属性的论证。因为新课程地理教学论不仅研究地理教学常规现象,揭示地理教学特有规律(理论),而且用这些现象与规律去指导地理教学实践(应用)。

实践是认识的源泉,是理论发展的动力。地理教学实践是地理教学理论建立和发展的动力与源泉。同时,人的认识不仅来源于实践,还要反过来指导人的实践活动。地理教学理论不仅来源于地理教学实践,还要指导地理教学实践,并在总结新的地理教学实践经验的基础上予以丰富和发展。任何自觉的实践都需要理论指导,没有科学的理论便没有科学的实践。所以,基于新课程理念的地理教学论在理论性和实践应用性两方面不可偏废,地理教学论是一门应用理论学科。

第三节 地理教学论的理论基础

一门学科的发展一定要有理论基础。地理教学论是一门介于教育学和地

[1] 陈澄. 地理教学论[M]. 上海:上海教育出版社,1999:14.

理学之间的交叉学科，因此其理论基础除地理学外还有教育学。这两大学科又涉及哲学、美学、心理学、生理学、管理学、行为学、人才学、创造学、信息学、未来学以及系统科学等。

一、地理教学论的哲学基础

地理教学论研究必须以马克思主义哲学为理论基础，以辩证唯物主义和历史唯物主义的观点认识问题。教学过程中，“教”与“学”两个方面既相互依存又相互作用，一个方面的变化会引起另一个方面的变化，而另一个方面的变化反过来又作用于影响它的那一个方面，或促进或阻滞，推动矛盾发展。这样循环往复，不断影响着“教”与“学”的质量。地理教师认识到“教”与“学”是相互联系、相互依存而且是矛盾对立统一的辩证关系，就会设法促进“教”与“学”这对矛盾向好的方面转化；意识到教师自身在教学过程中的地位与作用，就会更好地客观地制订教学计划，认真备课，精心教学，不倦辅导，在提高教学质量上起主导作用。

二、地理教学论的系统科学基础

系统理论认为，现实世界是由规模大小不同、复杂程度互异、等级高低有别、彼此交错重叠并且互相转化的子系统组成的有序的巨系统。根据系统的组成和结构，我们可以从不同角度把客体分为一系列的层次，每一个层次就是一个等级的系统。高级别系统由比它低一级的系统构成，而且本身又是更高级系统的一部分。因此，系统和子系统的关系是整体与部分之间的关系，整体的功能大于部分功能之和。

地理教学论正是这样一个系统。在教育学中，地理教学论属于教育学分支学科教学论的下一级学科，与数学教学论、物理教学论、历史教学论、化学教学论等学科教学论共同组成普通教学论。普通教学论又与特殊教学论组成基础教育学，基础教育学又与年龄教育学、教育管理学、教育哲学、教育心理学等组成教育学。在这个多层次的系统中，地理教学论属于低层次的学科系统。高层次系统学科的一般原理、方法对低层次的地理教学论有启发借鉴作用。运用系统论研究地理教学问题，有助于从整体上把握地理教学现象，建立地理教学模式，使用和创新地理教学方法。

三、地理教学论的教育学基础

教育科学是研究教育现象、揭示教育规律的社会科学。地理教学论与教育学关系非常密切，其研究的内容，如地理教学目的、地理教学内容、地理教学过程、地理教学方法、地理教学评价、地理教学原则、地理教学模式以及地理课程等，都受教育学的理论指导，特别是受教学论理论的影响。教学论是教育学的一个重要分支。对教学原则的研究，离不开对教学规律的探讨。教学规律是教学内部的本质联系，这种联系决定着教学过程必须合乎规律。

地理教学过程是教学实践与教学理论有机结合的过程，同时又是教学实践上升到教学理论、教学理论又指导教学实践的过程。教育学对地理教学论的理论基础作用主要表现在两个方面：一是教育学所阐明的基本原理和原则，如课程理论、教学理论、学习理论、评价理论等一般理论是地理教学论的理论支柱，教学论的理论框架是地理教学论的重要参照系，教育学研究方法为地理教学论研究所借鉴和应用。二是教学论体系范畴是地理教学论研究的范畴，如对教学规律、教师素质、学生学习、课程的研究等，地理教学论不可偏废，否则不成为地理教学论。同时，地理教学论在运用教育学原理和原则时，必须密切结合地理学科特点，使之转化为与本学科教学功能相适应的有效理论。与此同时，地理教学论也为教育学提供了丰富的实践和理论上的素材，成为教育学理论赖以发展的一个重要源泉，为教育学进一步抽象概括奠定了基础。地理教学论的研究成果为教育学吸收和采纳，使教育学的外延更加广阔，内涵更加深刻。

四、地理教学论的心理学基础

心理学是研究人的心理现象及其规律的科学，它有助于教学论研究的进一步深化。从研究教师的教到研究学生的学，心理学能为教学论提供许多理论指导。如研究认识过程与教学，包括感觉、知觉、记忆、注意、想象的研究，对知识和技能的掌握、思维发展的研究，对情感、意志、个性的研究，对品德形成的研究等，这一切都与心理学有密切关系。现代教育科学的发展越来越多地依赖心理学的发展，心理学已成为教育科学发展的主要理论基础。由此看来，作为教育学分支学科的地理教学论，掌握并运用心理学知识，结合地理教学特点，使之能够富有成效地开展各种地理教学实践活动，十分重要。

学生是地理教学的主体，了解学生的认知结构以及包括地理知识在内的各种知识结构，研究学生的心理特点以及群体中存在的学习地理的个别能力差异，开发学生的智力和培养学生的敏锐观察力、准确空间想象能力、运用地图能力、良好的记忆能力、灵活的思维能力、较强的创新意识、丰富的社交能力，对学生进行潜移默化的个性品格培养，激发学生的学习动机，保持旺盛的求知欲，培养探索、热爱大自然的精神,都需要心理学理论的指导。

地理教师的心理素养是提高地理教学质量的关键。地理教师可以根据学生年龄特征、思维能力水平确定教学方案;依据学生的心理特点选择教学方法;按照心理学原理和方法,要求学生进行地理观察和实验;运用心理学的实验方法改进地理教学方式和方法;根据学生认知事物的心理规律进行个性品格培养;根据学生注意力变化规律有效组织地理课堂教学活动;根据学生思维特点与规律,结合教师自身特点,运用正确的方法,使学生掌握地理知识,形成地理技能;根据学生的记忆规律与特点,有针对性地安排一些练习和作业等。

总之,只有细心观察、研究学生的心理因素和心理动向,才能按照他们的内在要求有的放矢地进行教学,取得良好的教学效果。

五、地理教学论的地理学基础

地理学是地理教学论建立和发展的“土壤”,没有地理学也就没有地理教学论,因此,地理科学是地理教学论的必然理论基础。

地理学作为地理教学论的理论基础,主要体现在以下三方面。

(一)地理教学目的的确定必须依赖地理学

地理教学活动的首要问题之一是确定地理教学目的。通过地理教学活动应该完成哪些教学任务,达到什么样的要求,学生必须了解、掌握哪些知识,形成哪些技能,发展何种能力,提高哪些认识,形成哪些地理观念等,必须依据地理学。

(二)地理课程内容必须依赖地理学

学校的地理课程主要内容只能来自地理科学,来自学生生活中的地理。学校的地理课程中,无论是自然地理、经济地理,还是人文地理、区域地理,都不可能脱离地理科学的研究范畴,学校地理课程涉及的板块构造理论、大气环流理论、区位理论、人地关系理论等,主要来自地理科学理论。

(三)地理教师专业基础必须依赖地理学

总体上,地理教学只有地理教师才能胜任。地理教师必须具有厚实的地理科学知识,十分熟悉地理科学的新成就、新发展。同时,地理教师还必须具备地理科学独有的一些方法,如运用地图进行研究和表述的方法,地理野外观察观测方法等。

综上所述,离开了地理学的地理教学论只能是无本之木、无源之水,地理教师必须有扎实的地理知识基础,地理教材必须取材于地理学知识。

第四节 学习地理教学论的意义和方法

基于新课程的地理教学论是一门在地理教学改革背景条件下产生的课程，是培养合格的中学地理教师的重要课程之一，也是高校地理教师教育专业必修的核心课程之一。

一、学习地理教学论的意义

对于一名中学地理教师来说，精通地理专业知识无疑是从事中学地理教学工作的基本条件。但是，通晓一门学科并非必然成为该学科的好教师，“学者未必是良师”。教学实践表明，具有同样专业知识水平的两个教师，由于教学理论素养的差异，从事地理教学的质量和效果会大相径庭：一个教师教学可能很对学生“口味”，学生学习兴致很高，学习积极性、主动性、创造性都很好，教学效果好；而另一个教师有可能“茶壶装饺子”，即使辛辛苦苦地费劲倒出来一点点，也是“口味”太差，学生品尝时味同嚼蜡，结果教师教得辛苦，学生学得吃力，效果很差。因此，对一个地理教师来说，学习和研究地理教学论十分必要，即使是有一些教学实践经验的教师，也应该努力研究这门课程，因为当教学经验还没有上升为理论认识时，不可避免地有这样或那样的局限性和盲目性。经验只有上升为理论，才能对实践起指导作用；理论指导下的实践，才能减少实践的局限性和盲目性。

地理教学是一门科学，又是一门艺术。作为一门科学，地理教学有自身的规律性，要求教师在教学实践中去遵循、探索。作为一门艺术，地理教学本身就是一项创造性活动，从教师备课到课堂教学的导课、提问、反馈、引导、过渡、引入、板书、结课，以及课后辅导、作业批改等，无不透着教师个人的专业素质。这种创造性活动要产生出好的教学效果，不仅教师的教学要符合地理教学规律，还要教师的教学体现出自己的教学个性和风格。这就要求地理教师既要掌握地理教学规律，同时又要在教学实践中发挥主观能动性和创造性，并且坚持不懈、精益求精地进行锤炼。

（一）掌握教学理论，探索教学规律

地理教学论从教和学两个方面入手，既有理论指导，如地理课程的功能定位、价值取向、教学理念、地理新课程的教学形式、教学评价等，也有方法介绍，如地理教科书的使用、教学方法的选择、教学媒体的优化、地理教师的专业化发

展等。这些既能帮助地理教师掌握一般的教育理论，也能帮助他们形成新的教育观念，探索新的教学规律。

（二）提高业务素质，促进教学改革

通过地理教学论的学习，学生在掌握大量的地理专业知识和技能的基础上，懂得如何将自己掌握、理解的知识和技能，运用一定的方法和手段让别人（未来的学生）了解、掌握和获得这些知识和技能；还可以运用这些理论去对照为他们授过课的教师的教学，从回顾中找出这些教师的成功和不足之处，吸取成功的营养，为未来的中学地理教学工作打好基础。通过这门课的学习，了解目前我国基础教育改革的动向与措施，可以尽快地融入中学地理教学行列之中，少走弯路，进一步推进地理课程改革。

二、学习地理教学论的方法

地理专业知识、地理教学理论和技能是构成地理教师专业素质的两个重要方面。就目前中学地理教学现状而言，与地理专业知识相比，地理教师应具备的地理教学理论和技能更为贫乏。在教学实践中，只知道按教科书教而不知道怎么教和为什么这样教的教师大有人在。地理教学论的知识，不论对在职的教师，还是对在校的教师教育专业的学生，都是一门应引起大家高度重视并努力学好的知识。中学地理教学不是"教"教科书，而是用教科书"教"。

（一）广泛涉猎地理专业知识

对于学习地理教学论课程来说，没有扎实的地理专业知识，既谈不上组织地理教学，也谈不上地理教材分析，更谈不上开展地理教学研究。

（二）掌握教育学和心理学的基本理论

只有懂得教育学原理，领会心理学理论，了解中学生的年龄特征和心理状态，才有可能把自己掌握的地理知识和技能以及地理教学论的理论应用于地理教学和研究中。

（三）积极进行教学实践

即使是拥有最富有指导性的教学理论，对没有实际经验的教师来说，也往往既不能体会，更不能应用。要真正掌握本课程的内容，光靠阅读教材、参考书、听教师讲授和做作业远远不够，要结合亲身从事地理教学实践的经验、体会进行学习。

（四）经常开展教学反思和总结

高等学校地理教师教育专业的学生，不仅要掌握地理科学知识，熟悉现代地理学的成就，及时了解或掌握地理科学发展及其应用，还要关心国内外地理教育动态,积极参加教学教研活动,吸取先进的教学经验,积累教学资料,不断分析总结,以指导自己的教学实践活动。

思考与练习

1. 什么是地理教学论?如何理解其研究对象?

2. 谈谈你对地理教学论的学科属性和理论基础的认识。

3. 自学教育部颁发的《中学教师专业标准(试行)》(2012)和《中小学教师职业道德规范(2008年修订)》,谈谈你的认识。

第二章　地理教育的发展

地理教育作为一门成熟、独立的学科教育，经历了漫长的发展历程。自17世纪中叶捷克教育家夸美纽斯在《大教学论》中为学校独立设置地理课程以来，地理教育在国际上已经有300多年的历史。我国自清朝末年中小学正式设立地理课程以来，至今只有100多年的历史。

《地理教育国际宪章》指出："地理在各个不同级别的教育中都可以成为有活力、有作用和有兴趣的科目，并有助于终身欣赏和认识这个世界。"

第一节　国外地理教育的发展历程

总体上，国外尤其是西方国家，系统的地理教育开展比较早，地理教育改革起步早，地理学科教育在学校教育中的地位比较突出。

一、国外地理教育的发展

地理教育源于西欧。地理教育的发展受社会、经济和科技发展变化的制约，同时也反映出地理科学和教育科学的发展水平。

(一)国外地理教育发展概述

早在16世纪，西欧进入资本主义，随着地理大发现和商品经济的发展，人们交往范围不断扩大，对市场及原料掠夺的竞争日趋剧烈，对地理学及地理教育提出了相应的要求。以捷克教育家夸美纽斯的《大教学论》为标志，逐渐形成了地理教育。夸美纽斯在确定学年概念、创立班级授课制及提出一系列教学原则的同时，首次设置独立的地理课程，并编写了《世界图解》教科书。

17世纪中叶后，西欧开始把地理教育列为普通学校课程。18世纪后，地理教育传入东欧。在此之后，随着地理科学和教育学的发展，地理教育呈现出课程多样性，重视乡土地理，注重学生动手能力尤其是绘图能力训练等特点；教学内容上包括地理基础知识、本国地理、外国地理，大多以本国地理为主；教学方法不断发展、创新，如20世纪以来法国一直把电影、幻灯运用于地理教学之中。

(二)国外地理教育改革

20世纪80年代以来，随着现代地理学的产生和发展以及新技术革命的冲击，世界各国都掀起了规模巨大的教育改革浪潮，赋予了地理教育诸多新特点。推动现代地理教育改革和发展的因素是多方面的，虽然在改革的程序和侧重点上各具特点，却又表现出诸多共性。

1. 地理教育改革的动因

现代地理科学的发展不断充实和拓展了地理教育的知识内容和基础理论体系，如人口、资源、环境协调发展的新人地关系理论逐渐成为地理教育主导思想。

科学技术尤其是计算机和电教技术的发展，使地理教育手段和方法得以发展。

教育科学的进步，尤其是许多当代教育学、心理学研究成果在地理教育中的应用，对促进地理教育改革起到了巨大的推动作用。

“知识爆炸”，学生信息量大增，国际交往与交流日趋频繁，环境问题的全球化与世界各国可持续发展战略的实施，都对地理教育提出了新要求。

2. 地理教育改革的特点

地理课程目标关注学生的全面发展，强调传授地理知识、培养地理技能、进行道德和审美教育等多方面的教育目的，培养未来社会合格的公民。

地理课程内容综合了社会需要、学生发展、学科进展等不同要求，及时引入了人地关系协调、可持续发展等新理论，关注人类当前和未来面临的重大问题，与学生生活实际紧密结合。

地理课程评价强调学生的发展，重视学习过程和方法，评价标准多元化，评价方式多样化。

3. 国外地理教育改革对我国地理课程改革的启示

20世纪90年代以来，国际上学校地理教育出现了不少新动态，对我国地理课程改革的启示主要表现为以下几个方面：适当增加地理课程的课时；设置不同层次和不同类型的地理课程；突出学生发展和地理教育需求，打破地理学科式的课程内容体系；课程标准知识要点粗化，说明及教学要求细化；减少教学内容的主题，增加单元教学时间；开展研究性学习和实践活动，转变传统的学习方式；建立学习结果和学习过程并重的多元化评价机制[1]。

---

[1] 王民. 地理新课程教学论[M]. 北京：高等教育出版社，2003：7-8.

二、部分国家地理教育概况

美国、俄罗斯、日本、英国等国家非常重视地理教育，它们的地理课程设置、地理课程改革、地理课程标准、地理课程目标、地理课程内容体系和结构各有特色。

（一）美国中学地理教育

20世纪70年代中期以前，美国各州没有把地理作为独立的课程。发端于20世纪80年代中期的地理教育复兴运动，使美国的地理教育发生了重大变化。

1985年，美国国家地理学会制定了地理教育计划，采取一系列措施，如建立地理联络网、开办暑假地理学院、举办国家地理竞赛活动等，改进和加强地理教育。

1991年，时任美国总统乔治·布什签署的《美国2000年教育纲要》，将地理与英语、数学、科学、历史一起列为学校5门核心课程。

1993年，美国总统克林顿签署《2000年目标：美国教育法》，以法律形式将地理及其他6门学科指定为必修课程。1993年6月30日，美国全国地理教育委员会公布了《国家地理标准（草案）》。

1994年10月20日，美国全国地理学会正式出版《地理为了生活：国家地理标准1994》。该标准包括地理六大要素和18条标准，每条标准又按学年阶段分述，每个阶段都有认识目标和技能目标（表2-1）。

表2-1 美国国家地理标准

要素	主题	课程标准
1	空间认识	（1）让学生能知道并理解如何使用地图和其他地理表现方式、工具与技术，以空间观点来收集、处理并展现信息 （2）懂得使用头脑地图来组织关于人类、地方、环境的信息 （3）学会分析地球表面上的人类、地方、环境的空间结构
2	场所和地域	（1）学生能知道并理解地方的自然与人文特征 （2）人类创造区域这个概念，并借以诠释地球上的复杂性 （3）文化和经验如何影响人们对地方与区域的感受
3	自然系统	（1）学生能知道并理解塑造地球表面形态的自然作用 （2）地球表面各种生态系统的特性与空间分布
4	人文系统	（1）学生能知道并理解地球表面的人口的特性、分布和迁移 （2）地球上文化景观的特性、分布和移动 （3）地表经济的相互依存的类型与联系 （4）人类聚落的形成过程、形态和功能 （5）人类间的合作与冲突如何影响世界上的各种控制力的范围

续表

要素	主　题	课程标准
5	环境与社会	(1)学生能知道并理解人类活动如何改变自然环境 (2)自然环境如何影响人类 (3)资源的意义、利用、分布和重要性的改变
6	地理知识的应用	(1)学生能知道并理解如何利用地理学来解释过去 (2)如何利用地理学来解释现在并规划未来

注:根据陈澄《新编地理教学论》(华东师范大学出版社2007年版)。

美国国家地理课程标准以技能和能力的叙述方式来撰写,并把地理技能概括为"提出地理问题、获取地理信息、整理地理信息、分析地理信息和回答地理问题"五个方面。以提出问题开始,解答问题结束,中间是过程,具体、明确、实用。其主要特点为:

(1)教学内容不是从地理科学的角度来选择和组织,而是明确讲述生活中的地理,贴近学生生活,学生学到的是有用的知识。

(2)强调和突出能力的培养,重视解决实际问题。

(3)能力要求层次清楚,便于操作。

(二)俄罗斯中学地理教育

俄罗斯一贯重视中学地理教育。1986年以前,苏联十年制学校中,5—9年级开设地理课,10年级开设天文课。1986年开始实行的11年制学校教学计划中,不仅在6—10年级安排必修地理课,在高中阶段(9—11年级)还设有地质学、地貌学和地图学、工业经济基本原理、农业经济基本原理等选修课。

1991年以后,在俄罗斯联邦的11年制学校中,开设了一门新的地理课程——生态问题(表2-2)。小学阶段每周3课时,初中和高中阶段每周2课时。另外,每年夏季还安排野外实习,时间为两个星期。

俄罗斯国家地理教育是以较强的学科体系为基础,涵盖了地理学科的方方面面,其主要特点是:

(1)地理教育在中小学教育中具有十分重要的地位,开设地理必修课的年级多,课时数较多。

(2)课程体系结构完整,课程内容丰富,不仅包括从自然地理到经济地理、人文地理的内容,还包括从俄罗斯地理到世界地理的内容。

(3)重视区域地理教育。

(4)课程内容结构具有综合性,改变了自然地理和人文地理完全割裂的状况。

表2-2　俄罗斯联邦地理课程内容

年级	主　题	课程目标
1	哪里有生活，哪里就有爱	(1)培养儿童对周围世界的兴趣 (2)教会儿童观察周围事物的能力 (3)引导儿童思考问题，并做最简单的自然实验
2	地球的自然要素	(1)学习宇宙的基本知识，了解天体的起源、四季和历法 (2)地球表面的形态特征，地壳的运动，天气和气候，水分循环和水资源利用，生命的起源和生物多样性 (3)懂得自然事物的内在联系及自然环境保护的意义
3	地球上的生命	(1)生物的组成和分类，生物在地球表面的分布规律 (2)生物与环境的关系及对人类的影响 (3)人类对生物资源的开发、利用和保护
4	地球上的人们	(1)人类的起源、发展、分布、生活方式及与环境的关系 (2)认识世界上的国家，民族文化传统的特点、多样性和文化趋同的共性
5	地球上的自然界	(1)地球四大圈层构造及相互作用，地理壳、自然综合体、生态系统的概念及相互关系 (2)人类在自然环境中的地位，自然景观和人文景观
6	地球上的人类	(1)研究人类的起源、发展与生物及非生物要素的关系 (2)人地关系概述、表现形式和特点
7	地球的基本生态和地理规律	(1)全球范围内各自然要素相互作用的机制 (2)地球景观壳和区域特征
8	历史地理	(1)不同文明对自然的影响，自然在国家命运中的作用 (2)地球上最古老的文明，自然在文明命运中的作用 (3)了解弗·伊·维尔纳德斯克的人文圈(智能圈)学说
9—10	现代世界	(1)现代文明特点，全球问题 (2)国家类型，世界政治地图 (3)国际地域劳动分工和世界经济系统，科学技术革命的作用 (4)世界人口，地球上的自然资源 (5)国家组别和国家概述 (6)全球环境问题
11	生态问题	人类活动对环境影响的后果，研究全球生态危机的形势

(5)关注社会需要、学生发展、学科进展，将人地关系作为地理课程的核心，讨论人类面临的人口、资源、环境和发展等方面的重大问题。

(三)日本中学地理教育

日本对中学地理教育一直比较重视，20世纪以来曾多次进行地理课程改革。

根据20世纪90年代日本教育中普遍存在的学生实际应用能力不强、学习兴趣不浓等问题，日本文部省于1998年12月14日颁布了中学《学习指导要领》，开始了新一轮的课程改革。《学习指导要领》规定，初中阶段的地理、历史和公民课共同组成社会课，第一、二、三学年的授课时数分别为105学时、105学时和85学时，占学年授课总时数的10.7%、10.7%和8.7%；高中阶段的地理包括地理A、地理B两个科目，授课时数分别为70学时和140学时（表2–3）。

表2–3 日本中学地理课程内容

学习阶段		课程主要内容
初中		（1）世界及日本的地区构成（世界的地区构成，日本的行政区划） （2）行政区的调查（周边地区—都道府县—世界各国） （3）从世界看日本（从世界的角度把握日本的特点）
高中	A	（1）现代世界的特点与地理技能的培养（现代世界的地域、联系、多样化和国际化） （2）从地域性出发认识世界（对全球文化和生活的地理考察，全球性课题的地理考察）
	B	（1）对现代世界的系统地理考察（自然环境、资源和产业、聚落与文化生活） （2）现代世界的地区性考察（市、町、村—国家—洲、大陆） （3）对全球问题的考察（全球问题的地图化，通过地域划分来研究全球问题，近邻诸国的考察，环境和能源问题的地域性，人口和粮食问题的地域性，城市问题的地域性，民族和领土问题的地域性）

日本中学地理教育具有以下特点：

1. 教学目标层次分明，重视态度、技能和能力的全方位培养

如在培养初中学生地理兴趣的同时，强调绘制地图、运用计算机和互联网等工具，重视培养学生考察地理事物的技能和分析总结地理调查结果的能力；高中强调学生关心世界地理事物，掌握加工处理地理资料等多项技能和分析世界地理问题的方法，并形成基本地理思维方式和基本地理观念（表2–4）。

表2–4 日本中学地理教学目标层次比较

目标构成	初　中	高　中
地理知识	掌握日本和世界区域地理的知识	系统掌握现代世界地理知识
态　度	关心日本乃至世界地理事物	关心世界地理问题和地理现象
地理技能	培养学生灵活运用地图、计算机、互联网等工具对地理事物进行全方位考察和绘制国家、世界政区简图的技能	收集、整理和图形化处理地理资料的技能
能　力	培养总结、分析地理调查结果的能力和基本地理思维方式	培养学生从区域出发分析世界地理现象、地理问题的能力，形成基本地理观点，掌握基本地理思维方式

2. 全球视野

教学内容立足世界，从世界的角度讲日本和世界，十分强调世界意识的培养。

3. 给教师教学留有空间

教学内容的表述以观念和能力的培养立意，不具体规定教学知识点，但教学要求十分明确，从而给教材编写和教师教学留有较大的创作空间。如初中地理周边行政区调查的教学内容是这样表述的：通过在周边地区开展各种地理事物的调查活动，加深对居住地区的了解，并初步掌握研究市、町、村的特点和地理事物的方法。

4. 教学指导性强

在初中《社会》的“地理部分”以及高中“地理A”和“地理B”中，除了目标和内容外，还有一个很有特色的部分——“内容安排”：一是说明教学顺序；二是说明在安排教学内容时需要注意的问题，既有对整体把握内容方面的建议，又有对每一部分内容的详细建议。

5. 重视探究式学习

给学生更多的机会去主动考察、分析地理问题，获得思考、研究和主动探究的经验，是日本地理教育最突出的特点。对知识点和教学要求的表述，很多是从技能和能力方面切入。这种探究式学习培养了学生收集、整理、分析地理资料的能力，并在培养学生尊重客观事实的基本科研素质的同时，较好地引导了学生的好奇心。

（四）英国中学地理教育

英国是西方国家中重视中学地理教育的典型。20世纪80年代以来，英国采取了许多中小学教育改革措施，其中最引人注目的是1988年英国议会通过《教育改革法案》，规定从1989年开始，公立中小学实行国家课程。国家课程规定了10门必修课程，分为核心课程（3门）和基础课程（7门）两大类，地理被列为基础课程之一。1991年3月，英国政府正式颁布了对地理教育具有重要指导作用的纲领性文件《国家地理课程》。2000年9月，英国又颁布了新修订的《国家地理课程》。

《国家地理课程》规定了英国中小学地理教育内容可以分为五大部分（即五个要求达到的目标）：地理技能、区域知识与理解、自然地理、人文地理、环境地理。这五大部分内容紧密相连，所有学生都同时学习这五大部分的内容，每部分内容又具体分为8个层次，以适应不同年龄和不同能力学生的基本要求。英国《国家地理课程》主要有以下四个特点。

1. 教学目标由浅入深，层次分明，循序渐进

英国《国家地理课程》具有比较突出的考核、评估功能，它将5—16岁学生分为四个主要阶段，将教学目标分为8个等级（表2-5）。教学目标列出了“不同能力和发育程度的学生在每个主要阶段结束时所应该具备的知识、技能和理解”。

表2-5 英国中学地理教育主要阶段和教学目标

	主要阶段一	主要阶段二	主要阶段三	主要阶段四
学生年龄(岁)	5—7	7—11	11—14	14—16
所在年级	1—2	3—6	7—9	10—11
教学目标等级	1—3	2—5	3—7	8

在每个主要阶段结束时,要进行统一考试,以检验学生学习状况和地理教学质量。

英国《国家地理课程》的目标等级,是以由浅入深、循序渐进的原则划分的,如"识别和观察","表达自己的看法","提出并回答有关地理问题","描绘自然与人文特征","认识到人类是如何影响环境的","选择与使用信息","运用适当的地理词汇","分析、比较和解释相似性和差异性","对一些看法和判断加以说明","运用一系列地理技能和第一手或第二手证据资料,考察地区和环境"、"进行批判性的评估","表述具有充分说服力的考察概要并得出具有实证性的结论",等等。

2. 在内容编排上,以教学要求为主线,组织方式多变,表现形式活泼

《国家地理课程》每个主要阶段的教学要求十分明确,但对知识点没有很详尽、具体的规定,只是从"地理技能"、"地区"、"主题学习"等方面选择切入点,列出需要讲授的专题和学生应当达到的目标。至于各个专题讲哪些内容,怎样展开,选取哪些区域和国家,则由教师进行专业判断,有较大的灵活性。如剑桥版地理系列包括《拼块》、《绿色》、《社会》和《地图问题解决》4册,每册8个单元。这套书采用模块设计的方法,每册围绕一个核心安排几个专题(表2-6)[1]。每个单元有三四个问题,在各单元开始部分安排有活动和阅读材料,供学生自学,各单元末附本单元要点和中心思想小结。《地图问题解决》配合前三本书使用,目的是提高学生使用和绘制地图的技能。

表2-6 剑桥版地理教科书内容的组织

书名	核心	专 题	选取的国家和区域
《拼块》	边界	边界、景观、区域	英国、欧洲、非洲
《绿色》	环境	环境的组成、利用和风险	北美、俄罗斯、印度
《社会》	人	人口、聚落、工业、交通、休闲	美国、法国、巴西

3. 注重能力培养,强调积极发挥学生的参与意识

英国地理教育既注意培养学生的地理技能,又注重开发学生的地理思维能力。教学内容紧扣"当地"具体情况,贴近学生生活,重视"乡土地理",从而激发学

[1] 丁尧清. 英国第三学段地理课程和教科书述评[J]. 学科教育,2002(7):43-47.

生的学习兴趣和参与意识。通过对当地自然、人文地理情况和环境状况进行调查和考察，进而分析、研究，得出自己的观点与结论，不仅将所学地理知识加以应用，还提高了学生对社会经济发展和环境问题的关注，增强了他们的社会责任感。

4. 及时反映地理科学的最新发展，重视现代手段的应用

英国将环境地理列为重要的地理教学内容，反映出英国地理课程对于环境问题的极大关注。同时，还增加了可持续发展的内容。

英国《国家地理课程》对现代技术的应用也给予了充分的重视。在"教学目标"的举例以及"学习纲要"中，多次涉及录像、航空照片、卫星照片、计算机辅助教学软件、只读光盘(Compact Disc Read-Only Memory，CD-ROM)、互联网、数码相机等在地理教学中的应用，要求在教学中利用这些先进技术手段来分析、处理地理资料与信息，综合概括出地理模式与特征等。运用这些先进技术手段，不仅能够激发学生的学习兴趣，调动他们的学习积极性与主动性，更重要的是能够使他们掌握迅速获取更多更新资料与信息的方法，自己利用先进技术手段分析地理事物及其特征，更快掌握地理科学的规律与原理。

第二节　中国地理教育的发展历程

在我国，"地理"一词最早见于《易经·系辞》中"仰以观天文，俯以察地理"。

我国历史悠久，地理知识的产生和发展比其他国家要早。在春秋中叶的《诗经》中，就已经有了自然地理知识、土地利用知识。公元前300多年，我国出现了世界上最早的包含地理知识的著作《山海经》和《禹贡》。公元前1世纪的《汉书·地理志》是最早以"地理"命名的全国性区域地理志。15世纪初，航海家郑和7次出使西洋，最远到达非洲东岸的索马里和肯尼亚一带，使中国人的已知世界广及亚、欧、非三大洲。

一、我国古代的地理教育

早在16世纪中叶，地理大发现所揭示的地理知识开始传入中国。自意大利利玛窦1580年来华至1840年鸦片战争为止的260年间，传教士和商人在传播西方地理知识上起过很大作用。他们把世界地图，如《山海舆地图》、《山海舆地全图》、《舆地全图》、《坤舆万国全图》、《万国图册》带到中国，翻译成中文出版。这些地图皆采用经纬度测量法绘制，采用了中国前所未有的新方法，从而推动了中国的经纬度测量。

除了新式地图和经纬度测量法外，传教士还带来了地理大发现所获取的世界地理知识，如五大洲，即欧罗巴、利未亚（非）、亚细亚、南北亚墨利加及尚未发现而泛指南极洲一带的墨瓦蜡泥加；南、北极，南、北回归线，五带（二温带、二寒带、一热带）等地球知识；许多世界地名的中文译名，如亚、欧、非、美等洲名，大西洋、地中海等海洋名，罗马、古巴、加拿大、南北极、北极圈、赤道等名称，沿用至今。还翻译出版了一些地学著作，如《坤舆格致》、《空际格致》、《地理全志》、《地学浅释》、《小方壶斋学舆地丛钞》等。有人统计，从咸丰三年（1853年）至宣统三年（1911年）的58年间，共有58部西方地理学著作被译为中文出版，平均每年1部。

我国地理知识的积累历史悠久，但由于封建社会后期生产力发展迟缓，地理科学及地理教育水平十分落后，地理知识包括在历史、文学之类的书籍之中，多为百科全书式或地方志式的知识汇集，以描述、罗列地理事物和现象为主，缺乏科学分析。

二、新中国成立前的地理教育

鸦片战争以后，西方文化传入我国。在其影响下，1897年上海南洋公学开设“舆地”一科，我国才开始出现了学校地理教育。

地理课程作为我国中小学必修课程，始于清朝末年。1902年清政府颁布《钦定学堂章程》，规定地理为中小学必修课程，我国中学地理教育才在全国范围发展起来。次年《钦定学堂章程》修订为《奏定学堂章程》，并于1904年1月13日公布施行。

由于这一时期中国处在半殖民地半封建状态，中学地理教育发展十分缓慢，地理教育水平很低：第一，中学地理教育明显具有半殖民地的特点，从课程设置到教学内容大都来自西方国家。例如，清末的课本《瀛寰全志》是根据印度课本编写而成，此后的《人生地理学》课本则是由日本教材翻译而来。大部分教材含有错误的观点，如地理环境决定论、人口论等。第二，地理教育在中学教育中不被重视，教学质量很低。地理教学缺乏统一的指导，教学内容混乱，教学方法简单，注入式教学，学生死记硬背。第三，地理课程内容结构设置不合理，高中与初中教学内容主题循环重复，教学内容与教学方式枯燥无味，很难引起学生兴趣。

三、新中国成立后的地理教育

1949年新中国成立，我国中学地理教育进入现代地理教育的新时期。其间经历的兴革变迁分为以下四个阶段。

(一)过渡阶段(1949—1957年)

这个阶段的过渡具有两层含义,一是向新中国中学地理教育过渡;二是由模仿西方教育向模仿苏联教育过渡。

前一阶段(1949—1952年),中学地理课程基本上沿用新中国成立前的教学计划和课程内容体系,删改了一些明显的错误观点(如地理环境决定论),加强了爱国主义教育、国际主义教育和劳动观点教育。

后一阶段(1953—1957年),主要是学习苏联的做法,中学分别设置自然地理、中国地理、世界地理、外国经济地理和中国经济地理。有统一的教材和参考书,知识系统性强,严格按教学大纲上课,对学生的读图能力要求比较高。

本阶段地理教育的主要特点:地理教育理论的科学性增强;地理教育为社会经济建设服务的价值观有所体现;地理教学内容脱离中国实际,影响了地理教育的健康发展。

(二)停滞、破坏阶段(1958—1976年)

1958年至1966年是教育改革阶段。其间,强调教育为政治服务,与生产劳动相结合,片面强调缩短学制、减少课程门类,地理课因"加重了学生的负担"而大为削减,由5个年级授课改为2个年级,由每周12课时降为5课时。无统一的教学大纲,教材由各省、自治区、直辖市编写,地理课的政治性加强、科学性降低。地理课不受重视,中学地理教育处于停滞阶段。

1966年至1976年是"文革"时期,教育处于停滞、破坏状态。多数学校取消了地理课,后来尽管一些学校恢复了地理课,但也只在1个年级开设,每周2课时。由于地理课可有可无,地理教师大量流失,广大青少年地理知识极为贫乏,形成一代"地理盲"。

本阶段地理教育的主要特点:地理教育的政治性强、科学性低;受国际和国内环境的影响,过分强调人对环境的控制,地理教育的价值观和人地关系观出现了偏差;地理教育受极"左"路线的干扰,学校地理教育低落,地理学科教育地位下降。

(三)恢复、振兴阶段(1977—1992年)

1977年恢复高考,地理列为文科考试科目,国家教育主管部门颁发了新的《中学地理教学大纲》。1978年初中恢复地理课,1981年高中恢复地理课,中学地理课达到每周10课时。地理教师热情高涨,地理教学内容、方法、手段都有很大发展,中学地理教育得到振兴和发展。

本阶段地理教育的主要特点:地理教育目标明确,理论基础加强;地理教育在课程设置、教学方法和内容等方面，结合我国实际进行了较大幅度的改革，促进了地理教育的大发展；从国家层面上对地理教育提出了规范性要求，加强了对中学地理教育的指导。

（四）反思、改革阶段（1993年以来）

1993年高考改革，地理科目在我国各省、自治区、直辖市高考中陆续取消，对中学地理教育形成新的冲击。一些学校地理课重新不被重视，地理教师再度流失。全国范围内展开了中学地理教育地位和功能的讨论，人们从理论和实践两个层面对中学地理教育进行了回顾与反思，探讨了地理教育的出路。1996年，上海市重新恢复地理高考；2000年广东省率先实行“3+X”模式高考改革，地理被列入高考科目；2001年起，全国各省、自治区、直辖市都恢复了地理高考，地理教育重新受到重视，促进了地理教育的改革和发展。初中和高中地理课程标准的颁布，使中学地理教育充满新的活力。

本阶段地理教育的主要特点：地理教育目标向着全面化和综合化方向转变；地理教育的方法手段越来越灵活多样；地理教育理论的科学性和时代性不断增强；地理教育内容的选择性和个性化趋势明显。

第三节　未来地理教育发展展望

在我国，地理教育作为学校基础教育的一门必修课已有一个多世纪的历史，但是一百多年来的中学地理教育历尽曲折。作为一门独立的学科，地理课程能否担负起培养学生解决未来的、本国的以及全球的地理和环境问题的地理意识，能否承担综合教育的任务，能否使学生得到发展以及能否满足公众和社会需要，关系着地理教育的发展和未来。

一、地理学科教育的价值

地理学科教育是人类社会发展和进步的一种生产力，地理科学的发展对社会进步和发展起着巨大的作用。从远古到今天，人类一直与地理有着千丝万缕的联系，而且这种联系随着人类社会的进步和发展变得越来越密切。从中世纪的远征探险开始，地理知识信息已成为重要的商业信息，每次地理发现都给社会带来巨大的财富和震动，推动了社会文明和产业的发展。现代高新技术在地理研究方面的运用，使人们对地球环境乃至宇宙环境在更大范畴和更深层次上有了进一步了解。如计算机制图使制图速度提高了许多倍，遥感技术拓宽了人们的视野,给社会带来丰富的资源。"地理教育为今日和未来世界培养活跃而负责任的公民所必需。"(《地理教育国际宪章》)这是对地理教育价值的高度概括。尽管我国中学地理教育历尽曲折,但前途一片光明,日渐走上科学发展的道路。

(一)地理学科的知识价值

人们常用"上知天文、下晓地理"来衡量一个人知识的丰富程度,这反映了地理知识在一个人知识体系中的地位和社会对地理知识价值的认同。从原始社会人类选择住址开始到末期的"羲和占日,常仪占月,臾区占星气",我们的祖先就开始了地理位置测定及天象观察,并留下了丰富的文化遗产。尽管古代地理研究内容在某种程度上带有较强烈的迷信色彩,并常常与"风水"联系在一起,但在漫长的五千多年文明中,它对古老的中国社会有着极其深刻的影响。

当今世界面临的很多问题,如人口增长、资源紧缺、过度城市化、区域差异、环境问题等,都与地理知识密切相关。国家建设发展的各个方面都需要地理知识,如国情介绍、国土整治、资源开发、土地利用、农业规划、工业布局、居民点布局、商业贸易、旅游、交通选线、建筑设计、水利建设、灾害防治、气象监测、环境保护、军事国防、对外交往等。可以说,地理知识与人们的日常生活、国家建设息息相关。今天,在公民科学素质教育中涉及的"节约能源"、"保护生态"、"改善环境"、"循环经济"等,都包含着地理知识,我们要落实"节约资源"、"保护环境"基本国策,同样属于地理教育的内容。

(二)地理学科的素质教育价值

《中国教育改革和发展纲要》明确规定,基础教育的根本任务是全面提高学生素质。地理学科作为基础教育的重要学科,责无旁贷地肩负着实施、推进素质教育的重担。当今世界正处于科学技术和经济腾飞的时代,日趋激烈的竞争突出地表现为人才素质的竞争。地理教育培养学生观察力、理解力、想象力、思维能力、综合应用能力,顺应了时代的潮流。当今世界又是一个空间科学时代和信息社会时代,不同国度、不同地区需要更多的政治、经济、文化等方面的往来、竞争与合作,人们需要更多的国际交往能力,而地理课程中大量的世界情势的介绍,对不同类型国家和地区发展特征的分析,将有助于培养和提高学生的全球观念,用正确的地理观念去更准确地认识这五彩缤纷的大千世界。地理教育中涉及世界政治经济发展前景、国家经济计划、国土开发整治、资源合理利用、地域间的联系交往、商品贸易和市场分析、旅游线路合理选择等,有助于培养学生树立远大理想,激发学习热情。

社会经济的发展对地理教育提出了新的任务和要求,中学地理教育要为社会主义市场经济建设服务，以提高全民族的文化素质为根本目的。地理素质将直接影响人的决策力、应变力、竞争力。丰富的地理知识对于学生将来步入社会，投身经济建设大潮将起到不可估量的作用。瞬息万变的社会经济发展形势，都要我们高度重视公民地理素质提高问题，只有具备了良好地理素质的人才，才能适应当前社会经济发展的需求，才能担负起历史的使命。

(三)地理学科的情感态度与价值观教育价值

中学地理介绍和分析了我国的国情乃至区情、省情、市情、县情，包括自然条件、社会经济状况等。自然条件涉及地形、气候、水文、矿产、生物等，社会状态涉及人口、民族、开发历史、社会制度、文化风俗等，经济状况涉及经济发展水平、综合国力、产业发展条件和趋势、生产布局等。这些都是中学所有课程中最全面、最现实的进行世界观和人生观教育、爱国主义教育、国情教育、辩证唯物主义教育和地理观、环境观、资源观教育的重要内容，也体现了中学地理教育的核心价值。

(四)地理学科的社会实践价值

人口、资源和环境问题是当前人类面临的普遍关注的迫切问题。以科学发展观为指导，保护环境、实施可持续发展是我国的基本国策。地理教育中涉及的人口、资源、环境等基础知识，无论系统性还是丰富度，都是其他任何学科无可比拟的。这可以帮助学生树立正确的人口观、资源观、环境观、生态观与发展观，深刻认识地理环境，深入研究人口与环境、资源、经济、社会等方面的关系，进一步提高学生分析、处理和协调人地关系的能力，谋求人类的可持续发展。1996年8月在荷兰召开的第28届国际地理学大会指出："在当前环境问题日益增强的情况下，地理学是了解关于自然界对人类的供给能力和限制性的最佳课程，这也应当成为地理课程内容的重点之一。"

二、中学地理教育的主要问题

地理学科是学校进行全球意识教育、环境教育、人口教育、资源教育、生态教育、人地关系教育、可持续发展教育、自然灾害及其防治教育、国土整治和区域开发教育最现实、最紧密、最有科学基础和生命力的科目。在我国，现代地理学科的重要性和教育功能性，远未得到社会的普遍认同和教育决策部门的充分肯定。传统地理教学过程中，重知识轻技能、忽视过程和方法的现象比较普遍。

(一)教育观念、教育思想的传统性

一门学科教育的发展，教育观念和思想是先导。在我国，地理教育观念的传统性和落后于时代的要求主要表现在：第一，"应试教育"的观念根深蒂固，把科学知识的传授等同于能力的培养，忽视地理思维训练与地理科学观念的培养与渗透，忽视学生创新意识与能力的培养，形成了“考什么—讲什么—学什么”的怪圈。第二，片面强调教师的主导作用。教师满足于向学生灌输现成的结论，把教师提问、学生回答误认为是体现学生的“主体作用”，把做大量单调重复性的习题、试卷误认为是开发学生的智力和培养学生能力的有效手段。第三，注重教学的程式化，忽视发展学生的个性。教学中注重教材，上课执行教案，教师期望通过“讲课—回答问题—复习（作业）”的过程引导学生从事学习活动，得出预定的答案，轻视了学生的心理需要、兴趣爱好、情感变化和意志倾向，遏制了学生的灵感与个性的发展。

（二）教学内容、结构体系的学科倾向性

20世纪80年代以来的一段时间里，我国地理课程内容编排比较注重学科的完整性，几乎保持了传统的世界地理、中国地理、自然地理、人文地理、环境问题与可持续发展等基础知识体系，内容庞杂，重视概念和原理，强调逻辑上的严密性，追求全面、系统的演绎推理，面面俱到。这种学科本位型教学内容体系的问题在于：第一，教学内容脱离学生的实际，偏离经济、社会和环境发展需要的轨道，适用性差，迁移价值不大。第二，教学内容叙述成人化、论文化，可读性差，难以引起学生学习的兴趣，限制了学生综合思维能力和解决实际问题能力的培养。

（三）教学模式、手段和方法的落后性

目前，中学地理教学采用的仍是以课堂灌输为主的教学模式，教学方法单一，教学手段传统。其主要表现为：教师课堂教学主要是教师讲学生听，较少采用探究式、讨论式和归纳式等多样化和综合性的教学方法，学生动手能力差，创造能力得不到充分发展；很少鼓励学生选用观察、调查、查阅资料等方法从中获得知识，使学生能力得到发展，而是灌输现成答案，布置大量习题去强化学生的记忆；很少鼓励学生提出问题与质疑，习惯于让学生按教科书规定的答案去回答问题；很少通过创设地理问题的情境去激发学生的好奇心，地理学习兴趣培养未受到真正的重视；很少运用多媒体、课件、网络资源教学，教学情境直观性差，学生的个性和积极性未能充分发挥。

（四）教育评价方式的单一性

目前，教育评价标准仍以掌握知识的多少为尺度，评价的指标是分数，评价的方法是考试[1]。于是形成了教师讲知识、学生背知识、考试考知识的恶习，忽

---

[1] 杜小丽. 义务教育地理课程标准目标的组成与内涵探讨[J]. 中学地理教学参考，2004(3)：11-12.

视综合素质、应用能力和创新精神的培养，学生学习的目的是为了考试，取得好的成绩和升入名校成了最终目标，于是培养了一大批高分低能的“高才生”。“一卷定终身”的高考制度没有从根本上予以变革，多样化的评价方式没有从根本上得到落实。

三、地理教育的发展趋势

(一)地理教育理论的科学化、时代化

世界经济、政治和社会的迅速发展，给地理教育提出了许多新的命题和任务，形成了一些新的教育理论，推动着地理教育的发展。纵观历史，人地关系理论经历了“环境决定论”→“二元论”→“或然论”→“人地关系协调论”的演变。20世纪80年代东京第24届国际地理联合会提出：“在今日世界人口日增、环境变化急剧、资源匮乏和自然灾害频繁的处境中，如何去协调自然环境和人类文化生活的关系已成为国际地理学界面临的主要研究课题。”辩证唯物主义人地观所反映的人地关系协调论，为地理教育开辟了理论思维的新途径。

1987年《我们共同的未来》首次提出了“可持续发展”的概念。1992年巴西里约热内卢联合国“世界环境与发展”首脑会议以“可持续发展”为主题，通过了世界《21世纪议程》，标志着可持续发展理论取得了全球共识，进一步充实了人地关系协调论的地理教育思想。因此，可持续发展理论、人地关系协调理论必将成为未来地理教育发展的基本理论，这表明具有鲜明时代性、科学性和系统性的现代地理教育理论正在日臻完善。

(二)地理教育目标的全面化、综合化

教育目标是地理教育的首要问题，是制定地理课程标准、选择地理教学内容和教学方法的依据。知识经济时代和科学技术的迅猛发展对人才提出了很高的要求，现代人才不仅要具有雄厚的知识基础，还要有很强的学习能力、适应能力、实践能力和创新精神。地理教育是基础教育的重要组成部分，在人才培养方面具有其他学科不能替代的重要作用。

因此，地理教育的未来发展不仅要实现传统的地理教育价值——传授地理知识的目标，关注每一位学生的探究精神、收集和处理信息的能力、交流与合作的能力、分析和解决问题的能力等个体素质的全面发展，更强调知识与技能、过程与方法、情感态度与价值观三位一体的综合培养目标。

其一，知识与技能方面。现代地理教育仍然重视基础知识，既重视科学概念和原理的教育，并将基本概念和原理广泛地和学生的生活及已有经验联系起来，使学生从应用中去理解，且知识目标层次清晰(了解、理解、掌握等)，又强调

学生使用和绘制地图的技能、地理思维能力、地理想象能力、地理空间能力和地理实践能力的培养，尤其重视学生的地理学习能力和地理应用能力。

其二，过程与方法方面。现代地理教育将过程与方法联系起来，倡导以活动带知识和技能的方法，把地理知识和地理技能有机地结合在一起。要求学生在感知身边的地理事物的过程中，通过比较、抽象、概括等思维过程，形成地理概念，理解地理事物分布和变化规律；运用已获得的地理概念和原理，对地理事物进行分析，做出判断；从学习和生活中发现地理问题，设计探究思路，收集相关信息，尝试提出解决问题的构想；运用适当的方法和手段，展示地理学习成果，并与他人进行交流。

其三，情感态度与价值观方面。培养学生求真务实的科学态度，尊重不同的文化和传统，培养爱国主义情感，重视帮助学生树立正确的人地关系观、环境伦理观和可持续发展观，养成关心和爱护人类环境的行为习惯，培养学生的公民意识、全球意识、人文精神、地理审美情趣等，注重增强学生的参与意识和社会责任感。

(三)地理课程结构的多样化和教材结构新颖化

地理教育在课程结构上仍将继续出现必修、选修、活动课程等结构多元化趋势，课程设置上既有综合课程也有单独课程。在课程结构多样化、教育目标全面化下，地理教材“一标多本”，体现地方特色，满足不同需要，既有传统的纸质教材，又有现代的电子音像教材。教材内容趋向于一方面注重启发性、思考性和自学性等隐性结构，另一方面注重文字精练、图表精美、色彩丰富、类型多样等显性结构，教材图文并茂，栏目多样，重视学生智能培养，激发学习兴趣，活跃思维。

(四)教学内容不断更新

首先，随着现代地理学发展，许多地理学的新知识、新成果将及时反映到地理教学内容之中，如环境、资源、人口、城市化、可持续发展、地理信息系统等日益成为地理教学的主要内容，日益体现出教学内容的时代特征。

其次，更加注重实践性知识，那些涉及个人、公众及以后职业生涯的内容日益成为地理教材的取材对象，以突出地理知识的实用价值，学习对生活和终身发展有用的地理。

最后，知识内容的人文化趋势加强。这是世界各国地理教育发展的共同趋势。现代地理学重视自然地理，突出人文地理，地理教学内容的权重更新反映了地理学的发展趋势。

(五)地理教学方法和手段的现代化、智能化

目前，教学方法和手段尚处在传统与现代交替时期。即便是发达国家，传统教学法仍有不少用武之地,但随着现代科技成果的广泛运用,尤其是计算机技术、遥感技术、电化教学技术的大量推广应用,地理教学手段也逐步实现现代化、智能化。除了计算机辅助地理教学(Computer-Assisted Instruction of Geography,CAIG)外,教师日益将电影、电视、实物投影、卫星相片用在地理教学之中,更多的中学将设立现代化的地理专用教室。

地理教学注重师生双边活动,重视学生自主学习,强调学生独立思考并开展研究性学习。许多新的教学方法,如布鲁纳的"发现法"、斯金纳的"程序教学法"、布兰达的"探讨法"、洛扎诺夫的"暗示法"等,都有针对性地广泛运用于地理教学活动之中。地理教学活动成为现代教学改革和发展的实验领域[1]。

四、未来地理教育的发展策略

从20世纪末全球范围的地理教育改革和发展中可以看出,世界各国政府和地理教育工作者对地理教育有了更为深刻的认识。基于地理基础教育在国民素质教育中的价值和当今国内外地理基础教育的比较分析,未来中国地理教育发展的策略主要体现在以下四个方面。

(一)树立新的教育理念,构建开放性的课程体系

面向未来科学技术、经济、社会和环境的发展,地理教育为追求学科教育的多元价值,适应时代发展的需要,就要高度重视世界教育改革特点和地理教育发展前景,树立素质教育、主体教育、终身教育的现代教育思想和"地理为生活"、"全球意识"、可持续发展的全新理念,把培养人才的社会责任感、创造精神、实践能力和综合素质摆到突出的位置,处理好传统学科与现代技术、传授知识与培养能力、统一性与多样性的关系。重视校外课程资源的开发利用,构建开放性的课程体系,拓展学生学习的空间、时间和内容,激发学生地理学习的主动性、积极性和创造性。

树立新的教育理念、构建开放性的课程体系的具体的策略为:从生机勃勃的大自然、社会生活、学生自身的经验和地理学习活动本身精选课堂教学素材,开放课程内容;在国家课程的基础上,补充乡土课程,开发校本课程,不仅开设地理必修课和地理选修课,而且会开设地理专题讲座,开放课程形态;围绕地理教育的主题、任务和目标,选择讨论、探究、案例、调查、实验等学习方式和运用灵活多样的教学方法和手段,开放教学模式;邀请科学家、环保专家、大学教授等开展专题报告,利用博物馆、展览馆、研究所、教育基地等开展参观教育,开放

[1] 袁书琪. 地理教育学[M]. 北京:高等教育出版社,2001:36-38.

课程资源。

(二)创设激励性评价机制,培养学生的地理探究能力和创新精神

教学评价是教学过程的重要环节,是培养学生发现问题、开展探索和善于反思的重要途径。传统的教学评价定位于学生对知识的掌握上,只注重学习结果,评价方法为单一的考试,教与学不能相长,扼杀了学生的个性和全面持续发展能力。

知识经济时代,科学技术迅猛发展,知识内容日新月异,对人的教育只能是终身教育。因此,评价的目的应着眼于学生的发展,定位于帮助学生明确进一步发展的方向,认识自我、超越自我、发展自我,不仅注重学习结果,而且注重学习过程。既评价学生的学习成绩,更重视对学生科学探究的能力、情感态度与价值观等方面的评价。构建多元化评价体系,将知识、素质、能力和方法纳入统一的科学体系综合考评。实现教师评价与学生评价相结合,过程评价与结果评价结合,即时评价与延时评价相结合,激发学生学习的积极性、主动性和创造性,不断促进学生研究问题的方法和能力的提高。地理教育评价的目的应与地理教育的目标保持一致,一切为了学生的发展,培养学生的地理科学素养,改变学生的学习方式,认识地理学科的实用价值,激发学习地理的兴趣和动力,促进地理探究能力、创新精神的培养和实践能力的提高。

随着课程改革的深入,多样化的评价日渐得到全面实施。

(三)吸收和应用新的技术手段,创新教学内容和方法

随着信息科学和计算机技术的发展,以GIS(地理信息系统,Geography Information System)为中心的“3S”[RS(遥感,Remote Sensing)、GPS(全球定位系统,Global Positioning System)、GIS]技术已在地理学中广泛应用,为地理学的发展注入了无限生机,为地理学应用领域的拓展和解决实践问题能力的提高等奠定了坚实的技术基础,也为地理课程注入了新的内容和活力,使地理教学的内容跳出了单纯的知识框架,富于生活气息和时代气息。

卫星相片、遥感图像直观性强,直接反映地物、景观及其变化,通过信息模拟可直观地为学生建立空间观念和空间想象能力;利用数据库可以提高学生空间思维能力和辩证思维能力,可以更精确地进行人类面临的人口、资源、环境、可持续发展教育,可以准确地确定地理位置、判断方位和行走路线,大大提高教学效果。利用融文字和声像于一体的多媒体教学和网络教学手段,活跃教学气氛,丰富教学内容,贴近学生的生活实际,使启发式、交互式、讨论式的教学方法更加生动,调动学生主动参与课堂教学过程,加强学生动脑思索和动口表达的训练,启迪学生思维,提高教学质量。

(四)广泛开展地理教育活动，提高公众的地理素质

在改进和加强地理教育的基础上，政府教育主管部门、地理学术团体和地理教育工作者，将尽快努力建立并完善地理网络系统、利用暑假举办地理夏令营、地理培训班和各种不同形式的地理知识竞赛活动等，把地理教育中的课外活动搞得红红火火，改变地理教育长期限于课堂、课本的状态。通过新闻媒体和地球日、环境日、土地日等特定宣传日活动，搞好地理科普知识的宣传，大力提高公众的地理意识和地理素质。

未来中国地理教育将在建设社会主义现代化的事业中实现自身的现代化，成为具有中国特色的社会主义地理教育。这是需要艰苦探索的开创性事业。我们要从展望未来变化的若干趋势中把握现实，明确改革目标，为迎接未来的挑战做好准备。

思考与练习

1. 从你自己或他人的体验中，举例说明中学地理教育的价值。

2. 美国、英国等国的地理教育改革对我们有哪些启示？

3. 中学地理教育的目标由哪些部分组成？它们之间的关系如何？

4. 了解未来地理教育的发展趋势，对于教师教学活动有何指导意义？

5. 阅读浙江教育出版社出版的美国高中主流理科教材《地理：地质学、环境与宇宙(科学发现者)》(上、中、下)，谈谈你的体会。

第三章 地理课程改革

"素质教育"作为一个口号或者任务早在20世纪80年代末90年代初就已经被提出，但是直到21世纪初，"从总体上看，素质教育的成效还不够明显，尚未取得突破性的进展"，"推进素质教育步履艰难，基础教育还没有摆脱'应试教育'的惯性和影响"。为全面推进素质教育，反映地理科学的发展，适应生产生活的需要，必须构建与此相适应的中学地理课程。

第一节 地理课程改革概述

20世纪80年代以来，由于科学技术的迅猛发展、知识经济的兴起，世界各国都认识到教育对社会、经济发展的重要意义，掀起了规模宏大的基础教育改革浪潮。如1993年美国总统克林顿宣布了全美教育改革法案《2000年目标：美国教育法》。我国1993年公布了《中国教育改革和发展纲要》，1999年推出了《面向21世纪教育振兴行动计划》，2010年公布了《国家中长期教育改革与发展规划纲要（2010—2020年）》。这一系列决策着眼于学生的未来发展，将传统的"应试教育"引向"素质教育"，落实科教兴国的历史重任。

一、地理课程改革的背景与目标

我国本次改革研究了世界各国的课程理论与实践，分析了地理课程中的问题，教育部先后颁布了《全日制义务教育地理课程标准（实验稿）》、《普通高中地理课程标准（实验）》和《义务教育地理课程标准（2011年版）》，使地理教育观念、教学内容、教学方法和手段、教学评价方式有了转变和完善，地理科学的价值、广阔前景和顽强生命力得到了彰显。

（一）地理课程改革背景

世纪之交在全国范围内进行新一轮基础教育课程改革，其主要原因：一是来自国际上国力竞争对基础教育的压力和世界各国基础教育课程改革浪潮的推动；二是鉴于我国目前基础教育的质量、素质教育的进展和成效与新世纪社会经济发展的要求相比，还存在着一定的差距；三是我国还没有构建一套完全符合素质教育要求的全新的课程体系，如果不及时有效地解决基础教育实施过程中存在的问题，势必要影响创新人才的培养和全民素质的提高；四是地理科学的迅速发展，特别是信息技术的迅猛发展，全球定位系统、对地观测系统、地理信息系统的广泛应用，数字地球概念的建立，都为地理课程内容革新注入了活力，都对地理课程改革提出了新的要求。关注全球性问题和我国新世纪所面临的发展问题，建设符合时代要求的地理课程是世纪之交的迫切任务。

（二）地理课程改革目标

依据基础教育课程改革的出发点，课程改革的培养总体目标是：体现时代要求，要使学生具有爱国主义、集体主义精神，热爱社会主义，继承和发扬中华民族的优秀传统和革命传统；具有社会主义民主法制意识，遵守国家法律和社会公德；逐步形成正确的世界观、人生观、价值观；具有社会责任感，努力为人民服务；具有初步的创新精神、实践能力、科学和人文素质以及环境意识；具有适应终身学习的基础知识、基本技能和方法；具有健壮的体魄和良好的心理素质，养成健康的审美情趣和生活方式，成为有理想、有道德、有文化、有纪律的一代新人。

《基础教育课程改革纲要（试行）》中提出了6项具体目标，在课程功能、课程结构、课程内容、课程实施、课程评价和课程管理等方面，为地理课程改革提出了具体的要求和指南。

1. 课程功能的转变

改变课程过于重视知识传授的倾向，强调形成积极主动的学习态度，使获得基础知识与基本技能的过程同时成为学会学习和形成正确价值观的过程。

地理课程的功能将从狭隘单一的注重知识传授向引导学生学会学习、学会应用、学会生存和学会做事转变。要实现课程功能的转变，最为重要的是课程观念的变革。没有观念的变革，课程改革就难以实现。全面推进素质教育，要求课程的设置必须着眼于学生的全面发展。对于地理学科来说，必须变革“学科中心”、“知识本位”下的地方志式的地理课程，努力创设一种以区域地理和系统地理作为学习载体的地理课程，培养学生的地理实践能力和探究意识，激发学生学习地理的兴趣和爱国主义情感，使学生树立正确的人口观、资源观、环境观以及可持续发展观。这是时代赋予地理教育的使命。

2. 课程结构的改革

改变课程结构过于强调学科本位、科目过多和缺乏整合的现状，整体设置基础教育课程门类和课时比例，并设置综合课程，以适应不同地区和学生发展的要求，体现课程结构的均衡性、综合性和选择性。

课程结构问题是课程改革的重要问题。要构建开放式地理课程，除了必要的课堂教学，还要积极开发校外课程资源，拓宽学习空间，满足多样化学习的需求。开发地方课程、校本课程，把乡土地理作为综合性学习的载体，使地理课程组织形式多样化。

3. 课程内容的改革

改变课程内容"难、繁、偏、旧"和过分注重书本知识的现状，加强课程内容与学生生活以及现代社会和科技发展的联系，关注学生的兴趣和经验，精选终身学习必备的基础知识和技能。

课程内容在课程改革中占有重要的位置，因为任何课程改革都是以课程内容为载体来进行。课程内容的选择合适与否，对课程改革质量有很大的影响。地理课程标准首先非常重视学生创新精神的培养，爱护和培养学生的学习兴趣。一方面，删除了"繁、难、偏、旧"的内容，如将"气压"知识上移至高中地理，初中地理中各类自然资源只保留土地、水资源作为案例；另一方面，将一些贴近生活反映当今世界热点问题的内容引进初中地理教材，如聚落与环境、区域文化。其次是鼓励探究，改变老师讲、学生听的陈旧教学模式，引导学生独立思考，体验解决问题的过程，逐步学会分析问题、解决问题的方法。

4. 课程实施的改革

改变课程实施过于强调接受学习、死记硬背、机械训练的现状，倡导学生主动参与、乐于探究、勤于动手，培养学生搜集和处理信息的能力、获取知识的能力、分析和解决问题的能力以及交流和合作的能力。

不可否认，在学生掌握基础知识方面，接受式学习的作用不可低估。但是，过多依赖于接受式学习，学生主动探究的精神就会受到抑制。课程改革就是要改变这种状况，要实现上述目标，教师必须转变教育观念，还要注意培养学生信息素养能力。地理课程标准提倡把乡土地理作为综合性学习的载体，学生通过收集第一手资料，运用所学的知识和技能，进行探究性实践活动。此外，地理课程标准还提出充分挖掘校外课程资源，建议师生自己动手收集地理信息，以丰富教学内容。

5. 课程评价的改革

改变课程评价过分强调甄别和选拔功能，发挥评价促进学生发展、教师提高和改进教学实践的功能。

课程评价的改革是基础教育课程改革的一个重要方面。课程评价的改革首先要转变评价功能。新课程对课程评价的要求是从选拔走向发展。其次，要改变评价方式。新课程所倡导的评价是发展性课程评价。发展性课程评价关注学生的发展，目的在于提高学习效率。地理课程标准营造了一种宽松的学习环境，建立多元化的评价目标和手段，定性评价和定量评价相结合，弱化评价的甄别功能和选拔功能，以激励学生创新。

6. 课程管理的改革

改变课程管理过于集中的状况，实行国家、地方、学校三级课程管理，增强课程对地方、学校及学生的适应性。

新课程在管理方面实行三级课程管理，其目的是落实《关于深化教育改革全面推进素质教育的决定》的第十一条，即加大省级人民政府发展和管理本地区教育的权利以及统筹的力度，促进教育与当地社会经济发展紧密结合，继续完善基础教育由地方负责、分级管理体制。在课程开发管理上，改变过去国家管理过于集中的做法，实行有指导的逐步放权，以有效提高课程为当地经济服务的适应性。新地理课程提倡把乡土地理作为综合性学习的载体，学生可以通过收集身边的资料，运用掌握的地理知识和技能，进行以环境与发展问题为中心的探索性实践活动。

二、地理课程的功能定位

地理学兼有社会科学和自然科学的性质，地理教育除了具有和其他学科的共同功能外，还具有自己独特的价值[1]。

(一)地理学价值的拓展

随着地理学的不断发展，地理学的价值也相应得到了拓展。这种价值的拓展主要来自于地理学的发展趋势、社会需求的推动以及技术方法的革新等三个方面的推动力。

1. 地理学的发展趋势

目前地理学呈现出两个发展趋势并存的特点。其一，从“过程”入手采用实验和微观研究的方法，探讨地理事物的成因和变化机理。其二，以全球问题为对象，进行宏观层面的综合研究，解决人地关系、可持续发展等战略性问题。从更大范围看，地球科学则更多地强调地球各圈层的相互关系研究，人类发展与

[1] 地理课程标准研制组. 普通高中地理课程标准(实验)解读[M]. 南京：江苏教育出版社，2004：3-9.

环境问题已成为新世纪地球系统科学的共同主题。

2. 社会需求的推动

地理学是一门应用性较强的科学。随着环境问题越来越受到政府和社会的重视,资源保护、生态建设、灾害防治、城市和农村发展等问题已成为地理学应用研究的热点,以GIS技术应用为龙头的地理信息和3S(RS、GPS、GIS)技术应用产业化也以前所未有的速度发展起来。地理学在以上几方面所做出的巨大成绩,正是地理学价值的重要体现。

3. 技术方法的革新

近些年来,RS、GPS和GIS的出现和快速发展,进一步促使地理学研究的理论、方法和技术手段发生显著的变化。3S技术,尤其是遥感和地理信息系统技术,已经成为支撑地理学发展不可缺少的重要手段,是地理学现代化不可缺少的重要工具。此外,地理学的成因理论与动力机制的研究,则趋向于由点到面、由微观到宏观、由区域到全球。

(二)地理基础教育的社会需求

地理基础教育是我国基础教育的重要组成部分,社会、经济、文化的发展既对地理课程提出了新的要求,也对地理课程产生重要影响。

1. 社会发展对地理课程的影响

社会发展有两个不容忽视的趋势:一是环境伦理道德观以及可持续发展观日益成为人类新世纪的主流意识;二是全球性问题逐步融入人们的日常生产与生活活动当中,社会结构多样性与趋同性并存。主流意识科学化、全球化,世界与社会趋同和多样并存,对地理课程的内容设置和教学方式提出了变革要求,这必然会对地理课程产生巨大影响。

2. 经济发展对地理课程的影响

同世界经济形态急剧变化相比,我国经济的发展更为复杂。经济全球化、知识经济和新经济以及市场经济体制等因素,在深层次上影响着地理科学研究的内容范畴和作用机理。

3. 文化发展对地理课程的影响

文化发展对于地理课程的影响,既反映在区域文化景观的变化和差异方面,也体现在国家和地区文化内涵与精神文明方面。地理教育应当将文化发展的新理念纳入课程建设中,重点培养学生互助互爱的精神境界,珍视世界文化多样性的审美情趣,积极向上的社会态度与道德准则以及正确的行为规范。

(三)地理基础教育在学生健康心理形成方面的功能

地理基础教育在培养学生积极健康的心理特征、良好的地理学习动机和学生心理发展方面，发挥着重要的功能。

1. 中学生心理特征的差异

地理基础教育改革应该适应并有利于学生心理的发展。随着年龄的增长，除了在记忆、思维、想象与创造等方面遵循一般心理发展规律之外，中学生对地理内容的兴趣取向和空间感知方面的变化，应在地理基础教育改革中予以特别重视。

2. 地理学习动机

地理学习动机是学生个体发展和维持其地理学习行为的一种心理状态，它与地理课程之间相互影响。地理课程改革必须充分考虑学生的动机因素。以学生为本、扭转学生不爱学地理的倾向是解决动机问题的立足点，而把学生对地理学习的需要转化为兴趣并上升为动机则是地理课程建设的着眼点。

3. 地理学习对学生心理发展的影响

地理学习对学生心理发展的影响包括发展地理知识、技能、能力和情感等智力与非智力因素。在传授地理事实知识、解决地理问题的过程中，要使学生掌握地理事物本质和规律的思维方法，理解地理内容同科学技术和社会的联系，这样才有利于实现“知识”与“智能”的有机结合和相互促进，有利于地理情感和态度的形成。

三、地理课程改革的价值取向

本次课程改革的基本价值取向是：为了每一个学生的发展。这就要求我国基础教育课程体系走出目标单一、过程僵化、方式机械的“生产模式”，让每一个学生的个性获得充分的发展，培养出健全并丰富多彩的人格。这是我国素质教育课程体系的根本要求。

（一）重视“知识、能力和素质”的协调发展

传统课程体系过分强调知识技能的确定性，把知识技能视为普遍的、僵化的、外在于人的、供人掌握的东西，由此导致课程目标的知识技能取向和课程实施的“灌输主义”倾向。新课程不再把知识技能视为凝固起来的供人掌握的存储的东西，它合理地承认了知识技能的不确定性，知识技能的本质在于人们通过它而进行批判性、创造性思维，并由此建构出新的知识的意义。基于这种新的知识观，新课程的目标超越了知识技能取向，使知识技能的获得过程同时成为学会学习和形成正确价值观的过程。

（二）强调个性发展和全面发展，以“学生为本”

新课程认为，学生不是被人塑造和控制、供人驱使和利用的工具，而是有其

内在价值的独特存在,学生即目的。因此,个性发展是课程的根本目标。如何理解学生的个性发展?新课程认为,每一个学生的个性既是具有独特性、自主性的存在,又是关系中的存在。所以,新课程从三大关系上阐释学生的个性发展,规划课程目标,即学生与自我的关系、学生与自然的关系、学生与社会的关系。

(三)强调与社会生活的联系

新课程认为,课程不是孤立于生活世界的抽象存在,而是生活世界的有机构成;课程不是把学生与其生活世界割裂开来的屏障,而是有机融合起来的基本途径。因此,回归生活是新课程的基本理念之一。帮助学生反思、体验、享受生活并提升、完善生活是新课程的基本追求。增加学校与社会的密切关系,增强学校生活的社会性,培养学生的实践能力、社会责任感和学生对社会生活的态度,是新课程的目标、内容和实施过程的重要特色。

第二节 地理课程标准解析

20世纪80年代以来,世界范围内兴起新一轮的地理教育改革浪潮,其核心是课程改革,世界各国纷纷推出地理课程改革的新理念、新方案。课程改革已经成为地理教育改革的先导和突破口。编制课程标准是课程改革的重要环节之一。

世界上有的国家使用"课程标准"一词,有的国家使用"教学大纲"一词,这主要由其教育传统和理论背景等因素所决定。如最早使用"教学大纲"的德国、法国,现在还在使用这一名称,但是在内容和内涵上已经产生较大变化,教学大纲已经成为学生学习的纲要。

对于我国而言,考虑到课程改革的价值转型、教育政策的变化、课程改革的推广,以及广大教师的理解和接受等方面的原因,有必要采用"课程标准"名称来代替"教学大纲"。

一、地理课程标准概述

新中国成立前,我国使用过"课程标准"这一名称。1950年8月,我国颁布的《小学地理课程暂行标准(草案)》使用的也是"课程标准"。后来,学习苏联,不再使用这一名称。以前的"课程标准"与"教学大纲",在内容上没有明显的区别,仅仅是叫法不同而已。目前使用的"课程标准"在内容与内涵上与过去相比,发生了根本性变化。

(一)地理课程标准概述

地理课程标准是国家对基础教育地理课的基本规范,体现了国家对不同学段的学生在地理知识与技能、过程与方法、情感态度与价值观等方面的基本要求;规定了地理课程的性质、目标、内容框架,提出了地理教学和评价的建议。它是编写教科书、地理教学及评价、地理考试命题的依据。

地理课程标准基本价值取向是培养合格的公民,即"为了每一个学生的发展"。课程标准制定的某一学段、共同的、统一的基本要求,考虑的是培养合格的公民,而不是精英。内容更多从社会的需要和学生的发展出发,紧密联系生活实际和社会实践。

地理课程标准注重全面发展,不仅仅是知识,还有能力与情感态度和价值观的培养。对学习方式有明确的要求,如课程标准提出倡导探究学习,强调过程评价和结果评价的统一,提倡多种评价方式,有利于学生全面、健康发展。

(二)地理课程标准与地理教学大纲的差异

地理课程标准与地理教学大纲的差异,主要表现在课程观、课程目标、课程内容、文本结构和课程评价五方面[1]。

1. 课程观上的差异

地理教学大纲是以"学科中心课程观"为指导,强调地理知识的系统性。地理课程标准力求融合三种课程观的优点,以其指导地理课程标准的制定。地理课程标准所依据的课程观,是一种"融合"的课程观,具体可以表述为"以学生发展为中心、以社会需要为方向、以学科发展为基础",核心是"以学生发展为中心"。地理课程不只是传授地理知识,主要是促进学生的全面发展,培养学生健康的情感态度和价值观,重视能力培养,特别是创新意识的培养。

2. 课程目标上的差异

地理教学大纲更多地关注学生在学科知识、技能方面应该达到的要求,地理课程标准以课程内容为载体,更多地关注学生通过课程学习,在知识与技能、过程与方法、情感态度与价值观方面得到发展,从而达到促进学生地理素养全面培养的目的。

3. 课程内容上的差异

在内容的表述方式上,地理教学大纲更多地体现了原则性、指令性和刚性,而地理课程标准更多地体现了指导性、启发性和弹性。

---

[1] 王民. 地理教学大纲与地理课程标准的比较[J]. 中学地理教学参考, 2005(9):6–8.

在地理课程内容的选择和要求上，地理教学大纲和地理课程标准的差异主要表现为三个不同。

(1)"基础知识"的价值取向不同。地理教学大纲中所指的"基础知识"，主要是从地理学科角度来说的科学基础知识，追求系统、全面；而地理课程标准中所指的"基础知识"，主要是从公民角度来说的科学基础知识，要求"有用"、培养素质。

(2)选择知识的角度不同。地理教学大纲是从地理学科的角度来选择和组织知识，而涉及的一些与其他学科相关的知识，以及与社会、与生活的联系，在实际教学中常被作为辅助性的、可有可无的内容；地理课程标准更多的是从培养公民的地理素养的角度来选择和组织知识，它考虑的是哪些知识是合格公民必备的、对学生未来发展有用的、社会发展需要的知识。

(3)"要求"的重心不同。地理教学大纲要求学生应"掌握比较系统的地理基础知识和基本技能"，强调学生不仅知道科学知识"是什么"，还要理解其"为什么"，较多地限于课堂，远离学生的生活和社会实践；地理课程标准除了要求学生知道"是什么"、"为什么"外，特别强调知识怎么用，能解决哪些实际问题，要求为学生学习提供较为充分的学习背景和案例，倡导学生探究，注意联系生活实际和社会实践。

4. 文本结构上的差异

地理课程标准和地理教学大纲在文本结构上具有较大的差异(表3-1)。

表3-1　地理课程标准与地理教学大纲文本结构的比较

地理课程标准		地理教学大纲
前言	1.课程性质 2.课程基本理念 3.课程设计思路	
课程目标	1.知识与技能 2.过程与方法 3.情感·态度·价值观	教学目的
内容标准	1.必修课程 2.选修课程	课程安排 教学目标和教学要求
实施建议	1.教学建议 2.评价建议 3.教材编写建议 4.课程资源开发与利用建议	教学中应注意的问题 考试与评估 教学设备和设施

5. 课程评价上的差异

地理教学大纲对学生的评价比较单一，注重学习结果的评价，强调评价的甄别功能，形式以纸笔测试为主，教学上多采用“题海战术”进行复习准备。地理课程标准在评价方面力求有明显的改变，在重视学习结果评价的同时，强调与过程评价结合；在评价的甄别功能之外，强调评价的诊断、激励和发展功能，建构评价主体多元、评价手段多样、评价内容全面的评价体系。

二、地理课程标准解析

新一轮课程改革成功的关键，是教师对改革的理解和执行情况，特别是对地理课程理念、地理课程改革目标和地理课程标准的理解。

课程标准是动态的，随着课改的深入和外部条件的变化，及时修订课程标准是一种正常现象。例如，现行高中地理课程标准中，凡是选修模块有的内容必修模块涉及不多或很少，不一定很合适。海洋知识在初中地理中涉及很少，不选修《海洋地理》的同学在高中对海洋知识的认知也很少，而海洋国土、海洋资源、海洋权益等海洋知识应该是每个公民必备的知识，这就涉及修订高中地理课程标准问题。

（一）基本理念及其解析

理念是人们在对某一事物现实的深刻分析和未来展望的基础上形成的，任何理念都具有时代性和前瞻性。地理新课程的核心理念是为了每一位学生的发展。

1. 中学地理课程基本理念

《全日制义务教育地理课程标准（实验稿）》提出了六条基本理念，《义务教育地理课程标准（2011年版）》将其改为三条基本理念；《普通高中地理课程标准（实验）》提出了五条基本理念（表3–2）。

表3–2 中学地理课程基本理念

初中地理	高中地理
1.学习对生活有用的地理	1.学习公民必备的地理
2.学习对终身发展有用的地理	2.满足不同的地理学习需要
3.构建开放的地理课程	3.注重对地理问题的探究
	4.注重信息技术在高中地理课程中的应用
	5.注重学习过程评价和学习结果评价的结合

修订《全日制义务教育地理课程标准（实验稿）》，本着坚持、巩固、深化地理课程改革的基本理念，坚持原来课程标准设计的“几个不变”的原则：第一，坚持“注重区域地理学习方法培养”的“1+4+5+5”设计不变。必须从世界范围内至少选择1个大洲、4个地区（例如南亚地区）和5个国家，从我国范围内至少选择5

个不同空间尺度的区域编写教材、组织教学,使学生初步掌握学习和探究区域地理的基本方法。第二,坚持构建“有用”、“开放”的地理课程基本理念不变。地理课程与人们日常生活密切相关,必须还地理课程以本来面目,使地理课程教学结合生活需求、充满生活情趣。第三,坚持突出环境和可持续发展教育不变。地理课程将环境保护和可持续发展列为课程的核心论题,这在各门学科中是独特的。地理课程突出当今世界面临的人口、资源、环境和发展问题,阐明科学的人口观、资源观、环境观和可持续发展观,并把资源环境教育与品德养成教育相结合。第四,坚持课程内容体系结构不变。课程内容仍然由“地球与地图”、“世界地理”、“中国地理”和“乡土地理”4大块组成。第五,坚持绝大部分的课程内容及其呈现方式、表述方式不变。课程内容的绝大部分条目保持不变,坚持以表格和条目为主的呈现方式保持不变;以学生为主体的表述方式保持不变,有利于引导教师将学生置于学习活动的主体、中心地位,制定有效的教学目标。

与《全日制义务教育地理课程标准(实验稿)》相比,《义务教育地理课程标准(2011年版)》有两个显著变化:第一,重新改写了课程性质:“义务教育地理课程是一门兼有自然学科和社会学科性质的基础课程”,具有区域性、综合性、思想性、生活性和实践性五个特征。第二,修订的重点放在具体的“课程内容标准”的明确性和可操作性上。

总体上看,虽然初中和高中地理课程理念表述不同,但都富有层次感,都是以学生发展为中心,以社会需要为方向,以学科发展为基础,符合不同学段学生身心发展规律。

(1)学习内容。初中地理是学习对生活和对终身发展有用的地理:“原则上不涉及较深层次的地理成因问题”,“选择与生活密切相关的地球与地图、世界地理、中国地理和乡土地理等基础知识,引导学生在生活中发现地理问题,理解其形成的地理背景,提升学生的生活品位,增强学生的生存能力”,“引导学生从地理的视角思考问题,关注自然与社会,使学生逐步形成人地协调与可持续发展的观念,为培养具有地理素养的公民打下基础”,教学活动要“突出地理事物的空间差异和空间联系”。高中地理培养现代公民必备的地理素养:“设计具有时代性和基础性的高中地理课程,提供现代公民必备的地理知识,增强学生的地理学习能力和生存能力;关注人口、资源、环境和区域发展等问题,以利于学生正确认识人地关系,形成可持续发展的观念,珍爱地球,善待环境。”

(2)课程资源。初中地理构建开放的地理课程:“着眼于学生创新意识和实践能力的培养,充分重视校外课程资源的开发利用,着力拓展学习空间”,教师要善于利用学生学习经验资源，利用计算机网络资源。高中地理满足学生不同的地理学习需要："建立富有多样性、选择性的高中地理课程，满足学生探索自然奥秘、认识社会生活环境、掌握现代地理科学技术方法等不同学习需要。"

(3)学习方式。初中地理"倡导多样的地理学习方式，鼓励学生自主学习、合作交流、积极探索"。高中地理重视对地理问题的探究："倡导自主学习、合作学习和探究学习，开展地理观测、地理考察、地理实验、地理调查和地理专题研究等实践活动。"

(4)现代信息技术。初中地理在课程理念上对此没有具体要求，但在具体标准上有所涉及，要求教师"重视地理信息载体的运用"。高中地理强调信息技术在地理学习中的应用："充分考虑信息技术对地理教学的影响，营造有利于学生形成地理信息意识和能力的教学环境。"

(5)评价机制。初中地理在课程理念上虽然对此没有明确表达，但在评价建议中有具体要求。总体上，初中、高中地理均倡导建立学习结果与学习过程并重的评价机制。

2. 基本理念解析

(1)核心理念：以学生发展为本。"为了中华民族的复兴，为了每一位学生的发展"，是本次课程改革所追求的目标。"一切为了学生的发展"是新课程最主要的宗旨和核心理念，地理课程标准的所有理念都隐含着"以学生发展为本"的核心理念，其中"学习对生活有用的地理"、"学习对终身发展有用的地理"是最直接的体现。"以学生发展为本"就是注重学生的"全员发展"、"全面发展"、"全程发展"和"个性发展"。地理课程要面向学生的生活世界和社会实践，通过联系学生的生活实际与经验、联系地理在生产中的实际应用、联系中国地理国情、联系人与环境关系的重大问题等方式，使学生的情感态度与价值观协调发展。

(2)亮点：提倡自主、合作、探究的学习方式。地理课程标准明确提出要根据学生的心理发展规律，联系实际安排教学内容，引导学生从现实生活的经验与体验出发，激发学生对地理问题的兴趣，培养地理学习能力，鼓励积极探究，使学生了解地理知识的功能和价值，形成主动学习的态度，重视对地理问题的探究，倡导自主学习、合作学习和探究学习，开展地理观测、地理考察、地理实验、地理调查和地理专题研究等实践活动。通过动手实践，积极思考，分析地理问题，解决地理问题，培养创新意识和实践能力。

(3)评价：以激励为价值取向，提倡评价多元化。地理课程标准对地理学习评价给予高度重视，提出了全新的评价理念：重视反映学生发展状况的过程性评价，既要关注学习结果，也要关注学习过程以及情感、态度和行为的变化，实现评价目标多元化、评价手段多样化，强调形成性评价和终结性评价相结合、定性评价和定量评价相结合、反思性评价与鼓励性评价相结合。

(二)课程目标及其解析

地理课程标准对“课程目标”从知识与技能、过程与方法、情感态度与价值观三个维度来表述，这三个维度在实施过程中是一个有机的整体。

1. 地理课程标准课程目标

初中和高中课程有着不同的课程目标。

初中地理课程总目标是：“掌握基础的地理知识，获得基本的地理技能和方法，了解环境与发展问题，增强爱国主义情感，初步形成全球意识和可持续发展观念。”

高中地理课程总目标是：“要求学生初步掌握地理基本知识和基本原理；获得地理基本技能，发展地理思维能力，初步掌握学习和探究地理问题的基本方法和技术手段；增强爱国主义情感，树立科学的人口观、资源观、环境观和可持续发展观念。”

2. 课程目标解析

(1)“知识与技能”是地理课程的基础目标。掌握地理基本知识与形成基本地理技能不仅有用，而且它们是培养智能、发展个性的基础。学生要想高效地参与地理教学过程，熟练地掌握地理学习方法，顺利地形成正确的情感态度与价值观，都离不开地理基本知识与基本地理技能。

与过去相比，从总体上看，义务教育地理课程标准“知识与技能”目标中要求学生识记的内容大为减少，而在阅读和使用地图和地理图表、获取地理信息、处理地理信息等方面的技能要求有所提高。

高中地理课程标准中的“知识与技能”目标包括四条。

第一条目标涉及的知识内容侧重自然地理。“地球和宇宙环境的基础知识”属于地球概论和天文学知识，这是学习地理环境内容的前提。有关“人类赖以生存的自然地理环境的主要特征，以及自然地理环境各要素之间的相互关系”的知识是高中地理课程的经典内容，也是学习人文地理、人地关系有关知识的基础。本条目标的完成重点通过必修模块“地理1”来实现。

第二条目标涉及的知识内容侧重人文地理。人文地理是系统地理的重要分支之一，与自然地理并列为系统地理的两大支柱。有关“人类活动对地理环境的影响”和“人文地理环境的形成和特点”等知识是高中地理课程的经典内容，这对于培养现代公民必备的地理素养，关注人口、资源、环境和区域发展等问题，以利于学生正确认识人地关系，形成可持续发展的观念，珍爱地球、善待环境等都极为重要。并且,人地关系以及可持续发展理论不仅是高中地理课程,而且是整个基础教育地理课程的核心论题。所以,有关这部分内容的目标,不仅在“知识与技能”目标中提出,而且还在“情感态度与价值观”目标中体现。本条目标的完成重点通过必修模块“地理2”来实现。

第三条目标是有关区域地理内容的目标,但它和初中阶段区域地理的目标有很大不同。初中阶段的目标主要是了解家乡、中国和世界的地理概貌,积累丰富的地理表象,原则上不涉及较深层的成因问题。高中地理则要求从成因上认识区域差异,通过至少选择三个中国案例、一个外国案例来认识区域同人类的关系、区域的开发整治和区域可持续发展。区域是教学内容的载体,本条目标的归宿是对人地关系与可持续发展基本原理的领会。

第四条目标是有关一系列地理技能的目标。这些技能是在初中阶段学习基础上的进一步巩固、拓展和提高。例如:初中是“掌握简单的地理观测、地理实验、地理调查等技能”,而高中则是“学会独立或合作进行地理观测、地理实验、地理调查”;初中是“掌握阅读和使用地球仪、地图的基本技能;掌握获得地理信息并利用文字、图像等形式表达地理信息的基本技能”,而高中则是“掌握阅读、分析、运用地理图表和地理数据的技能”。这些技能不仅有利于学生的学习,而且对于学生的生活以及终身发展都极有裨益。

(2)“过程与方法”是地理课程的关键目标。正确、熟练地掌握“过程与方法”,不仅是一种能力、一种素质,而且对于地理知识的掌握和地理技能的形成,以及情感态度与价值观的培养也具有促进作用。

义务教育地理课程标准中的“过程与方法”方面的目标,从总体上看更加关注学生的兴趣和生活体验,强调感知身边的地理事物,并形成地理表象,倡导从学习和生活中发现地理问题和分析、判断并提出看法或解决问题的设想,要求学生学会与别人交流和交往。

高中地理课程标准中的“过程与方法”目标包括三条。

第一条目标侧重地理信息的收集、整理、分析、运用能力的培养。在高中阶段,这属于初级水平目标。作为高中学生,不会收集处理地理信息并将其运用于学习过程,就谈不上进一步解决地理问题。所以,这条目标是“过程与方法”目标的基础。

第二条目标侧重发现地理问题和解决地理问题能力的培养。这是在第一条目标基础上的进一步提升,也是最关键的一条目标。其中,发现地理问题是前提,提出方案、对策是核心。至于途径和方法,则倡导与他人合作,强调开展调查研究。

第三条目标侧重对地理学习结果的表达和交流能力的培养。以往的教学大纲忽略了这一目标。对于一个问题的正确表达属于比较高层次的能力。表达者要让听者听明白，首先必须把问题全部“消化”并能融会贯通，然后还应该做到表达层次清晰，语言有节奏感。实际上，表达能力是一项综合能力。此外，交流也是一种能力，加强学生之间交流、合作，提高学生的交际能力，这也是新课程所提倡的。

(3)“情感态度与价值观”是地理课程的终极目标。现代教学论认为，学习过程是以人的整体的心理活动为基础的认知活动和情意活动相统一的过程。如果没有认知因素的参与，学习任务不可能完成；同样，如果没有情意因素的参与，学习活动既不能发生也不能维持。当一个学生掌握的知识与技能、经历的过程、学会的方法，最终都升华为情感态度与价值观，升华为意识、观念、责任、习惯，这对于学生的终身发展将受益无穷。

义务教育地理课程标准中的“情感态度与价值观”方面的目标，是从小到大逐步展开的。首先是初步形成对地理事物和现象的好奇心，提高学习地理的兴趣以及对地理环境的审美情操；然后才是在关爱家乡与祖国、国际合作与全球意识、关爱大自然等三个不同层面上必须达到的目标。

高中地理课程标准中的“情感态度与价值观”目标包括四条。

第一条目标是激发探究地理问题的兴趣和动机，养成求真、求实的科学态度，提高地理审美情趣。如果没有学习地理的兴趣和动机，地理学习活动就不可能有效运行，即使能短暂运行也不可能长时间维持。因此，地理课程目标将学习兴趣、学习动机的激发和培养列为“情感态度与价值观”目标的第一条。

第二条目标是关注国情、热爱祖国、热爱家乡。这是地理学科传统、经典的课程目标。地理和历史两门学科被称为进行这方面教育的“双翼”。在了解“我国的基本地理国情”方面，特别强调“关注我国环境与发展的现状与趋势”。

第三条目标是“国际合作”和“全球意识”的教育。以往的地理教学大纲在提出爱国主义教育的同时，往往还强调“国际主义”教育，这在当前的国际大环境下已不合时宜。取而代之的是在全球的资源、人口、环境、经济、社会与发展方面，进行“国际合作”和“全球意识”的教育。这是地理学科义不容辞的重要使命。

第四条目标是进行可持续发展教育。这在“知识与技能”领域已有目标要求，但仅仅“认识可持续发展的意义及主要途径”还不够，还必须在认知与情意和谐统一的轨道上，使学生进一步“产生意识—形成观念—增强责任—养成习惯”,使可持续发展战略思想深入人心,产生行动。这才是可持续发展教育的最高境界。

(三)内容标准解析

内容标准是地理课程标准的核心内容,规定了学生在地理方面应学习的知识与技能、过程与方法、情感态度与价值观以及要达到的标准。

1. 课程内容的定位

基础教育地理课程设计是一个系统工程,初中阶段和高中阶段的地理课程是一个整体,两者之间既有分工又有密切联系。初中地理课程以区域地理学习为主,原则上不涉及较深层次的成因问题;高中地理以系统地理为主,注重与实际相结合,要求学生在梳理、分析地理事实的基础上,逐步学会运用基本地理原理探究地理过程、地理成因以及地理规律等。

2. 内容标准解析

(1)内容标准的结构。内容标准是地理课程标准的核心内容,主要由“标准”、“活动建议”、“说明”等部分组成。“标准”是学生学习地理课程必须达到的基本要求,以行为目标方式表述。“活动建议”是为开展教学活动提供的参考性建议,可根据条件选择,也可自行设计。“说明”是对标准中某些问题的进一步解释。

(2)内容标准文本的解析。首先,“标准”中的行为主体是学生,而不是教师。课程标准中所制定的“课程目标”和“内容标准”最终检验的是学生有没有达到学习结果,而不是评价教师有没有完成某一项工作。其次,“标准”以及为实现标准而提出的“活动建议”部分,均采用列表方式阐述,如表3–3。“活动建议”是提供教师组织室内、室外地理教学活动的参考性意见。最后,“标准”是学生学习地理课程必须达到的基本要求,以行为目标方式或者结果性与体验性目标方式陈述。

(3)内容标准的特点。主要表现在:一是内容精简。知识点粗化,脱离具体知识点的束缚,有利于素质教育。二是表述简洁。操作性强,采用行为化的目标动词,表述学生学习后能达到的结果(表3–4)。三是要求明确。强调搜集、整理、分析、处理地理信息,学会、运用、表达、交流、了解和解决现实生活中的地理问题作为评价的重点。四是内容组织灵活。内容的编排顺序不作统一规定,不强求体系完整和知识完备,有利于“一标多本”,内容组织上具有较强的灵活性、开发性。

从内容标准看,学科知识具有跳跃性特点,特别是单元与单元之间。这是新课程不强调“学科知识的系统性”的必然。这就要求地理教师要根据学生知识结构和教材,进行必要的铺垫和衔接。

表3-3　高中地理必修1的内容标准

标　　准	活动建议
1. 宇宙中的地球 ● 描述地球所处宇宙环境，运用资料说明地球是太阳系中一颗既普通又特殊的行星 ● 阐述太阳对地球的影响 ● 分析地球运动的地理意义 ● 说出地球的圈层结构，概括各圈层的主要特点 2. 自然环境中的物质运动和能量交换 ● 运用示意图说明地壳内部物质循环过程 ● 结合实例，分析造成地表形态变化的内、外力因素 ● 运用图表说明大气受热过程 ● 绘制全球气压带、风带分布示意图，说出气压带、风带的分布、移动规律及其对气候的影响 ● 运用简易天气图，简要分析锋面、低压、高压等天气系统的特点 ● 运用示意图，说出水循环的过程和主要环节，说明水循环的地理意义 ● 运用地图，归纳世界洋流分布规律，说明洋流对地理环境的影响 3. 自然环境的整体性和差异性 ● 举例说明某自然地理要素在地理环境形成和演变中的作用 ● 举例说明地理环境各要素的相互作用，理解地理环境的整体性 ● 运用地图分析地理环境的地域分异规律 4. 自然环境对人类活动的影响 ● 举例说明地表形态对聚落及交通线路分布的影响 ● 根据有关资料，说明全球气候变化对人类活动的影响 ● 以某种自然资源为例，说明在不同生产力条件下，自然资源的数量、质量对人类生存与发展的意义 ● 以某种自然灾害为例，简述其发生的主要原因及危害	● 选择一种形式（如写一篇小短文，绘制一幅图，或者制作一段计算机动画等），向家人或同学讲解地球所处的宇宙环境 ● 运用教具、学具，或通过计算机模拟，演示地球的自转与公转，解释昼夜更替与四季形成的原因 ● 观察某种天文现象，并查阅有关资料，说出自己的观察结果及体会 ● 绘制示意图，或利用教具、学具，说明地球的圈层结构 ● 根据本地条件，进行地质、地貌、水文等野外观察 ● 利用身边可以找到的材料（如透明塑料袋、塑料薄膜、玻璃瓶等）和温度计，做一次模拟大气温室效应的小实验 ● 用计算机设计气压带、风带的移动，水循环或洋流运动的动画 ● 通过角色扮演（或讲故事、观看录像等）形式，说明某自然要素变化时，会导致其他要素发生变化 ● 收集家乡某条河流变化的资料，分析其变化的主要原因，并对该河流的治理和开发提出自己的设想 ● 有条件的学校，可对水井进行定点、定时观测，记录水位、水色等变化情况，并分析其变化规律和主要原因 ● 以本地自然资源开发利用的变化为主题，分组开展研究性学习，交流学习成果 ● 针对本地经常发生的自然灾害，成立课外监测小组，制定计划，开展活动

表3-4　课程标准行为动词与水平要求[1]

领域	行为动词	认知水平
知识	说出、举例、描述、辨认、列举、复述、背诵、回忆、选出、识别、再认、了解、确定等	了解水平
	解释、说明、阐明、比较、分类、归纳、概述、概括、判断、区别、提供、把……转换、猜测、预测、估计、推断、检索、收集、整理等	理解水平
	运用、应用、使用、编辑、质疑、辩护、设计、解决、撰写、检验、计划、总结、推广、证明、评价等	应用水平
技能	模拟、再现、重复、模仿、例证、临摹、扩展、缩写等	模仿水平
	完成、计算、查阅、表现、制定、解决、拟定、安装、绘制、测量、尝试、试验等	独立操作水平
	联系、转换、灵活运用、举一反三、触类旁通等	迁移水平

[1] 孙海波. 对普通高中各门学科《课程标准》中“课程目标”的几点质疑[J]. 中国教育学刊. 2006(9)：32-34.

(4)案例分析。以“运用示意图说明地壳内部物质循环过程”这条课程标准为例,对这条标准进行解析。

本条“标准”关注的对象是自然环境组成要素之一——岩石,要求的重点落在地壳内部物质循环,目的是以物质运动的观点看待岩石的形成和演变。

第一,对这条标准进行分解,确认其“行为动词”、“行为条件”是什么。从这条标准可看出:“运用示意图”属于行为条件,“说明……”中的“说明”属于行为动词,“地壳内部物质循环过程”属于认知内容。

第二,依据国家课程标准中的学习水平与行为动词的相应关系,确定其学习水平。国家课程标准的学习水平与行为动词对应中,“理解水平”包括有“解释、说明、阐明……”,可以确定,本条标准认知要求属于理解水平层次。

第三,依据“行为条件”分析课程标准对学生“学习过程与方法”或基本能力的要求。根据本条“标准”的要求,学生要能熟练阅读“地壳内部物质循环示意图”,同时能绘制简单的示意图说明地壳内部物质的循环过程。这样的示意图不仅要绘出三大类岩石及岩浆,还应反映它们之间的转化过程,如岩浆上涌浸入地下或喷出地表转化成岩浆岩,岩石在外力作用下转化成沉积岩,岩浆岩和沉积岩在压力和热力作用下转化为变质岩,各类岩石在地下深处重熔为岩浆等。因此,在教学中,要引导学生学会阅读地壳物质循环示意图的基本方法与步骤。在学生学习效果评价中,要通过“读图分析”题型,判别学生是否掌握读图的基本方法和基本技能,以及通过阅读示意图能否提取三大类岩石的相互转化关系,进而归纳和解释地壳物质循环的基本过程。

本条“标准”对地壳、岩石、地质作用等内容未作明确要求,因此,对理解地壳内部物质循环所不必要的知识最好不涉及。但是,从人地关系主线出发,介绍岩石的形成和转化时,应联系人类对岩石的开发和利用。岩石是由矿物组成的,人类大规模利用的矿产资源都来源于矿物,因此,可根据条件适当介绍矿物、矿产等方面的内容。

第三节 中学地理新教材

中学地理新教材主要是指按照2001年《全日制义务教育地理课程标准(实验稿)》、2003年《普通高中地理课程标准(实验)》编制的初中和高中地理教材。《义务教育地理课程标准(2011 年版)》颁布以后,教育部要求,从2012年秋季开始,初中一年级开始使用依据《义务教育地理课程标准(2011年版)》编写的地理新教材。

目前,依据《义务教育地理课程标准(2011年版)》编写的初中教材共有7个版本,出版单位是人民教育出版社、湖南教育出版社、中国地图出版社、广东人民出版社、商务印务馆和星球地图出版社、山西教育出版社、大象出版社;依据《普通高中地理课程标准(实验)》编写的高中教材共4个版本,出版单位是人民教育出版社、湖南教育出版社、中国地图出版社、山东教育出版社。

一、中学地理新教材的内涵及主要功能

地理教材是教师传授和学生学习学科知识的主要材料,在地理教学中占有相当重要的地位。地理课程标准是地理教材编写的依据,“教材内容的选择应符合课程标准的要求”。教材的编写思路、框架、内容不能违背课程标准的基本精神和要求,教材是实现国家教育目标的有效工具。

(一)中学地理新教材的内涵

广义的地理教材包括教师为实现一定教学目标,在地理教学活动中使用的、供学生选择和处理的、负载着知识信息的一切手段和材料。从表现形式上讲,它既包括以教科书为主体的图书教材,又包括各种视听教材、电子教材以及来源于生活的现实教材。

狭义的地理教材,主要指中学作为教学基本资源和工具的地理教科书。地理教科书是学校地理教育中的核心文本。

至于配合教科书使用的学生练习册、地图册和教学参考书,以及与教科书作用相似的网上教学材料,它们在教学中的地位和作用与教科书的差别甚大,其评价问题另行讨论。

(二)中学地理新教材的主要功能

地理新教材的主要功能体现在目标功能、教育功能、自主学习功能和培养学生创新能力功能等方面[1]。

1. 目标功能

课程目标以结果性目标和体验性目标来呈现,使用便于理解、操作和评价的行为动词来表达,如结果性目标描述动词“说出”、“解释”、“设计”、“模拟”等,体验性目标描述动词“参与”、“关注”、“坚持”、“追求”等。这样的目标导向明确,有一定的层次性。地理新教材在编排过程中,科学地选择教学内容,体现教材的目标功能。

2. 教育功能

地理课程许多内容是关于人口、经济和文化发展、人类活动与自然环境之

[1] 王树婷,李家清. 新课程理念下的教材功能解读[J]. 地理教育,2005(4):9-10.

间的动态变化关系方面的知识，有利于培养学生树立可持续发展的生态文明观。同时，地理新教材中的一些情景性的体验知识，让学生在感悟中理解，有利于学生形成正确的情感态度和价值观。

3. 自主学习功能

随着信息社会的发展，人人都需要通过不断自主学习来实现自身素质和能力的可持续发展。地理新教材中的知识具有时代气息，反映时代的要求和变化，能够引导学生"改变地理学习方式"、"培养地理学习能力"、"形成主动学习态度"的基本功能。

4. 培养学生创新能力功能

地理新教材结合教学内容设计一些联系学生生活的地理、有用的地理，具有探究性、启智性、创造性的地理问题，让学生在探究和体验中发现问题，积极培养学生的创新能力。

二、中学地理新教材编写指导思想

地理新教材必须依据地理课程标准，充分体现地理课程改革的理念，为地理教学落实内容标准的要求、实现课程目标提供基本的教学材料。其指导思想主要表现在以下四个方面。

(一)以地理课程标准为指南

地理教材的编写是以地理课程标准为指南，正确处理科学、社会和学生三者的关系；把握地理科学发展的趋势，渗透地理科学的新观点和新方法，精选基本概念，突出地理过程，培养学生对地球表面基本自然过程的认识和理解；关注全球重大问题，适应社会进步的需要，注重培养学生的理性意识、创新精神和负责任的态度。

(二)体现基础性和时代性

地理教育应该重视对未来公民必备的基础的地理素质的培养。因此，地理教材的教学内容选择重视基本的地理过程和地理规律，如地理要素的运动、变化过程和规律，地理要素之间相互作用的过程和规律，地理环境的地域分异规律，人地关系的基本原理等。

作为培养未来公民的地理教材，必须体现时代性。因此，地理教材一方面要注意反映学科研究的最新进展，如全球气候变化、生物入侵、可持续发展等；另一方面要注意反映社会、经济、文化的新发展，如西部大开发、经济全球化、生态旅游、清洁生产等。

(三)突出学生的自主学习

为促进教学改革和学生学习方式的转变，地理新教材的编写注意改变过于注重地理知识传承以及导致学生机械学习、死记硬背地理知识的状况，转向突出学生的自主学习，以培养学生搜集、处理地理信息的能力，分析、解决地理问题的能力，以及地理再学习的能力。为此，地理新教材尤其重视以下问题：有利于激发学生学习地理的兴趣，引导学生主动参与教学过程；有意识地为学生的自主学习创造条件；使学生通过自主学习获取一些基本的地理技能和方法。

(四)注意教材呈现方式多样化

地理新教材注意多样化的呈现方式，照顾学生学习倾向的差异，调动学生学习的兴趣。教学内容的组织和呈现有利于支撑高效率的课堂教学，为学生创造自主学习、探究学习和合作学习的情境和空间，为师生互动提供丰富的资源。

三、中学地理新教材的内容体系

我国基础教育课程改革的目标是"为了中华民族的复兴，为了每一位学生的发展"。因此，地理课程新教材必须打破严格的地理学科内容体系，构建以学生的充分发展为本的知识体系。以学生发展为本，就是要注重学生个性的养成、潜能的开发、能力的培养、智力的发展，使学生学习对生活有用的地理，学习对终身发展有用的地理。

(一)初中地理新课程内容体系

初中地理课程是义务教育阶段学生认识地理环境、形成地理技能和可持续发展观念的一门必修课程，兼有社会学科和自然学科的性质。

初中地理主要以区域地理为主，这符合初中学生的年龄特点和认知心理，同时比较贴近学生的生活实际，容易激发学生的学习兴趣和求知欲望。其主要内容包括地球与地图、世界地理、中国地理、乡土地理四大部分(图3-1)。

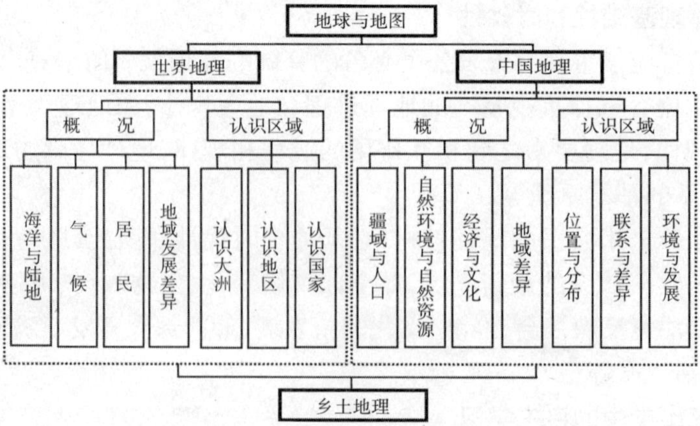

图3-1　7—9年级地理课程内容结构

(二)高中地理新课程内容体系

高中地理课程与义务教育阶段地理课程相衔接,是高中阶段学生学习地球科学、认识人类活动与地理环境的关系、初步掌握地理学习和地理研究方法、树立可持续发展观念的一门基础课程,跨“人文与社会”、“科学”两个学习领域。

高中地理课程由必修课程与选修课程组成(图3-2)。高中地理必修课程三个模块核心内容内在联系密切,应该先学“地理1”,再学“地理2”“地理3”比较好。三个模块既相对独立,又相互联系构成一个整体。

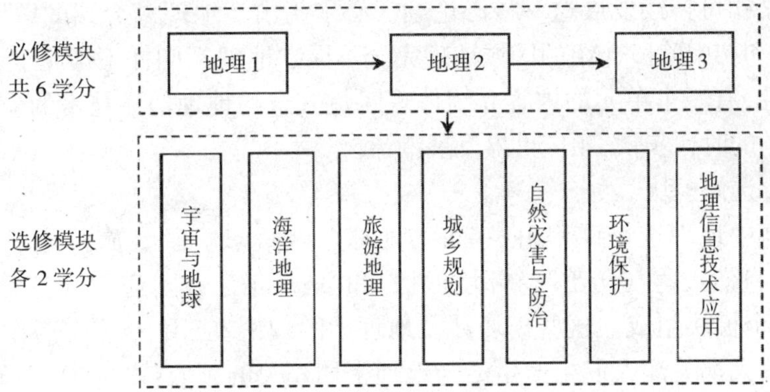

图3-2 高中地理课程框架结构

1. 必修模块

必修课程的三个模块,涵盖了现代地理学的基本内容,体现了自然地理、人文地理和区域地理的联系与融合,并且注意其结构的相对统一和教学内容的新颖、充实,使课程具有较强的基础性和时代性(图3-3)。

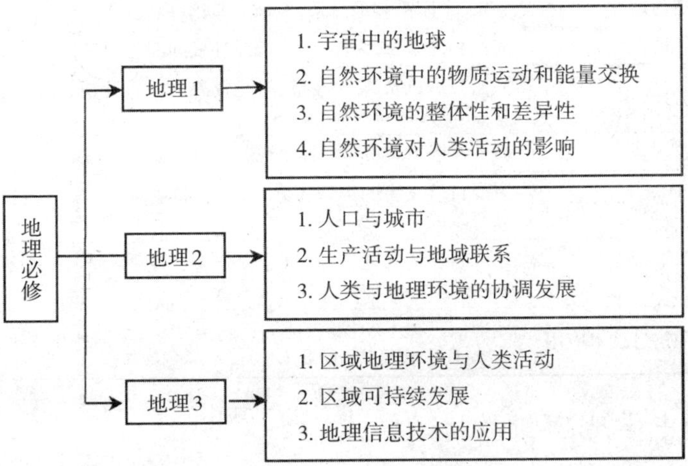

图3-3 高中地理必修课内容体系

"地理1"以自然地理内容为主，包括地球的宇宙环境、地球的四大圈层、自然环境的整体性和差异性等传统内容，但又不拘泥于纯自然地理内容，而以"自然环境对人类活动的影响"作为总结，紧扣可持续发展这一核心论题。

"地理2"以人文地理内容为主，包括人口与城市、工农业区位因素等经典内容，但也不拘泥于纯人文地理内容，以"人类与地理环境的协调发展"结尾，阐述可持续发展的缘由、基本内涵和任务。

"地理3"则以区域作为载体，介绍区域同人类的关系、区域的开发整治等，同样紧扣可持续发展这一核心论题。必须指出，"地理3"介绍的区域的内涵等内容，和初中阶段介绍的区域地理完全不同。"地理3"同样不拘泥于学科体系的严密性，有一个单元的内容介绍体现时代气息的地理信息技术的应用，紧跟地理科学的时代步伐，顺应世界发展潮流。

2. 选修模块

高中地理选修课程由"宇宙与地球"、"海洋地理"、"旅游地理"、"城乡规划"、"自然灾害与防治"、"环境保护"和"地理信息技术应用"（各2学分，36学时）七个模块组成。这些模块涉及地理学的理论、应用、技术等各个层面，选择的内容大都关注人们生产生活与地理密切相关的领域（表3-5），凸显了地理学的学科特点与应用价值。有些选修模块的设置是以目前中学地理教学实践为依据，以高中学生的兴趣爱好为出发点，目的是开阔学生的视野，发展学生的个性特长，提高学生的科学精神与人文素养。

表3-5　高中地理选修模块的内容体系

模　块	内　容
选修1 宇宙与地球	宇宙，太阳系和地月系，地球的演化，地表形态的变化
选修2 海洋地理	海洋和海岸带，海洋开发，海洋环境问题与保护，海洋权益
选修3 旅游地理	旅游资源的类型与分布，旅游资源的综合评价，旅游规划与旅游活动设计，旅游与区域发展
选修4 城乡规划	城乡发展与城市化，城乡分布，城乡规划，城乡建设与生活环境
选修5 自然灾害与防治	主要自然灾害的类型与分布，我国的主要自然灾害，自然灾害与环境，防灾与减灾
选修6 环境保护	环境与环境问题，资源问题与资源的利用、保护，生态环境问题与生态环境保护，环境污染防治，环境管理
选修7 地理信息技术应用	地理信息技术的发展，地图遥感与（RS），全球定位系统（GPS），地理信息系统（GIS），3S（RS、GPS、GIS）技术综合应用

四、中学地理新教材的特点

从新中国成立到现在，我国地理教材建设经历了多个阶段，出现了多套适合当时政治、经济、文化、教育发展的教材。目前，依据国家地理课程标准已出版发行了多种版本的地理教材，这些教材的主要特点表现在以下几个方面[1]。

(一)遵从研究性学习的思想与方法

新教材本着研究性学习的思想与方法，以逐步探究代替传统的叙述，使教学过程成为探究过程，从而使学生学习新知的过程成为情感态度和价值观的培养和能力提高的过程。为使遵从研究性学习思路编写的教材更接近教学实际，教材还突出了阶梯性、逻辑性、实践性、开放性等特点。

(二)教材内容能够体现地理学的实用价值

地理新教材必须很好地反映地理的实用价值，侧重在地理学的思维和方法对科学认知、决策、解决社会问题、提高公民社会生活能力和生活质量等方面的贡献。地理学的实用价值，主要体现在教材的取材密切联系社会实际，关注社会问题，富有时代感(表3-6)。

表3-6 人教版高中地理教材中涉及的部分现实地理事实

教材内容	涉及的现实地理事实
全球气候变化(必修1第二章第四节)	全球气温升高
洋流对地理环境的影响(必修1第三章第二节)	厄尔尼诺现象
人口增长模式及其转变(必修2第一章第一节)	芬兰人口增长模式的转变
世界城市化的进程(必修2第二章第三节)	英国的城市化进程
农业区位因素及其变化(必修2第三章第一节)	环地中海地区农业的发展
以种植业为主的农业地域类型(必修2第三章第二节)	亚洲季风水田农业；美国的商品谷物农业
以畜牧业为主的农业地域类型(必修2第三章第三节)	阿根廷潘帕斯草原的大牧场放牧业；西欧的乳畜业
传统工业区与新工业区(必修2第四章第三节)	德国鲁尔工业区；意大利中部和东北部工业区；美国“硅谷”等
交通运输方式和布局变化的影响(必修2第五章第二节)	不同时期北京商业中心与交通的发展变化
地理信息技术在区域地理环境研究中的应用(必修3第一章第二节)	1998年，飞机和卫星对洪水地区的遥感监测
区域生态环境建设(必修3第二章)	我国西北地区的荒漠化；亚马孙热带雨林的开发与保护
区域自然资源综合开发利用(必修3第三章)	我国山西省能源资源的开发；美国田纳西河流域的综合开发
区域经济发展(必修3第四章)	我国东北地区农业的发展；我国珠江三角洲地区的工业化与城市化
区际联系与区域协调发展(必修3第五章)	我国西气东输；东亚的产业转移

[1] 韦志榕. 继承 发展 创新——人教版《普通高中课程标准实验教科书·地理》简介[EB/OL]. [2007-07-07]. http://www.pep.com.cn:82/200503/ca645242.htm.

（三）为教学改革留下广阔的空间

新教材编写力图促进教学的改革，为此，需要给教学留下广阔的空间，以利于不同教师根据不同教学内容和学生状况而灵活采取教学方法。在内容上，新教材安排了大量的阅读材料、选学材料等，为学有余力的学生进一步学习提供条件，具有一定的层次性和可选择性。同时，教材鼓励教师灵活处理教学内容。

（四）紧密联系社会实际和学生的体验

新教材编写抓住时代主题和社会热点，紧密联系生产、生活实际以及学生已有的经验和体验，将理论与实际结合起来，使所学内容变得生动、鲜活，既培养了学生学习地理的兴趣，又使学生感到学了地理对自己的终身发展有用。具体来说，新教材主要采取了联系实际、实例论证、典型案例分析、加强对地理过程的阐述等编写方式。

同时，地理学的实用价值还体现在培养学生的思维价值上。必修教材在每章后有一个“问题研究”，围绕相应章节的重点内容或核心思想设计研究主题（表3-7）。

表3-7　人教版高中地理教材中的问题研究一览

册	章	问题研究题目	主要配合教材内容
地理1	第一章 行星地球	月球基地应该是什么样子	地外生命
	第二章 地球上的大气	为什么市区气温比郊区高	热力环流
	第三章 地球上的水	是否可以用南极冰山解决沙特阿拉伯的缺水问题	洋流、水资源
	第四章 地表形态的塑造	崇明岛的未来是什么样子	外力作用
	第五章 自然环境的整体性与差异性	如何看待我国西北地区城市引进欧洲冷季型草坪	地理环境的差异性
地理2	第一章 人口的变化	如何看待农民工现象	人口迁移
	第二章 城市与城市化	从市中心到郊区，你选择住在哪里	城市地域结构
	第三章 农业地域的形成与发展	家乡的农业园区会是什么样	现代农业
	第四章 工业地域的形成与发展	煤城焦作出路何在	传统工业区
	第五章 交通运输布局及其影响	北京的自行车是多了还是少了	城市交通
	第六章 人类与地理环境的协调发展	绿色食品知多少	可持续发展
地理3	第一章 地理环境与区域发展	地理环境为新加坡经济发展提供了哪些条件	地理环境对区域发展的影响
	第二章 区域生态环境建设	为什么停止开发“北大荒”	生态环境建设
	第三章 区域自然资源综合开发利用	河流上该不该建大坝	河流的综合开发
	第四章 区域经济发展	我的家乡怎样发展	区域发展
	第五章 区际联系与区域协调发展	南水北调怎么调	区际联系

(五)注重学生对学习内容的再现和灵活应用

教材编写有意识地改变强调接受学习、死记硬背、机械训练的现状,注重学生对学习内容的再现和灵活应用能力,以实现学以致用,最终形成公民必备的素质。为此,教学内容的组织和安排,有意识地在强化联系和综合的观点、加强基本地理技能和地理方法的训练、把握学习内容的要点和内在联系、设计情境、提供必要的检验和展示学习成果的机会等方面有所突破。

(六)呈现形式活泼多样

教材以活泼多样的呈现形式,既吸引学生的学习兴趣,又符合学生的心理特点。

地理新教材在呈现形式上的改革主要体现在:在图像方面,改变图像作为课文插图、配图的地位,使图像成为课文的有机组成部分,图、文互为补充说明,甚至以图代文;在设计特色方面,注意"思考"或"读图思考"的开放性和拓展性,"案例"选择的典型性和说明性,"阅读"内容的层次性和可选择性,"活动"、"问题研究"设计的新颖性和适用性,这些都为促进学生自主学习和课堂教学改革等提供了良好条件。

五、中学地理新教材的使用

目前,已经出版了多个版本的地理教材,如何使用中学地理新教材,如何发挥地理新教材的功能,是地理教师应该关注和思考的问题。

(一)领会课程改革的精神和理念,正确认识教材作用

课程改革的目的是为了构建具有现代教育理念的课程结构,全面推进素质教育,满足学生终身发展的需求。与之对应的教材体系随之发生深刻变化,"一标多本"取代"一纲一本",打破了"教师教教材、学生背教材、考试考教材"的教学模式。教师在教学过程中可以取舍、补充教学内容,变更教学顺序,更换呈现方式,给学生留下参与空间。新课程不惟教材,但不能抛弃教材。教材是教师组织教学的蓝本,是学生自主学习的依据,也是联系课程标准的纽带,实现课程标准的桥梁。

(二)回归地理课程标准,用教材"教"

虽然教材是依据课程标准编写的,但教材不一定全面准确地体现了课程标准的要求;即使教材全面准确地体现了课程标准的要求,也不一定为所有使用者理解。因此,有必要回归地理课程标准,看看每条标准中的核心要件(如"行为条件"、"行为动词"、"认知内容"、"认知层次"等)在教材中的实现情况,研究教材,理解教材,弥补其不足,用教材"教"而不是"教"教材。

（三）准确把握编写思路，高效开展案例教学

各种版本的地理新教材，十分注重从同类知识中选取隐含着本质性因素、基础性因素的内容作为案例，让学生透过这些案例窥一斑而知全豹，举一反三，从中学习认识问题的思路，然后由个别知识向类的知识迁移，进而掌握科学知识和科学方法论。教学时应充分挖掘案例的利用价值，从三维目标、学科特点、学生认知心理、知识之间的联系、教学条件以及与教学的同步性等方面综合进行考虑，围绕案例材料设计出引导学生进行探究的高质量的地理问题。

（四）紧扣地理课程标准，整合"活动内容"

各种版本的地理新教材都编写了精彩的"活动内容"，各章节都有"活动"板块，活动内容丰富，形式多样。新课程标准的设计思路提出"关注人们生产生活与地理密切相关的领域，突现地理学的学科特点与应用价值"，因而在选择活动时，不但牢牢抓住了各章节内容标准，还要紧紧围绕知识与技能、过程与方法、情感态度与价值观的课程目标，重视教学与实际相结合，重视对地理问题的探究。同时，根据课程目标的需要，巧妙地整合活动，强化各知识点间的联系。另外，课堂与课外相结合，灵活安排"探索"活动。

（五）拓展教材所留空间，结合实际因材施教

进行教学设计，教师应根据学生实际，大胆地运用当地自然、人文素材及学生熟悉的生产、生活知识，形成自己的教学特色，让学生了解家乡开发过程中存在的问题，并提出综合治理和保护的措施。

思考与练习

1. 谈谈你对地理课程理念的理解。

2. 理解地理课程标准的内涵，谈谈地理课程标准和地理教学大纲的本质区别。

3. 中学地理课程改革对地理教师提出哪些新的要求？地理教师如何应对这些新要求？

4. 以人教版地理教材为例，结合课程标准，谈谈你对地理教材的认识。

5. 阅读不同版本的初中和高中地理教材，比较它们在落实课程基本理念、课程目标和内容标准方面的共性和差异。

6. 在内容标准具体内容表述上，与《全日制义务教育地理课程标准（实验稿）》相比，《义务教育地理课程标准（2011年版）》做了哪些修改？为什么要这么修改？

第四章　地理教学过程

地理教学是地理课程实施的基本途径。新一轮课程改革内在地包含着教学改革。地理课程改革为地理教学改革提供了“平台”和“支撑点”,同时也对地理教学改革提出了新的要求。地理教学改革在地理课程改革的背景下进行,是对地理课程改革的呼应。此外,地理教学目的的确定、地理课程的实施以及地理教学方法和媒体的选择与应用,需要通过地理教学过程才能实现。

第一节　教学理念

地理新课程的实施,地理教学过程的开展,必须建立在一定的教育理论基础上,也必须以一定的教学理念为先导。

一、概　述

教学理念是教学观念与教学理想的融合,主观与客观的融合,认识与信念的融合,思想与行为的融合,事实判断与价值判断的融合。教学理念是联系教师和教学实践的桥梁,是教学行为的灵魂,在整个教学过程中具有方向性、主导性的作用,为教师指明了“在教学过程中为什么这样做”的问题。因此,教师的教学理念会渗透到教学实践中,影响教师对待教与学的态度、选择、组织等各个方面,支配教师对自身的行为和态度以及对待学生的方式、方法,决定着学生学习的方式和效果,规定着教师教学的进程、课堂的气氛以及师生之间的互动等,是“一只看不见的手”[1]。

二、教学理念

随着基础教育改革的深入,我国中学课程发生了较大的改革。课程改革只

[1] 李海. 论教学理念及其对教学的影响[J]. 教学研究,2004,27(3):232-234.

有通过教学才能得以实施。教学改革首先涉及的一个重要问题就是建立适应新课程体系需要的教学理念。因此,新的教学理念是课程改革的内核,是课程目标下课程结构、课程内容及课程实施之间的连接点。

(一)教学是课程开发过程,必须培养教师的课程意识和课程开发能力

传统的教学论把课程看成是在教学过程之前和教学情境之外预先规定好的教学内容,认为教学就是忠实而有效地传授教学内容的过程,而不应当对课程作出任何变革。因此,课程开发远离教师,教师只是课程的解释者和实施者,课程和教学各有各的分工,课程和教学成为两个彼此分离的领域。教师不关心课程的开发与管理,在课程开发过程中始终处于被动地位,缺乏必要的课程意识和课程开发的技能,也很难正确把握课程改革的指导思想和旨趣,结果反过来又影响了课程的有效实施,造成了课程改革的恶性循环。

当课程由专制走向民主,由封闭走向开放,由专家研制走向教师开发,由学科内容走向学生经验的时候,课程是"体验课程"。课程的内容和意义在本质上并不是对所有人都相同的,在特定的教育情境中,每一位教师和学生对给定的内容都有自身的理解,对给定内容的意义都有其自身的解读,从而将给定的内容不断转化为"自己的课程"。因此,教师和学生不是游离于课程之外,而是课程的有机组成部分,是课程的创造者和主体,他们共同参与课程开发。这样,教学就不只是课程传递和执行的过程,而更是课程的创新与开发的过程。特别是"三级课程管理"的理念,赋予了教师参与课程开发、课程管理的权力。

尤其是在学校水平上,教师应该成为课程开发的主体。教师必须培养自己的课程意识,从被动的课程的解释者转变为主动的课程开发者,从教科书的忠实执行者转变为与专家、学生以及家长和社会人士等一起共同建构新课程的合作者,从传统的"教书匠"转变为反思实践者和研究者,从知识的权威者转变为学习的组织者和引导者,从而使教师自身从"课程代理人"回归自主,使学生从课堂的边缘进入教学的中心。

(二)教学是交往互动过程,必须构建新型的师生互动关系

传统教学理念认为,教学过程主要是教师教的过程。传统的教学以"教"为中心,"学"围绕"教"转。教师是知识的占有者,是课堂的主宰者,教师负责"教",学生负责"学",教学就是教师对学生单向的培养活动,所谓教学就是教师将自己拥有的知识传授给学生。

现代教学理念认为,教学过程是教师主导与学生主体相统一的活动过程。这种统一的实质是师生的交往、互动。因此,教学过程可以看成是师生交往、积极互动、共同发展的过程,师生彼此形成一个真正的"学习共同体"。

在这个共同体中,教师不再只是去“教”,也是通过对话“被教”,学生在“被教”的时候,也同时在“教”。对教学而言,交往意味着人人参与、平等对话,不仅是一种认识活动过程,更是一种人与人之间平等的精神交往。对学生而言,交往意味着心态的开放,主体性的凸显,个性的张扬,创造性的解放。对教师而言,交往意味着上课不仅是传授知识,更是一种分享;上课不是单向的付出,不是无谓的牺牲和时光的耗费,而是教师生命活动和自我价值的实现过程。交往还意味着教师角色定位的转换:教师由教学中的主角转向“平等中的首席”,从传统的知识传授者转向现代的学生发展的促进者。可以说,创设基于师生交往的互动、互惠的教学关系,是教学改革的一项重要内容[1]。

(三)教学是过程与结果并重的过程,必须引导学生学会学习

结果与过程的关系是教学中一对十分重要的关系。从教学角度来讲,所谓教学结果,即教学所要达到的目的或所需获得的结果;所谓教学过程,即是达到教学目的或获得所需结论而必须经历的活动程序。教学的重要目的之一,就是使学生理解和掌握正确的结论,所以必须重结论。但是,如果不经过学生一系列的质疑、判断、比较、选择,以及相应的分析、综合、概括等认识活动,即如果没有多样化的思维过程和认知方式,没有多种观点的碰撞、论争和比较,结论就难以获得,也难以得到真正理解和巩固。更重要的是,没有以多样性、丰富性为前提的教学过程,学生的创新精神和创新思维就不可能培养起来。所以,必须重结论,更必须重过程。

现代教育理论指出,学生的学习过程不仅是接受知识的过程,而且也是发现问题、分析和解决问题的过程。这个过程既是暴露学生各种疑问、困难、障碍和矛盾的过程,又是展示学生聪明才智、独特个性、创新成果的过程。新课程强调过程,强调学生通过探究学习、合作学习和自主学习获得新知识的体验。当然,强调探索过程意味着学生要面临问题和困惑、挫折和失败,也意味着学生可能花很多时间和精力有可能表面上却一无所获,但这却是一个人的学习、生存、成长、发展、创造所必须经历的过程,也是一个人的能力、智慧发展的内在要求。它是一种难以言说的丰厚回报,而眼前耗费的时间和精力是值得付出的代价[2]。

(四)教学以学生发展为本,必须关注学生的个性发展

新的教学改革,应当以学生发展为本位,时刻关注学生作为人的需求,从作为一个“完整的人”和谐发展所需要的知识与技能、过程与方法、情感态度与价

[1] 王瑞槐,萧宗敏. 课改应建立新的教学理念[J]. 贵州教育,2003(3):22-24.
[2] 王瑞槐,萧宗敏. 课改应建立新的教学理念[J]. 贵州教育,2003(3):22-24.

值观三个维度出发,促使学生按照素质教育的培养目标健康发展。

1. 充分发挥学生的主体性

课堂教学应建立充分发挥学生主体性的合作、探究式学习方式。从教育心理学角度讲,学生学习方式有接受和发现两种。在接受学习中,学习内容是以定论的形式直接显现出来的,学生是知识的接受者;在发现学习中,学习内容是以问题的形式间接呈现出来的,学生是知识的发现者。两种学习方式都有其存在的价值,彼此是相辅相成的关系。

传统学习方式过分强调接受和掌握,忽略了发现和探究,学生学习成了纯粹被动接受、记忆的过程。探究式学习方式就是要改变这种被动、封闭、保守的学习状态,把学习过程中的发现、探究、研究等认识活动凸显出来,使学习过程更多地成为学生发现问题、提出问题、解决问题的过程,形成生动、活泼、开放的具有动态生成效能的教学流程,从而提高学生自主学习的能力,发掘学生的创造潜能。

2. 关注个体差异,满足不同需求

一方面,教学要考虑学生的一般身心发展规律,既能引起学生的学习兴趣,使之愿意学,又能使之能够学好。另一方面,教学在满足学生知识与技能、过程与方法、情感态度与价值观方面的需要的同时,还要考虑作为个体的地理学习的个性心理差异。

(1)关注每一位学生。每一位学生都是生动活泼、有发展、有尊严的人,在教师课堂教学理念中,每位学生都是自己关注的对象,关注的实质是尊重、关心、牵挂,关注本身就是最好的教育。

(2)关注学生的情绪生活和情感体验。教学过程应该成为学生一种愉悦的情绪生活和积极的情感体验。学生在课堂上其乐融融、兴高采烈,伴随着学科知识的获得,对学科学习兴趣越来越浓厚。这些情感态度必须为教师关注,同时还要求教师必须用心施教。

(3)关注学生的道德生活和人格养成。课堂不仅是学科知识传递的殿堂,更是人性养育的课堂,教学潜藏着丰富的道德因素。“教学永远具有教育性”,这是教学活动的一条基本规律。教师不仅要充分挖掘和展示教学中的各种道德因素,还要积极关注和引导学生在教学活动中的各种道德表现和道德发展,从而使教学过程成为学生一种高尚的道德生活和丰富的人生体验。当然,这要求教师一定要加强自身修养,不断完善自己[1]。

[1] 王瑞槐,萧宗敏. 课改应建立新的教学理念[J]. 贵州教育,2003(3):22-24.

(五)教学回归生活世界,促进直接经验与间接经验的交融

教学应遵循“实践—认识—再实践—再认识”这一规律。传统的教学遵从并实际奉行一个信条,那就是重理论轻实践,即重文字符号而轻实际内容。这种教学,过早、过分符号化、抽象化、狭窄化,直至陷入语言文字的魔圈而难以自拔,变成枯燥乏味的教学,严重违背了学生学习的规律——联系实际或借助于直观、形象,或通过实践、活动来学习。

新课程实施强调进一步关注学生的经验,强调教学要反映社会科技经济进展,满足学生多样化发展的需要。关注学生经验,就是我们的课堂教学要跟学生的生活世界和社会、科学世界紧密联系,不能脱节。教学内容越接近学生的经验,越与学生已有的现实生活联系紧密,教学就越有效。远离学生的经验,现代化的教学内容也没有用。没有基于学生经验基础上去阐述现代内容,脱离了学生的经验,再好的教学内容也是不可行的。所以,从某种意义上讲,教学内容的现代化,首先是教学内容的现实化[1]。

第二节 地理学习理论

学生是地理教学活动的核心因素和根本因素,又是地理学习活动的主体。正确认识中学生地理学习心理的特点,是进行地理教学过程的前提。

一、地理学习的心理特点

中学生的心理特点既不同于小学生,又区别于成年人。同时,这种学习心理特征具有双重性:既有心理的共同性一面,又有心理的差异性一面。这种差异性包括不同年龄阶段的纵向心理差异与处于同一年龄阶段的个性、性别的横向心理差异。

(一)地理学习的年龄差异

地理认知心理存在年龄维度上的发展序列,这一序列既是动态的、不稳定的,随着年龄增长会发生规律性的变化,同时又是稳定的、相对趋同的,具体表现为某一年龄段学生在地理学习过程中的认知品质(情趣调节状态、思维展开方式、多种智力水平等)大致接近。正是在这样的基础上,不同年龄之间在地理学习上必然会出现学习兴趣、学习能力和注意与情绪等方面的年龄差异。这些

[1] 周小山.教师教学究竟靠什么——谈新课程的教学观[M].北京:北京大学出版社,2002:88-89.

差异的形成具有生理性、心理性和社会性等多方面原因[1]。

(二)地理学习的个体差异

同一个年级的学生,由于家庭背景、生活经验、环境文化、知识基础等因素的迥异,在地理学习上也会表现出较大的差别。也就是说,学生地理学习存在个体差异,主要表现在学生学习态度、学习智力和学习风格三个方面的个体差异。地理教学要因材施教,地理学习方法要因人而异。

(三)地理学习的性别差异

在地理学习过程中,男女学生存在某些差别,但这个差别并不意味着男生优于女生或女生优于男生,而是各具优势。

一般认为,在感知方面,男性视觉能力较强,而女性的听觉能力较强;男生对路途、方向的识别与再认知要明显好于女生。在注意力方面,男生对物的指向性大,而女生的注意力则多定向于人。在记忆力方面,男生理解记忆、抽象记忆能力较强,而女生的机械记忆、形象记忆较强。在思维力方面,男生的逻辑思维能力较强,比较善于运用概念、判断、推理的方法学习地理,女生形象思维能力较强,较多依赖于地理表象,一旦形成了丰富表象,能比较扎实地掌握地理知识。在对不同地理事物、地理区域的对比、分析时,女生的系统性与仔细程度强于男生。在地理学习兴趣方面,男生略超过女生。

二、地理学习兴趣

地理课程标准明确提出,"增强对地理事物和现象的好奇心,提高学习地理的兴趣","激发探究地理问题的兴趣和动机"。地理学习兴趣是学生对地理学习活动或地理事物现象的一种力求认识或趋近的倾向。这种趋向是和一定的情感联系着的。

地理学习的兴趣可以分为地理直接兴趣、地理间接兴趣和地理相关兴趣。认识倾向直接指向地理学科的知识、技能与观念的兴趣是地理学习的直接兴趣;由地理学习过程中的教材、教法、教师、结果等因素引起的兴趣称为地理学习的间接兴趣;而那种对于地理学科相关领域的知识发生的兴趣属于地理学习的相关兴趣,如有的学生对与地球自转相关的科里奥利力(与物理学科相关)产生求知欲。一般情况下,这三种兴趣状态往往都是有机融合交互作用的,很难截然分开。地理教师既要培养与激发学生对地理学习的直接兴趣,也要爱护和引导他们的间接兴趣,并且要设法通过中间步骤,把原有的与地理学科的"相关

[1]陈澄,夏志芳. 地理学习论与学习指导[M]. 上海:华东师范大学出版社,2001:30.

兴趣”、甚至是“无关兴趣”与目前的地理学习领域联系起来。

激发地理学习兴趣是培养地理学习动机的起点，也是促使地理学习动机转化为学习行为的“催化剂”。但是，地理学习动机与地理学习兴趣是有区别的。有兴趣必然伴随产生一种动机，但是有地理学习动机并不一定有地理学习兴趣。有的学生有学习地理的动机，成绩比较好，但是往往对地理学科并没有什么兴趣，他们学习态度认真，可能仅仅是为了取得好的分数。因而，对于这类学生，一定要十分重视培养他们的地理学习兴趣，使他们逐渐喜欢与爱好地理学科，增强地理学习的自觉性[1]。

三、地理学习动机

学习动机是推动学习的内在动力。培养学生地理学习动机，是地理教师教学过程中必须认真关注的问题。

(一)地理学习动机的含义和功能

所谓地理学习动机，主要是指直接推动学生进行地理学习的一种内部动力。它是在地理学习需要的基础上产生的，是地理学习需要的具体表现或动态表现。地理学习需要是社会、家庭和学校教育对学生提出的地理学习要求在学生头脑中的反映，其内容和形式是多样的，主要包括学习地理的意向、愿望、兴趣，对地理学习必要性的认识和信念，以及学习的情绪状态等。

地理学习动机是地理学习过程中一个非常活跃的因素，在地理学习过程中发挥着重要功能：一能引起学生学习地理学科或待学习的地理材料的热情与积极性；二能使学生以积极进取态度参与地理学习活动，维持学生的学习兴趣；三能使学生排除干扰，把注意力集中于地理学科或待学习的地理材料。正是因为地理学习动机具有这样的功能，所以要求地理教师在学生刚接触到地理学科或者开始新的地理课题的学习时，都能通过激发学生的地理学习动机来展开教学过程，并采用恰当的方法或手段，维持或不断强化学生的地理学习动机。

(二)地理课堂学习的主要动机

地理课堂学习的主要动机主要由三个方面的内驱力构成：认知内驱力、自我提高的内驱力和附属内驱力。

1. 认知内驱力

认知内驱力是学生想理解要掌握的知识、要阐明与解决的问题时所产生的以求知为目标的动机因素，是指向学习任务本身的动机。地理认知内驱力的形

[1] 陈澄，夏志芳. 地理学习论与学习指导[M]. 上海：华东师范大学出版社，2001：60–61.

成，最初往往由学生对地理学习内容的兴趣、好奇心、求知欲所引发。在学习过程中，不断获得地理知识、技能、方法、观念等，这种学习成就本身使学生获得某种满足，原有的兴趣、好奇心、求知欲得以强化，进而又产生在以后的学习中获得进一步满足的欲望，从而形成一种比较稳固的学习动机。由此可见，学生潜在的对地理学科的好奇心、求知欲、兴趣等心理倾向是影响地理认知内驱力的直接触发因素；而地理学习材料的性质、学习内容的难易、教师教学方法的运用等，又与这些心理倾向的巩固和发展有密切关系。

地理认知内驱力的形成与巩固的关键因素是学生是否有正确的地理学习目的。地理学习目的的确立又与学生对地理学科价值的认识有密切关系。学生对地理学科价值的认识，需要在教师的指导下，结合不同类别的地理知识的学习进行。地理教师可从如下方面帮助学生形成正确的地理价值观：科学价值、生活价值、文化素质价值、心理发展价值、交往价值、审美价值等。如果学生在学习过程中能逐步认识上述意义，必然会形成正确的地理学习目的，增强学习地理的自觉性和积极性。

2. 自我提高的内驱力

心理学上把学生因自己的胜任能力和工作成就而赢得相应地位的需要称为自我提高的内驱力。在地理学习过程中，自我提高的内驱力主要表现为：学生在学习地理的过程中，因自己不断取得较好的地理学习成绩，在班级中赢得了相应的地位；一定的地位又使学生体验到自尊心的满足，为了进一步获得这种满足感，学生会产生进一步取得较高的地理学习成绩的需要。同时，地理学习成绩一贯突出的学生，还可能在这种学业成就的基础上，把自己的行为指向今后与地理有关的学术或职业方面的目标。

地理学习中自我提高的内驱力并非指向地理学习任务本身，而是着眼于获得一定的地理学习成绩以赢得相应的地位，因此，它属于地理学习的外部动机。尽管如此，我们也不能因此而忽视具有外部动机性质的自我提高内驱力的作用。

3. 附属内驱力

附属内驱力是指学生为了获得教师和家长的赞许与认可而产生的学习动力。附属内驱力既不指向地理学习任务本身，也不把取得地理学习成绩看做是赢得地位的手段，而是为了从教师或家长那里得到赞许和认可，因此它也属于外部动机。

附属内驱力在低年级学生身上表现最为突出。他们努力学习，以取得好成绩，往往是为了得到老师和家长的肯定与表扬。因此，教师和家长就是一个重要的动机源。在学生没有形成学习的内部动机时，教师可从外部施予激励，或表扬，或批评，或奖励，或惩罚，也能激发学生的地理学习动机。但是，不能过分依赖附属内驱力这种外部动机，应当坚持学习的内部动机的作用，即坚持通过培养学生的地理学习兴趣等方法来调动学生学习的积极性，同时辅以附属内驱力这种外部动机来促使学生学习地理。

（三）地理学习动机的培养

教育心理学研究表明：创设问题情境，激发学生的学习兴趣和求知欲，以生动的教学方法来呈现教学内容；让学生参与游戏和模拟活动，加深学生的情感体验；因势利导，促使学习兴趣的迁移等措施，对于维持和激发学生认知内驱力这一内部学习动机是行之有效的。让学生及时了解自己的学习结果，以及通过教师对学生的正确评价、适当的表扬和批评与开展学习竞赛等措施，对于维持和激发学生的自我提高内驱力与附属内驱力等外部动机十分必要。

1. 创设地理问题情境，激发学生的学习兴趣和求知欲

创设地理问题情境是激发学生求知欲、引发好奇心和学习兴趣的重要手段。所谓地理问题情境，是指在地理教学情境中，学生已有的地理知识、技能等不足以解决新的地理认识任务时，所引起的那种智力困窘状况。新的未知地理认识任务，学生对新的地理认识任务的好奇心和求知欲，以及学生解决新的地理认识任务的智力可能性，是构成地理问题情境的三个重要因素。创设地理问题情境，就是要处理好上述三要素的关系。其基本途径在于想方设法促使学生已有的知识同必须掌握的新知识之间发生激烈的矛盾冲突，使学生意识中的矛盾激化。形成这种矛盾冲突的方法很多，如利用直观教学手段、教材中各种矛盾的事实和现象，提出地理实践作业及设计假设性的地理问题等。

2. 强化学习地理的目的教育，唤醒学生内在需要

新课程强调要培养学生现代公民必备的地理素养。地理素养是公民所必须具备的素质中不可或缺的重要组成成分，因此，需要使学生明确地理学科的价值和作用，把学生的学习与他们将来在社会中的地位、作用、成就联系起来，与他们的奋斗目标联系起来。

通常可用如下具体方法唤醒学生的内在需求：①在绪言课和各章节的讲授过程中，以引言的形式，向学生介绍学习地理课程和各章节的具体学习内容在祖国建设、现实生活和实际交往中的作用。其中绪言课可联系实际向学生说明地理学科在科学、生活、文化素质、心理素质、交往、审美等方面的价值；在各章节具体内容的讲授过程中，可说明学好该内容的具体作用。②在讲授地理知识的过程中，可举正、反两方面的事例，向学生说明学好该部分地理知识的重要作

用。③引导学生用所学的地理知识解决实际问题，认识地理知识的价值，激发其学习地理的需要。具体可采用开展地理活动、布置练习、设计思考题等方式进行。

3. 增加教学的趣味性，变换呈现方式

增加教学的趣味性，就是在教学过程中以丰富有趣的内容和活动吸引学生。补充地理阅读材料，采用生动贴切的地理例证，挖掘地理知识本身的趣味性等，都是增加教学趣味性的有效方式。变换呈现方式，就是要采用多种教学方法和各种地理直观手段，并使方法及方法的组合、方法与直观手段的相互配合等处于不断变换之中，以增强学生刺激的新颖性，吸引学生积极参与到地理学习活动中。

4. 设计地理游戏，开展地理实践活动

地理游戏是一种为达到一定地理教学目的，按照一定的规则，把游戏的比赛性与模拟的现实生活结合起来的一种教学活动。学生在模拟的情境中兴趣盎然地学习并接受知识，而游戏的比赛性质又使学生的好胜动机与渴求成功的需要更加强烈，因而能有效地激发和维持学习的积极性。

开展地理实践活动，如让学生结合所学知识进行地理观察、观测、调查，组织课外活动小组等。在这些活动中，学生运用地理知识，一方面能体会到地理知识的实践意义，另一方面也会感到自身地理知识的不足，从而引起新的学习需要，增强地理学习的动机。

5. 发挥学习结果的反馈作用

心理学研究表明，让学生了解自己的学习结果比不了解自己的学习结果学习的积极性要高，进步也快。而且，从学生回答问题到知道回答问题的结果的时间间隔越短，其效果越显著。另外，通过反馈，学生还能看到自己的缺点，激励其上进心。

6. 建立融洽的师生关系，加强师生情感交流

教学的过程是知、情、意、行协调活动的统一过程，没有情感的交流就不是优质的教学。教育心理研究表明，情感具有迁移功能，通过建立良好的师生关系，将学生对老师的爱迁移到老师所教的内容上，能改善学生对所学知识的倾向性。“亲其师，信其道”，说的就是这个道理。

四、地理学习心理分析

地理学习的过程包括知识的获得、技能的掌握、方法的养成、情感态度与价值观的培养。以下重点从地理知识的理解、巩固和迁移的角度分析地理学习

心理。

（一）地理知识的理解

1. 意义和内容

所谓对地理知识的理解，是指学生在对地理事物和现象感知觉的基础上，运用自身已有的地理知识和经验，去认识地理事物和现象的各种关系及其本质和规律的一种思维活动。

对地理知识的理解是地理学习过程中的一个关键环节。要揭示地理事物的本质，将个别地理事物和现象类化，概括为普遍的原则；或者将一般地理原理具体化，用地理规律解释个别地理事物或个别现象，都必须通过对地理知识的理解。同时，通过对地理知识的理解，也有利于识记地理知识，提高记忆效率。

学生对地理知识的理解，主要包括如下几个方面：一是对地理事物和现象空间分布格局的理解；二是对地理事物和现象的本质与特征的理解；三是对地理事物和现象类属的理解；四是对地理事物和地理现象各种关系的理解；五是对地理事物内部构成、组织的理解；六是对地理事物和现象发展变化过程的理解。这些理解类别并不是各自孤立的，其中有许多相互交错在一起，分别列举只是为了明确在各种不同的学习情境下要着重启发或帮助学生从哪方面去理解所学习的地理知识。

2. 知识理解中的主要心理成分

对地理知识的理解，建立在对地理学习材料的正确的感知觉基础之上。有了正确的感知，才能形成积极的地理想象与思维活动。因此，对地理学习材料的感觉与知觉，地理表象的形成，地理想象和地理思维等，是理解地理知识的重要心理成分。

（1）对地理学习材料的感觉与知觉。地理认识过程同其他认识过程一样，是以感知觉为前导的。地理感知就是通过各种感觉和知觉，去观察所学的地理材料，从而获得地理感性知识的过程。地理感知觉是地理知识的来源，它为其他复杂的认识活动如地理想象、地理思维等提供必要的感性材料。

（2）地理表象和想象。地理表象是在感知觉基础上在头脑里保留下来的地理事物的形象，是以前感知过而当前不被感知的地理事物或现象在头脑里保留的形象。完整的地理表象是综合了多次感知的结果，而且经过大脑加工，带有概括性的特点。地理想象是在地理感性形象的基础上制造出新的地理形象的心理过程。学生在理解地理知识时，必须有想象这一心理成分的参与。地理事物与现象的空间性与发展变化过程，要求学生具有空间想象力和变化的想象力，才能理解有关的地理概念和基本原理。

(3)地理思维。地理知识是思维的产物,智慧的结晶。但是,学生所学的地理知识是以现成结论的形式出现的,往往都是以简要的规范化形式被固定下来的,论证说明也是现成、简洁的,并常常是定型化的知识。所以,理解和掌握地理知识必须经过充分、曲折、反复的思维。

3. 促使学生理解地理知识的方法

要理解地理知识,必须实现由地理感性知识到地理理性认识的飞跃。完成这一过程,是以原有的地理知识经验为基础,并通过积极的地理思维活动来实现。促使学生理解地理知识,就要采取恰当的教学措施,丰富学生的地理知识和经验,促使学生进行积极的地理思维活动。

(1)运用各种地理直观手段丰富地理感性材料,包括运用地理实物、地理模型、图像、地理语言等直观手段。

(2)设计"先行组织者",促使学生理解地理知识。所谓"先行组织者",是先于学习材料之前呈现的引导性材料。地理教学中的"先行组织者",可以是地理原理、地理思考、地理技术与方法,也可以是一个具体的地理例证或概念,还可以是具体地理事物的模型、图表等。呈现"先行组织者"后,接着呈现相应的地理学习内容,有助于学生对该学习内容的理解。

(3)遵循学习知识的一般规律,正确理解地理知识。学习知识主要有三条规律:量次规律、充分思维规律、与实际活动相结合规律。

量次规律是指学习知识必须对其所包含的丰富内容达到一定"量次"的了解和认识,也即要达到"大量"和"多次"。学习地理知识必须达到一定的"量次",既要利用教材中有代表性的事例,更要补充大量的实际事例,使学生达到一定"量次"的认识。此外,在设计练习和利用直观方法时,也要注意达到一定的"量次"。

在引导学生理解地理知识时应该注意:一是丰富与所学的地理概念、地理特征、地理原理等理性知识有关的事例,既要利用教材中有代表性的事例,更要补充大量的实际事例,以使学生达到一定"量次"的认识;二是注意多涉及问题、练习或作业,保证学生对地理知识的认识次数,达到强化理解的目的;三是利用地图、图表、野外观察等直观方法,弥补实际认识不足的缺陷,并要达到一定的"量次"。

充分思维规律是指学习和掌握知识必须经过充分、曲折、反复的思维。因此,在地理教学中应该注意:一是地理知识的思维价值和智力价值是潜在的,隐含在现成的语言文字说明之中,要使学生进行充分的思维,就要把语言文字所讲的实际地理事物和现象想清楚;二是在学习过程中,对同一个问题不是只思考一次就能理解和掌握，而是需要反复思考，因此应注意针对所学地理课题的难度，合理控制学生对该问题的思考次数，并注意引导学生的思路；三是地理学科具有综合性和区域性两大特点，在让学生进行充分的地理思维时，要多进行地理比较、区域综合分析、地理环境的共性和个性分析、地理要素的分布格局及空间关系与组合的分析，以及利用地图进行观察、联想、判断、比较等思维操作，掌握理解地理知识的钥匙。

与实际活动相结合的规律也是地理知识学习应遵循的规律。此外，促使学生理解地理知识，还应注意到利用变式和比较突出事物的本质特征，以及使知识系统化和具体化等方法[1]。

（二）地理知识的巩固

地理知识的巩固是指学生识记并保持地理知识的过程。地理知识巩固是地理学习过程中不可缺少的重要环节。

1. 地理知识巩固的意义及其心理成分

地理知识的积累与知识体系的扩大，依赖于地理知识的巩固；地理知识的应用，以地理知识的巩固为前提；地理知识的巩固也会加深学生对教材的感知和理解。而且，通过地理知识巩固环节发展起来的记忆能力，还能为发展学生的地理观察能力、地理思维能力、地理想象能力和实际操作能力提供有利的条件。

地理知识的巩固是一个复杂的心理过程，它与感知、想象、思维、注意、情绪、意志、兴趣等心理成分关系密切，但主要是通过识记过程来实现。识记是人脑对过去经验中发生过的事物的反映，包括识记、保持、再认、重现等过程。识记、保持是再认、重现的前提，再认、重现是识记、保持的结果。

2. 提高地理知识巩固效果的途径

（1）明确识记目标。心理学研究表明，明确识记目标是提高记忆效率的重要条件。不同类别地理知识的记忆要点就是重要的识记目标，在教学中应当加以明确。例如，地理空间分布知识，侧重记忆地理事物空间分布的形态，空间排列的状态等；地理特征知识的记忆要点是不同区域和地理要素特征的知识结构；地理循环演变过程知识侧重记忆岩石、水、生物和大气循环的环节、循环发生的条件以及循环的意义等。

实践表明，在地理教学中使学生明确哪些知识必须熟记，哪些知识可以略记，哪些知识可以不记，也是明确知识目标的重要教学策略。另外，向学生提出

---

[1] 陈澄. 地理教学论[M]. 上海：上海教育出版社，1999：309-315.

“长期记忆”的任务比提出“短时记忆”的任务效果要好。

(2)力求让学生在理解的基础上记忆地理知识。理解是记忆的基础,只有理解了的东西,才能深刻地感知它,牢固地占有它。理解越深刻,记忆也越牢固。因此,在地理教学中,要防止学生采取呆读死记的方法,尽可能让学生在充分理解之后,通过熟记和摸索规律来记忆。例如,让学生在充分理解世界各种气候类型的成因、特征和分布规律的基础上,记忆任何一个国家和地区的气候特征就比较容易。

(3)利用联想规律,提高记忆效果。联想就是由一个事物想起另一个事物。地理学科的区域性和综合性的特点,为展开联想记忆提供了重要条件。地理联想记忆的方式主要有如下四种。

①接近联想指对时间、空间接近的地理事物按内在联系进行联想。如由环太平洋火山地震带联想到海岸山脉、内华达山脉、落基山脉和安第斯山脉的分布及它们的地形特征。

②类似联想指对地理事物和现象存在相似点的联想。如由日本的福山联想到同属于临海型工业布局的意大利的塔兰托、法国的敦刻尔克。

③对比联想指对有对立关系的地理事物和现象的联想。如由热带雨林气候的成因、分布、特征联想到热带沙漠气候的成因、分布与特征。

④关系联想即从地理事物和现象的因果关系、从属关系等追忆出有关的地理事物和现象。如由一地所处的纬度和气压带风带的位置、海陆分布状况、地形及洋流影响等,推知其气候类型。

教师在地理教学过程中应尽量揭示地理事物和现象的各种联系,让学生形成各种联想,可以明显提高地理知识的记忆效果。

(4)充分利用地理直观手段。心理学研究表明,呈现直观形象的材料比呈现概括性的言语材料更容易记忆。教学经验也证明,单纯的语言讲述远不如直观形象的教学效果好,因此在地理教学中应十分重视运用直观教具以及现代教学手段呈现地理学习材料,以促进对地理知识的识记与保持。

在利用地理直观手段过程中,应注意:①运用地理直观手段强化学生的首次感知;②运用地理直观手段进行联想记忆;③运用地理直观手段对学习材料加以适当组织,体现知识的内在联系,让学生在直观理解的基础上记忆所学的地理知识。

(5)合理组织地理复习。识记过的地理知识,经过一段时间后可能会遗忘。为了防止遗忘,必须加强复习。根据遗忘先快后慢这一基本规律,应该组织学生及时进行复习。除此之外,还要注意经常复习,正确分配复习时间。复习形式应当多样化，要尽量调动学生听觉、视觉等感官，强化记忆，使复习变得轻松，从而收到良好的记忆效果[1]。

(三)地理学习迁移

迁移指的是一种学习对另一种学习的影响。在地理学习过程中，这种影响既表现为已获得地理知识、技能、方法对新知识、新技能、新方法的影响，也表现为新获得的地理知识、技能、方法对已有的知识、技能、方法所产生的影响。这种影响以已知影响未知最为突出和普遍，因此这里所说的迁移，主要是指先行的地理学习对后续的地理学习的影响。

1. 地理学习迁移概述

一种学习对另一种学习的影响，可能是积极的，也可能是消极的，前者叫正迁移，后者叫负迁移。正迁移表现为先行的学习能有效促进新的学习，使新的学习变得容易、经济。负迁移则相反，表现为先行的学习干扰和阻碍后续的学习，使学习费时费力，甚至产生困难。一般而言，我们应采取措施促进正迁移的产生，并尽可能使其迁移量达到最大，同时要尽量避免负迁移的产生。

根据迁移的方向，迁移又可分为垂直迁移和水平迁移两种类型。

垂直迁移主要指处于不同层次学习间的相互影响，也叫纵向迁移。这类迁移又有两种表现形式：一种是由易到难、由简单到复杂、由低到高的递进式迁移；另一种是由高到低、由一般到个别的演绎式迁移。

水平迁移是难度和复杂程度大致属于同一层次的学习间的相互影响，也叫横向迁移。水平迁移不仅发生在地理学科不同部分的知识和技能的学习中，也会发生在其他相邻学科的知识影响地理学科知识的学习中。

2. 影响地理学习迁移的条件

影响地理学习迁移的主要因素是地理学习材料之间的共同要素，地理基本概念和基本原理的掌握，地理思维方法与地理学习策略的合理运用等。

(1)地理学习对象的共同要素。学习对象之间存在的共同要素是学习迁移得以发生的基本条件之一。共同要素指共同的结构成分、共同遵循的同一原理、相同的关系结构或本质联系等。

地理学习内容中包含有大量的共同要素。先行学习和后续学习之间包含的共同要素越多、越明显，迁移就越容易发生。反之，先行学习和后续学习之间包含的共同要素越少、越隐蔽，则迁移就难以发生。例如，等高线、等温线、等降水量线等概念之间，其表征的地理意义虽各不相同，但都含有如下共同成分：都

---

[1] 陈澄. 地理教学论[M]. 上海：上海教育出版社，1999：316-320.

是地图上相同数值的连线，这些线构成的地图能反映不同地区地理事物和现象在强度和程度上的差异，读图的方法或顺序大致相同。

(2)地理基本概念和地理基本原理的掌握。教育心理学研究证明，学生是否掌握学科的基本概念和基本原理，是影响迁移的关键因素之一。地理基本概念是对地理事物和现象本质属性的抽象和概括。它之所以具有迁移价值，主要是因为地理基本概念是地理知识系统构成的最基本要素，地理知识的推演和地理思维的进行都不能离开地理基本概念。地理基本原理是反映地理事物和现象最有普遍性联系特点的规律性知识，它的解释效应最强，适应性最广，因而也最具有迁移价值。因此，为了有效地促进地理学习的迁移，必须使学生牢固掌握基本的地理原理。例如，不理解“锋面”的概念，就难以理解锋面过境时的天气状况。

(3)地理思维方法和学习策略的合理运用。地理思维方法的掌握与地理学习策略的合理运用，是影响地理学习迁移的关键因素之一。所谓地理思维，是指分析与综合、抽象与概括、推理、预测等基本思维形式与地理科学内在逻辑融合后的、特有的间接反映客观现实的过程。地理思维方法是指地理思维活动中的顺序、手段或遵循的线索等。与其他思维相比，地理思维的显著特点在于，在思考和解决问题的过程中，严格的组织性和高度的灵活性，能加快地理问题的解决速度和地理知识的掌握速度，提高学习效率，增强学生扩展地理知识的能力。

地理学习策略是指学生在地理学习情境中，用以促进其获得地理知识和技能所采取的一系列有效学习技术与活动的总和。

除上述影响地理学习迁移的主要因素外，学习定势、学生的智力及教师的指导也在一定程度上影响着学习迁移。

3. 促进地理学习迁移的方法

(1)提高学生对地理共同要素的知觉力。训练学生对地理共同要素的知觉力是促进地理学习迁移的重要手段之一。挖掘共同要素可采用如下教学策略：根据地理教材的编排特点分析；根据不同地理知识类型中所共有的认识思路分析；根据地理原理与具体应用情境的关系分析；根据现实生活的一般经验与相应的地理学习课题间的相似性分析。

(2)强化地理基本概念和基本原理的教学，提高学生概括和同化地理知识的能力。地理基本概念和基本原理均具有很高的迁移价值，是影响地理学习迁移的最关键因素之一。

学生掌握地理概念，一般通过概念形成与概念同化两种基本形式。概念形成是指学生通过对大量同类地理事物或现象的不同例证的观察、分析，抽象出该类地理事物或现象的本质属性，从而获得地理概念的过程。概念同化是指利用学生原有的概念，以定义形式直接向学生揭示地理事物或现象的本质属性，使学生获得地理概念的过程。

采用概念形成方式获得地理概念，依赖于对同类地理事例共性的发现，其思维过程是分析基础上的概括、归纳。这一过程有助于学生概括水平的提高。这种概括水平越高，就越能揭示没有认识过的同类新事物的实质，并把新事物纳入已有的知识体系中去，因而也能顺利地实现知识迁移。

采用概念同化方式获得地理概念，表现为学生主动地用旧知识去理解新概念，把新概念纳入原有的概念体系中去，使新旧概念组成一个整体结构，其思维过程主要是演绎。这一过程有助于学生同化知识能力的提高，而同化知识的能力越强，就越有助于实现知识迁移。

为使地理基本原理的迁移价值得以充分体现，教学过程中可采用“演绎式”和“归纳式”两种主要教学方式。

(3)教给学生地理思维方法与学习策略。由于地理思维方法与学习策略具有较高的迁移价值，为了有效促进地理学习的迁移，应该教给学生地理思维的方法与学习地理的策略。可以采取如下主要教学措施：正面介绍某种或某类地理问题的思维方法，并设计适当练习加以巩固；让学生独立发现与归纳地理问题的思考方法，引导学生将自己的解答过程与正确的地理思维方法进行比较；注意让学生展现解决地理问题的思维过程。地理学习策略基本的和关键的要素是要灵活、有意地自我选择可以达到学习结果的学习方法，而教给学生学习方法的基本途径，就是正确介绍和不断督促学生用正确的学习方法进行学习[1]。

五、地理学习方式

《基础教育课程改革纲要(试行)》和地理课程标准都明确提出要转变学生的学习方式，提倡自主、合作和探究的学习方式，逐步改变以教师为中心、课堂为中心和书本为中心的局面，促进学生创新意识和实践能力的发展。

学习方式不是指具体的学习策略和方法，而是学生在自主性、合作性和探究性方面的基本特征。自主性(主动性)、合作性和探究性是学习方式的三个基本维度。

[1] 陈澄. 地理教学论[M]. 上海：上海教育出版社，1999：320-332.

(一)地理自主学习方式

自主学习方式是就学习的内在品质而言的,相对的是"被动学习"、"机械学习"和"他主学习",其特征可以概括为:一是学习者参与确定对自己有意义的学习目标,自己制定学习进度,参与设计评价指标;二是学习者积极发展各种思考策略和学习策略,在解决问题中学习;三是学习者在学习过程中有情感的投入,有内在动力的支持,能从学习中获得积极的情感体验;四是学习者在学习过程中对认知活动能进行自我监控,并做出相应的调适。

1. 明确地理学习目的

对于中学生而言,地理学习目的有时并不是一开始就很明确,需要教师在教学过程中用各种方式和途径宣传地理学科的价值和魅力,介绍地理课程的功能和教学目标,让学生在学习的过程中逐渐体验和领悟地理对生活和终身发展的价值,特别是要从地理环境与人类发展的关系角度阐述,以唤起地理学习的主动性。

2. 培养学生学习兴趣

"知之者不如好之者,好之者不如乐之者。"学习兴趣是最好的老师。培养学生的学习兴趣是培养学生自主学习的关键。

3. 教会地理学习方法

学生只有掌握了地理学习方法,才能真正地实现地理自主学习。因此,地理教师在教学的过程中,必须帮助学生学会比较异同、分析原因、综合特征、推导结论、解决问题等。

4. 养成良好的学习习惯

良好的学习习惯是提高地理学习效率的保障。因此,地理教师在日常的地理教学中,要注意培养学生养成良好的读图、记笔记等地理学习习惯,调动学生地理学习的自觉性。

(二)地理合作学习方式

合作学习是指学生在小组或团队中为了完成共同的任务,有明确的责任分工的互助性学习。合作学习的关键是合作动机和个人责任。合作学习将个人之间的竞争转化为小组之间的竞争,有助于培养学生的合作精神和竞争意识,从而使教学过程不仅仅是一个认知的过程,还是一个交往和审美的过程。分组合作学习的步骤如下:

1. 科学分组

分组时应注意组内各成员间要有性别、学习成绩和能力、家庭背景、性格方面的差异,使成员之间存在一定的互补性,从而为互助合作提供可能,而组间同质又可为保证全班小组间公平竞争打下基础。

2. 充分准备

小组合作学习前，必须做好充分准备。例如，教师要集中讲授、适当介绍一些背景知识或铺垫性知识；要事先准备好学具；要明确任务，布置好小组议题。

3. 明确规则

要让合作小组明确合作学习的程序和规则。小组内要有分工，人数多的小组可增加一些角色，并向学生说明以后每讨论一次角色要互换一次，让学生都有扮演不同角色的机会，实现小组角色的互相依存，增强学生互动的有效性。

4. 讨论与交流

合作交流过程中，教师要培养学生学会倾听、尊重他人的合作规范意识；培养学生的人际交往技能，学会对话和共事。合作过程中，教师必须对各个小组的合作学习进行现场观察和介入，提供及时有效的指导和帮助。如果小组活动开展得顺利，教师要及时给予表扬；小组提前完成任务时，教师应检查他们是否真正完成了任务；发现小组内角色分工不清、讨论混乱无序时，教师要耐心讲解，帮助学生明确角色和合作程序，尽快进入有效讨论；讨论偏离主题或声音过大时，教师要及时发现、及时制止，将学生引导到既定任务中来；讨论受阻时，老师要及时点拨，引导学生寻找解决问题的恰当方法和途径。

5. 反馈和评价

小组合作学习结束后，教师要给予学生充分展示成果的机会，并给予及时反馈和总结。小组选出代表发言，组内的其他成员可以补充，其他组的成员有不理解的地方可以提问。教师要鼓励学生对问题提出不同的看法，互相争论，以激发学生深入思考问题。教师可以根据对合作学习过程的观察，选择比较有特色的小组发言。课上没有机会展示的小组，可在课下与教师交流汇报，也可将其成果在教室里展出，以提高学生合作学习的积极性。在总结发言时，教师要对各小组展示结果的科学性予以及时评价，评价要以小组的表现而不是个人的表现为依据，可从不同的角度肯定各小组的合作，给予鼓励。

（三）地理探究学习方式

探究性学习是指从学科领域或现实社会生活中选择和确定研究主题，在教学中创设一种类似于学术（或科学）研究的情境，通过学生自主、独立地发现问题、实验、操作、调查、搜集与处理信息、表达与交流等探索活动，获得知识、技能、情感与态度的发展，特别是探索精神和创新能力的发展的学习方式和学习过程。

和接受学习相比，探究学习具有更强的问题性、实践性、参与性和开放性。

经历探究过程,可以获得能力发展和深层次的情感体验,建构知识,掌握解决问题的方法,这是探究学习要达到的三个目标。在实行探究性学习方式时,地理教师应注意以下问题。

1. 创设问题情境,引导学生发现和提出问题

问题是探究学习的起点,能否发现和提出对学生具有挑战性和吸引力、探究价值高的问题,对探究学习的开展至关重要。要使学生能够发现和提出问题,教师必须创设问题情景。在创设情景时,教师要考虑学习内容、学生的认知水平和教学条件等,使学生产生学习兴趣,激发对地理事物和现象的好奇心,进而在教师的引导下提出问题。

2. 积极鼓励,引导学生提出假设和猜想

地理探究学习的关键是提出假设和猜想。因此,教师要引导学生利用已有经验和知识,结合实际问题进行分析和想象,形成对问题答案的设想。学生进行的探究学习的内容,许多是人类早已发现的成熟知识,假设的答案已经摆放在学生面前;有的探究内容受到师生水平、教学时间和教学目标等因素的限制。因此,探究学习重在体验过程,鼓励学生大胆想象,提出自己的独特见解。

3. 预留时间,方便学生收集和整理地理信息

收集证据是验证假设的基础,也是解决问题的需要。在地理探究学习过程中,要指导学生根据提出的问题制定探究计划,明确收集信息的范围和要求,增强信息的针对性、有效性、实用性、全面性和可靠性。然后,教师要引导学生通过多种方式对收集的资料进行综合分析、抽象概括。

在学生开展资料收集时,要给予学生较多的自由支配时间,要让学生通过各种途径、多种方式收集地理信息,必要时教师可以推荐一些网站和书籍。在学生进行资料整理时,教师可以指导学生绘制图表,教给学生一定的统计方法,指导学生利用信息源,指导学生统计、归类等。

4. 培养研究意识,指导学生做出解释和预测

教师在引导学生对收集的证据进行归纳、筛选和统计后,要针对假设和猜想中的关键点进行解释说明。解释说明时,要条理清晰,逻辑严谨,提醒学生要尽量摒弃自己的主观倾向,客观进行说明。在学生提出答案时,一方面要引导学生复习相关知识,使之与已有的知识建立联系;另一方面要启发学生注意与预想结果不一致的现象,并对其进行简单的解释,培养学生求真、求实的科学态度。

5. 创造民主氛围,鼓励学生交流和评价

交流是学生、师生之间围绕自己的假设或猜想及其形成的解释进行的对

话，可以进一步加深对问题的认识。教师可以通过制作模型、角色扮演、写论文或调查报告、举办辩论会或展览等形式，让学生交流自己的探究结果。但是，关键是要创设一个民主、开放、融洽和轻松的交流环境，使学生敢于、善于和他人交流，能够听取来自不同方面、不同视角的声音，从而不断完善自己的结论。同时，教师还要善于调控学生交流的广度和深度，提高学生交流的参与度。最后，教师要适当参与学生的交流，采取恰当的方式做出评价[1]。

第三节　地理教学过程原理

地理教学过程有广义和狭义之分。

广义的地理教学过程是在遵循地理教学规律，贯彻地理教学原则的基础上，实现地理教育目的和任务的过程。地理教学过程是学生在教师有目的、有计划的指导下，积极主动地掌握系统的文化科学基础知识和基本技能，发展能力，增强体质，并形成一定思想品德的过程。

狭义的地理教学过程是指地理课堂教学过程，即“备课—上课—评课”的过程。地理课堂教学是地理教学工作的中心环节，是发挥地理教育功能，实现地理教育目的的主要渠道。因此，课堂地理教学过程是地理教学研究的重要内容之一，是进行地理教学评价的主要对象之一。

还有一种更为狭义的定义，认为地理教学过程就是“新课导入—新课教学—新课总结—课堂测验—作业布置”。

本章研究的地理教学过程是广义的地理教学过程。

一、地理教学过程的实质

地理教学过程是学生认知过程、心理体验过程和社会实践过程以及师生交往互动的有机结合。

（一）地理教学过程是一个特殊的认知过程

通过教学过程，学生可以在教师的引导下，有计划、有目的地认识人类已有的间接经验，高效地掌握知识和培养能力。实施新课程并不意味着由学生完全独立地进行全部学习。因为学生的个人认知水平与客观存在的知识和技能之间存在差异，需要在教师的引导下，按照认知规律，才能正确地学习。

[1] 陈澄. 新编地理教学论[M]. 上海：华东师范大学出版社，2007：169-175.

(二)地理教学过程是一个复杂的心理体验过程

学生的认知对象包括主观世界,尤其是自我。地理教学过程要促进情感态度与价值观的健康发展。伴随着学生认知活动,必然还有情感的激发、兴趣的培养、意志的锻炼、习惯的养成、观念的理解、价值的认同、性格的塑造、潜能的开发等,这些不可能都依靠教师的讲授来实现。实施地理新课程,不仅要关注知识和技能,更要关注心理体验,包括从感性到理性的认知体验,从直接到间接的经验体验,从接受、赞同到怀疑、批判甚至拒绝的情感体验。

(三)地理教学过程是一个受时空局限的社会实践过程

学生在教学过程中要反复实现“内化”与“外化”的辩证统一,从而逐步实现从“自然人”到“社会人”的转变。但是这种转变不可能不计时间和空间由学生自然完成,必须有教师加以引导、暗示、示范和矫正,引起学生的比较、模仿、认同和评价,从而将社会的价值观念和行为准则与规范转化为个人的价值观念和行为习惯。教学过程还要给学生提供在社会环境中运用个人价值观念、行为习惯和生活经验的机会,去检验学习的效果,让学生获得更深刻的认识与发展自我。

(四)地理教学过程是师生交往互动的过程

教学活动中普遍存在着教师与学生、学生与学生之间的交往活动。这种交往不同于一般人际交往的地方,在于它是以促进学生发展为目的,以人类的文明成果为中介的一种社会性相互作用。在这种互动中,教师与学生凭借自己的经验,用各自独特的精神表现方式,在教学过程中通过心灵的对接、意见的交换、思想的碰撞、合作的探讨,实现知识的共同拥有与个性的全面发展[1]。

新课程强调教学是教与学的交往、互动,师生双方相互交流、相互沟通、相互启发、相互补充。在这个过程中,教师与学生分享彼此的思考、经验和知识,交流彼此的情感、体验和观念,丰富教学内容,求得新的发现,从而形成共识,达到共享、共进,实现教学相长和共同发展[2]。

在实际教学过程中,这四个过程是互相渗透、有机结合、动态生成的,最终形成一个充满生机的师生互动过程。只有通过对教学过程本质的完整而准确地把握,才能实施新课程,不但完成知识与技能的传授任务,还要完成培养能力、情感态度与价值观的任务。只靠教师的单一讲授,不可能实施好新课程[3]。

---

[1] 周小山. 教师教学究竟靠什么——谈新课程的教学观[M]. 北京:北京大学出版社,2002:55.
[2] 夏志芳. 地理课程与教学论[M]. 杭州:浙江教育出版社,2003:275.
[3] 王民. 地理新课程教学论[M]. 北京:高等教育出版社,2003:106–107.

二、地理教学过程的特点

以阐明人地关系、可持续发展为教学宗旨，以地图为教学的"第二语言"，以建立地理空间概念为教学先导，是地理教学过程的基本特点。

（一）以阐明人地关系、可持续发展为教学宗旨

在中学地理教学过程中，人地关系是地理教学的重要内容，但初中和高中阶段的要求不同。

初中阶段，要求从区域地理角度，多用事实材料，使学生认识世界上不同国家和地区以及我国各个地区的居民，如何因地制宜地利用当地的自然条件发展生产和促进社会进步，以及所出现的资源、环境、人口问题；并归结到要使学生认识全球生态环境，初步形成可持续发展的观念，逐步养成关心和爱护环境的行为习惯，以及认识我国国情和基本国策的重要意义。

高中阶段，提倡"自然地理、人文地理和区域地理的联系和融合"。虽然新课程标准下高中地理必修课程的三个模块相互独立，但都是按照人地关系和可持续发展的思想统一设计的，既说明自然环境对人类活动的影响，又说明人类活动对地理环境的影响，还说明在一定区域内如何协调人地关系、实现区域的可持续发展。以系统的地理基础知识为基础，以人类为中心，着重探讨与人类关系密切的地理环境，其目标仅仅知道"可持续发展的意义及主要途径"还不够，还必须在认知和情感上和谐统一，使学生进一步"产生意识—形成观念—增强责任—养成习惯"，从而使遵守"环境道德"、"资源道德"、"人口道德"蔚然成风，使可持续发展战略思想深入人心，产生行动[1]。

总之，无论是初中的地理教学，还是高中的地理教学，地理教学的最终目的不仅要求在认识水平上了解人地关系，而且要让学生有机会参与协调人地关系，参与可持续发展战略的策划与行动。

（二）以地图为教学的"第二语言"

地图是最直观、最简明的地理书，是地理教学过程中不可缺少的工具。地图之所以成为地理教学的"第二语言"，一方面是因为地理学科研究对象（地理环境）及教学内容对教学过程的要求，另一方面是因为地图本身具有满足这些要求的条件和功能。

地图用经纬度坐标准确再现地理事物的空间分布，用各种符号表现多种多样的地理事物，可以在小的空间范围内容纳大量的地理知识。

---

[1] 地理课程标准研制组. 普通高中地理课程标准（实验）解读[M]. 南京：江苏教育出版社，2004：63.

地图可根据教学的需要，运用独特的符号系统和色彩纷呈的表现形式，形象而又概括地阐明各种地理事物之间相互影响、相互制约和相互作用的关系及其规律性，从而使学生的观察力、想象力和地理思维能力得到发展。

多姿多彩的地理图像和表现方式，不仅能唤起学生的学习兴趣，将学生引入地理知识的殿堂，而且可以使学生在教师创设的问题情境的引导下，由直观形象的兴趣转入对现象背后原因的探究，使兴趣由表层走向深层，由直接转入间接，并进一步领悟其中的地理内涵，从而极大地改善地理课堂结构，避免因“满堂灌”所带来的学生注意力分散和转移等问题，使地理教学过程呈现一种有张有弛、有节奏感的课堂结构美。

正是由于地图具有上述功能，它才成为地理教学中应用最为广泛、与教学内容结合最为紧密的教学用具。因而，地理教学与地图之间的这种关系也就成为地理教学过程中的突出特点。

(三)以建立地理空间概念为教学先导

建立地理空间概念，就是要使用各种有效的教学方法，充分反映地理事物所处的位置和范围，各地理事物之间的相互联系，地理事物的区域特征及差异等表现在地理空间方面的特征和规律。具体来说，应该帮助学生明确下述认识。

首先是地理事物的空间分布。只有正确认识地理事物空间分布的地域性，才能避免对空间分布的形成过程和发展变化的认识上的主观性，避免用一般的结论去代替具体的分析，才能理解制定“因地制宜”原则的理论依据和实践意义。

其次是地理事物的空间联系。地理事物的空间联系是由地理环境的整体性决定的，它不仅表现在同一时间的不同空间，而且表现在不同时间的同一空间。理解地理事物的空间联系，既可以使学生懂得人类与自然和谐发展的重要意义，也可以使学生从中感受到地理学科与社会、与大自然广泛而密切的联系，从而树立系统的观念，开拓思维的广度和深度，形成一种跨学科、超学科的能力，成为思维活跃、心胸开阔的人。

最后是地理事物的空间变化。地理事物的空间变化源于地理事物的空间联系，空间联系孕育着空间变化。当代地理科学已经从静态的描述转向动态的研究。因此，在地理教学中引导学生认识地理事物的空间变化，了解变化的过程，分析变化的原因，关注变化的结果，探寻不利于变化的控制措施和有利于变化的实现途径，这是地理学科本身发展的客观要求。只有当学生用发展的眼光认识地理事物时，他们掌握的地理知识结构才会具有开放性，才会成为他们正在形成的科学基础知识体系的一个有机组成部分。从此出发，其适应和认识发展着的社会和变化中世界的能力才会提高。

总之，现代教学论的一个基本观点就是要把学科独特的思维方式放在学习的首位。空间思维是地理学科思维方式的特色，它以地理空间概念为基础，通过空间想象并运用思维规律和方法，来获得有关地理事物的空间分布、空间联系和空间变化等概念[1]。

三、地理教学过程中必须处理好几对关系

地理教学过程中，必须优先处理好教与学、智力因素与非智力因素的关系。

（一）教与学的关系

在传统的教学论中，教师是教学的主宰，学生只是接受知识的客体。现代教学论认为，地理教学过程是地理教师的“教”与学生的“学”的统一。学生不是接受知识的被动者，而是学习的主体；教师也不是单纯的传授知识的讲解者，应该是学习活动的引路人。

1. 学生的主体作用

学生的主体作用是指在地理教学过程中担任着认识主体的角色，没有学生主体，教学活动就无存在的意义。这种主体作用主要体现在以下两个方面。

在中学地理教学过程中，地理基础知识和基本技能是学生认识的客体，学生自身是认识的主体。如果没有学生，当然谈不上学习和发展。如果离开学生的心理发展规律，也不能进行有效的教学。在教学过程中，学生学习的知识主要是书本中的间接经验，认识的课题主要是已经被前人所认识并总结的科学理论。在这一认识过程中，学生不可能完全重复人类认识客观事物的全过程，往往是先理论后实践或从一般到个别。因此，更需要学生有充分的感知、活跃的思维和主动创新的精神。强调学生是认识的主体，既是为了使学生主动学习，也是一切为了学生的发展。

实施教学过程的目的是为了促进学生的学习和发展。要实现这一目的，离不开学生的学习活动，取决于学生的发展状况和水平。因此，中学地理教学过程中的一切教学活动都应符合学生的认知规律和身心发展规律，都要为学生的学习和发展服务。强调学生在教学过程中的主体地位，就是为了以学生为组织教学活动的主要依据，保证教学过程向着正确的方向发展[2]。

调动学生的学习主动性是教师有效教学的一个主要因素。因此，在地理教

---

[1] 陈澄. 地理教学论[M]. 上海：上海教育出版社，1999：41–46.

[2] 王树声. 中学地理教材教法[M]. 北京：高等教育出版社，1995：139.

学过程中，必须充分调动学生的学习主动性、积极性，将教师传授的知识与技能，施加的思想影响，经过学生个人的观察、思考、领悟、练习和自觉运用、自我修养，转化为他们的本领和品德。

2. 教师的主导作用

地理教学活动作为一种社会现象，体现一定的社会价值，其中存在着许多复杂的规律性的联系；学生作为受教育者，既不可能自觉实现社会要求，又难以按教学的规律去活动。因此，发挥教师的主导作用是学生简捷有效地学习知识、发展身心的必要条件。在教学过程中，教师要善于按照教学任务和教学过程规律对学生进行启发、引导、讲解、训练和指点，以便使学生积极而高效地掌握知识、提高自身的素质。换而言之，在宏观上，表现在地理教学过程中，教师是组织者，决定着地理教学的内容、形式、进程和效果；在微观上，表现在激发学生认识活动的辩证转化中，教师具有引导作用[1]。

在中学地理教学过程中，教师的主导作用具体体现在教师直接控制着学习和发展过程。这种控制不同于一般的学习和认识过程，即除了控制学习内容，还要控制学习时间和学习活动的形式等，并通过反馈及时调节这种控制。通过这种控制，使学生的学习内容和学习状态都优于其他学习方式，保持高效率和科学化。强调教师的主导作用，是为了突出教学过程中的特殊性，把握中学地理教学的特殊规律[2]。

总之，教师和学生同属于教学过程中基本要素中人的要素，比其他要素的发展变化更为复杂。教师和学生相互联系，相互制约，相互促进，处于不同的地位，有着不同的作用，不可偏废。片面强调教与学的任何一方都会对教学造成不利影响。教学内容和教学手段是教与学的客观依据和物质保证。教师把教学内容和教学手段作用于学生，组织整个教学活动，起主导作用；学生是教学工作的对象，又是认识的主体，体现着教学效果和教学质量。离开学生这个活动的主体，教师的主导作用就要落空，教学内容和教学手段也就失去了存在的价值。"教"是外因，"学"是内因，外因通过内因起作用。要把教师掌握的知识和具有的能力转化为学生的知识和能力，有赖于充分发挥学生的主动性和积极性。

要正确处理教学过程中教与学的关系，做到教学相长。教师必须帮助学生不断明确学习目的，激发学习动机，引起学习兴趣，掌握学习方法，做到因材施教，同时还要注意接受学生的反馈信息。学生不仅是信息的接受者，也是信息的反馈者，通过信息反馈对教师提出新的要求，促进教师的提高和发展，教师的

---

[1] 陈澄. 地理教学论[M]. 上海：上海教育出版社，1999：48.

[2] 王树声. 中学地理教材教法[M]. 北京：高等教育出版社，1995：139-140.

提高和发展又会促进学生的提高和发展，如此螺旋式循环，不断相互促进，共同提高，达到教学相长。

（二）智力因素与非智力因素的关系

从地理教学过程的基本任务来看，地理教学过程的本质属性是智力因素与非智力因素的发展提高的统一。长期以来，地理教学过程曾被片面地认为是地理知识传授的过程。近十几年以来，开始重视地理教学过程中的能力培养的过程，地理教学过程被认为是地理知识传授与能力培养的统一。近些年来，随着素质教育的推行和新课程改革的推进，地理教学过程被认为是素质提高的过程，素质则被认为是个性思想品德，也有人认为是能力加个性思想品德。从现代教育思想出发，地理教学过程中所培养的素质，应当包括智力素质（含知识素质与能力素质）和非智力素质（含个性思想品德）。也就是说，地理教学过程被认为是知识素质、能力素质和个性思想品德等共同提高的过程。

在地理教学所要提高的整体素质当中，知识处于最表层，但也是处于最基础的地位。在获取、巩固、记忆和应用地理知识的过程中，能力活动得到发展的机会。当地理知识积累到一定量时，地理知识就内化为能力。能力处于素质结构的中介位置，地位重要。素质在能力层面上，学科性已不太明显。地理教学过程以培养一般能力为主，但有一些能力，尤其是基本技能，带有鲜明的学科特色，如地图技能等。能力形成之后，对地理知识的获取和迁移有很大的指导和推动作用。因此，能力可以外化为知识。能力又是非智力因素的直接基础，可以内化为非智力因素。非智力因素居于素质系统的核心位置。非智力因素最不具有学科性，所以和能力一样，一般不冠以“地理”的限定词。非智力因素具有相对较强的稳定性，并对能力的形成和知识的获取有很大的促进作用。也就是说，非智力因素可以外化为能力或者知识[1]。

四、地理教学过程最优化

中学地理教学过程最优化的含义与一般教学过程最优化的含义本质相同。需要进一步明确的是，它不要求地理教学所用的方法和取得的效果与其他学科相比是最佳的，只要求在所处条件下尽可能是最佳的，不要求这个过程中所有因素和所有条件都是最佳的，只要求各种因素和各种条件的整体效益是最佳的。

中学地理教学过程最优化并不意味着将最优秀的教师和学生、最先进的设

[1] 袁书琪. 地理教育学[M]. 北京：高等教育出版社，2001：63.

备、最有利的教学时间都集中在一个学校，只是要求充分发挥现有教师和学生的才智和积极性，尽可能配以得心应手的教学设备和良好的工作条件，以达到可能的最佳教学效果。

（一）中学地理教学过程最优化的基本标准

一般认为，在现代学校的条件下，教学过程最优化的最重要标准是解决教学和教育任务的效率和质量，以及师生在解决这些任务时所消耗的时间和精力。这又涉及两个方面：一是效果，即每一个学生在某一时期内，根据所提出的任务，尽自己最大可能所能达到的教养、教学和发展方面的水平；二是时间，即学生和教师完成教学任务的最短时间。

按此标准，应全面考虑学生的发展水平，不能局限于学业成绩，必须从具体条件和实际可能出发，提出不同的评价标准，学生应在规定的时间内，达到课程标准所规定的基本水平。

中学地理教学过程最优化除了遵从教学过程最优化的基本标准以外，还突出以下两点：第一，任何一节地理课必须有适当的信息量，有活跃学生思维的教学因素，通过观察、操作等各种手段的运用实现手脑并用、眼耳并用，同时要有适当的调控；第二，要给学生表达自己看法和想法的机会，增强学生的成就感和自信心，培养和发展学生对地理学科的学习兴趣，唤起学生的求知欲。

为此，中学地理教学过程应具有较好的可控性，即：整个教学过程和每一具体阶段都有明确的目标；充分利用外界条件来引导教学的发展方向和进度，克服各种干扰，使教学过程不偏离预定目标；准确把握教学过程各要素，并根据需要及时加以调整，保证教学的顺利进行；有通畅的反馈渠道，对教学效果进行准确的评估[1]。

（二）实现中学地理教学过程最优化的步骤和途径

1. 实现中学地理教学过程最优化的基本步骤

教学过程的基本要素和组成部分相互联系、相互制约，组成了一个具有复杂结构的教学系统。教学过程有六个基本环节，实现教学过程最优化的基本步骤就要围绕这六个基本环节展开。

（1）确定综合性的教学任务，在全面研究学生实际可能的基础上，进一步使教学任务具体化。

（2）选择在可能条件下的教学过程的最优标准。

（3）为了完成教学任务，制定一整套在可能条件下的最优方案和手段。

[1] 王树声. 中学地理教材教法[M]. 北京：高等教育出版社，1995：172-173.

(4)尽最大可能改善教学条件，以实施制定的教学方案。

(5)实施教学方案。

(6)根据选定的最优标准，评价教学效果。

2. 实现中学地理教学过程最优化的基本途径

(1)重视课堂教学设计。即要应用系统理论的观点与方法，分析教学问题和需求，确定解决问题的方法和步骤，并对教学效果做出评价。

确定教学目标、制定教学策略和进行教学评价，是课堂教学的三个基本步骤。教学目标是教师根据地理课程标准的要求，认为学生必须达到的学习结果或最终行为，包括知识与技能、过程与方法、情感态度与价值观三个方面的要求。确定教学目标，即明确学生学习什么，应该达到什么样的水平。教学策略是教师为达到教学目标所采用的教学形式、教学方法、教学媒体和课堂教学结构的总称。制定教学策略，即采用最有效的教学形式、教学方法、教学媒体和课堂教学结构，优化教学过程。教学评价是对教学的有效性进行判定，检查学生是否达到了预期的教学目标。进行教学评价，即对教学效果和教学过程进行检测，提出改进教学的措施。上述三要素相互联系、相互制约，确定教学目标是核心，制定教学策略和进行教学评价是为了实现教学目标。

课堂教学设计的基本方法是：根据课程标准，确定课堂教学目标，提出具体的知识与技能、过程与方法、情感态度与价值观方面的教学目标层次以及学生行为变化；根据教学媒体的技术和经济、专业等特性，以及各种教学媒体表现中学地理教学内容的不同功能，选择最佳教学媒体；根据课堂教学内容的要求、教学媒体的功能和学生的心理变化，确定教学媒体的最佳作用点和最佳作用时机；建立体现教学媒体优势的最佳反馈渠道，充分发挥教学媒体在获取反馈信息、调整教学程序方面的作用，及时检测教学效果；把多种教学媒体组合在一起，发挥各种教学媒体在地理课堂教学中的优势，形成教学媒体的优化结构；编写课堂教学设计方案（教案），表述教学目标、教学内容、教学策略、教学过程和评价方法等。

实施教学设计的基本程序是：列出教学课题，陈述每一课题的教学目的；查阅课程标准对这一课题的要求；确定教学目标；列出每一目标的教学内容；预估学生的基础知识和达到各个目标的基本标准；选择教学策略和教学媒体；协调教学条件和教学环境（如教学设备、时间等）；根据学生完成教学目标的情况，评价教学效果，修改教学设计。

(2)地理教学技术的改革。教育技术是人类在教育活动中所采用的一切技术手段和方法的总和。现代教育技术包括电化教学技术、计算机多媒体技术与计算机网络技术等。

运用电化教学技术。地理教学过程中所用到的电教媒体主要有幻灯、投影、录音和录像等。与传统的地理教学相比，地理电化教学有明显的优越性。地理电化教学改变了教学信息的传递方式，增加了地理教学信息传递的数量，改善了地理教学信息传递的质量，丰富了地理教学信息传递的形式。地理电化教学更接近“真实情景”[1]。

利用计算机多媒体等信息技术。信息技术融入地理教学过程之中，可以使地理学习更具有多元化、个别化，使地理学习效果得到提升。信息技术在地理教学中的应用，使过去在地理教材、地理教学方法中许多不可能呈现的地理现象变得可以呈现，出现新的学习方法和机会，也使地理学习的现实性进一步加强。在地理教学中，现代信息技术可以综合调动各种手段，使教学更生动、活泼、直观，达到较好的教学效果。

(3)改革课堂教学结构。地理课堂教学结构是指一节地理课所包括的教学环节及主要教学环节的顺序安排和所用时间。同一类型的课，由于具体的教学内容不同，学生特征不同，教学方法不同，其结构也有所差异。改革课堂结构，可集中考虑以下三点。

第一，让某些教学环节相互交叉、重复出现。如组织教学，除在课堂教学的起始专门安排外，还应在其他环节的开始或进行中多次重复。这是因为兴趣、动机、意志、情感等心理因素与智力因素同样对学生的认识过程起重要作用。在教学过程中，必须不断利用这些心理因素组织教学，才能保证学生认知的深刻性，从而真正掌握知识、训练技能和发展智能。在新的地理课程标准下，情感态度与价值观和学生的思维能力及操作技能同等重要。又如巩固新内容，除了在全部完成新内容之后加以安排，还应该在学习新内容的环节中有意识插入检测练习，帮助学生巩固记忆和加深理解，同时获取反馈以及时调整教学过程。如果仅在一节课或一个单元的最后安排一个综合性练习，仍然难以达到巩固和检测教学效果的目的。如果学与练的时间间隔过长，也不符合学生的认知规律。

第二，实现教学环节功能的多样化。如检查复习时，不仅要注意使学生再认或再现以前学过的内容，还要直接揭示本课的主题，使学生的注意力较快地集中到学习本课内容的方向上来。又如学习新内容时，应该随着知识点的转换，及时组织教学和巩固新内容，保证学生在达到某一个具体目标时的认知过

[1] 陈澄. 地理教学论与地理教学改革[M]. 上海：华东师范大学出版社，2001：108-110.

程的完整性。再如，中学地理课一般不要求布置课外作业，布置作业可以与巩固新内容合并成一个环节。

第三，进一步划分教学环节的组成部分。中学地理课堂教学可以逐一完成各个知识点的教学任务，而无须一定要将各种知识点环环相扣、向前推进。这是地理教学的一个特点。在实现不同教学目标的要求时，学生的心理活动和认知程度也有较大的差异。考虑到这两个方面，在学习新内容的环节中，可依知识点的转换划分出若干组成部分，每一部分都是一个相对完整的教学步骤。教师不仅要注意教学环节的整体安排，还要注意在不同的教学步骤中学生应涉及的认知阶段，应选择何种教学方法、教学形式和教学媒体来与之配合，并在各步骤之间自然承转。如果这样来考虑教学环节的安排，课堂教学必然是层次丰富、节奏适当、承转自然，而不是平铺直叙、一灌到底[1]。

第四节　地理教学准备

地理教学活动是以教学过程的形式出现的，通常把教学过程分为“教学准备阶段—教学进行阶段—教学评价阶段”。地理新课程的教学准备主要是指地理教师准备教的过程，这是实现有效教学的前提。

一、地理教学准备的意义

课堂教学的准备性环节即备课。备课是上课的基础，是提高课堂教学质量的关键。在既定的教师水平、学生基础和教材内容的条件下，教师能否妥善完成课堂教学的准备性环节，是能否教好课的前提和重要保证。

一是可以使教师对教学充满信心。教师的自信心影响着教学成功与失败。做好充分的教学准备，可以减少教师教学时的不确定感，找到一种方向感、自信心和安全感。

二是可以保证在预定的时间内达到教学目的。有了充分的教学准备，能够使教师明确课堂教学的目标和任务，确定实现目标的方法步骤，预见教学过程中可能遇到的问题和解决办法，保证课堂教学任务的顺利完成。

三是教师在进行教学准备时，要考虑内容和重点的组成，从而在教学中就可以有的放矢，减少多余和不相关的话题，明确应强调的重点和难点，从而有效

[1] 王树声. 中学地理教材教法[M]. 北京：高等教育出版社，1995：177–179.

控制教学时间和教学节奏。

四是可以总结教学过程中的经验。完成课堂教学准备性环节的过程，也是教师将已有的素质转变为现实的教学能力的过程。教师原有的思想品德修养、科学文化知识、教学理论水平与教学技能是教师在教学中发挥主导作用的可能条件，只有通过备课，认真钻研教材，抓住重点难点，明确教学程序，这种可能的教学能力方会转化为现实的教学能力。

二、地理教学准备的内容

备课过程是一种艰苦的劳动过程，也是一种教学艺术上的再创造过程。完整的课堂教学准备性工作由七个相互联系的环节构成，这些环节都有很强的科学性和艺术性。

（一）备地理课程标准

认真学习地理课程标准是地理教学准备的首要内容。地理课程标准是贯彻教育方针、实现地理课程目标的基本保证。它阐述了地理课程的结构体系和地理教学的指导思想，规定了地理教学的目的、要求和必须学习的地理知识与技能的内容，设计了可供参考的相应的学习活动，提出了教学、评价、课程资源开发的具体建议。它对地理教师全面了解中学地理教学的基本要求，明确每堂课的教学目标等，具有十分重要的指导作用。

1. 学习地理课程标准要把握整体结构

只有总揽全局，才能对每堂课的具体要求做到“心中有数”。比如对课程标准中关于气候方面的知识要有全面了解，它包括气候的要素、气候的类型及分布、气候的成因、气候与其他自然要素的联系、气候对人类与环境的影响等。教学的整体感形成后，对当前所要教授的气候知识的地位、作用及其与相关知识的关系就会有一个明晰的了解。

2. 学习地理课程标准要灵活安排知识的教学程序

地理课程标准指出，标准对知识技能内容的阐述程序并不等同于课堂教学的程序，因此根据需要与本校特点，完全可以重新调整教学程序，可以难点集中，可以难点分散。要做到活而不乱，哪些先讲哪些后讲要通盘考虑，注意教学对课程标准所规定的知识技能的覆盖面，不要有所遗漏。

3. 学习地理课程标准要特别注重“活动建议”的设计

地理课程标准对学习活动的开展十分重视，在地理课程标准知识与技能内容的右栏一般有相应的“活动建议”。从某种意义上讲，它明确暗示地理学习不是在“传输”、“接受”状态下进行，更多的情况是在“活动”的状态下展开。因此，要认真分析知识与技能内容标准与“活动建议”两者之间的联系。“活动建议”为开展丰富多彩的活动提供了可能性，但不能照单全收，要从实际情况出发。有的因条件有限可以简化活动方式，有的可以重新设计或进行补充。

4. 学习地理课程标准要从“能力立意”出发，进行知识与能力的组合

课程标准中的区域地理的学习内容是以能力要求来架构的，如中国地理有“用事例说明四大地理单元自然地理环境对生产、生活的影响”的内容，就是一种能力要求。这一能力可以通过学习四个区域有关内容予以实现。至于选择哪些相对应的知识内容来和该能力的培养相配合，需要地理教师在教学准备中加以思考[1]。

（二）备地理教材

1. 比较不同版本的地理教材，选择合适的案例

随着新课程的推进，目前已经通过审查出版的初中地理新教材和高中地理新教材有多个版本。地理教材只是作为教学的材料和师生进行对话的中介，地理教师应该拥有多个版本的地理教材，从而在备课的时候进行对照，选择合适的案例。

2. 通读地理教材，整体把握教材结构

通读教材可以全面了解地理教材的结构体系，把握教材的全貌。通读地理教材时，可以按照教学需要，将地理教材的内容分为四个层次加以研究。一是研究教材的总体结构，即教材是怎样按照人地关系的主线和可持续发展的观点组织教材框架的。二是研究教材由哪几个单元组成，每个单元内容在教材体系中的地位和作用，以及各个单元之间的相互关系。三是研究每个单元教材的结构体系及其构成部分中每一课在全单元中的地位、作用以及相互之间的关系。四是研究每课教材的结构层次，包括课文中的地理概念、地理原理的含义，地理图表的内容、作用，怎样由地理现象、地理事实提出问题，展开分析，引出结论。以上四个层次可视为一个总体，这种从宏观上对地理教材体系的把握，是备课前务必做好的工作。

3. 细读地理教材，把书本知识转化为自己的知识和观点

细读地理教材是对教材进行认真、细致、字斟句酌的研究，达到深刻理解教材、自如运用教材进行教学的目的。

在细读教材的过程中要确定以下几点：一是知识点。课文中自然地理知识和人文地理知识的要点。二是能力点。课文在提出问题、分析问题和解决问题

---

[1] 夏志芳. 地理课程与教学论[M]. 杭州：浙江教育出版社，2003：262–270.

时所体现的认识能力及实践能力，这是新教材高度重视的部分。三是思想点。课文中理论和实践相结合，理论知识和思想教育相结合，并能提高思想认识、升华价值观的内容。四是重点。课文中最核心、最关键、最有现实意义的部分。五是难点。学生难以理解把握，容易出错、混淆或者难以接受的内容。新教材的难度比原教材有所降低，主要是降低了部分知识点的难度，但是对学生学习能力的要求并没有降低，而是有所加强，如读图、用图的能力在教材中给予了特别的重视。六是热点。即教材相关的热点问题。此外，在细读课文时，还要留心课本的版式设计与字体区分，并对教材各部分与各栏目的功能与特点了如指掌。

4. 精读教材，确定如何教与学，使书本知识转化为教学知识

精读地理教材就是要对地理教材透彻理解，娴熟精通，达到自如驾驭教材的目的，即要将教材知识与教学方法、手段、学生特点等结合起来，解决如何教、如何学的问题。精读教材要处理好以下八个方面的关系。

(1)科学性与思想性的关系。即要把知识目标、能力目标与培养学生的情感态度价值观的目标结合起来。地理教学是进行地理智能教育的过程，也是学生情感发展的过程。

(2)传递知识与培养能力和陶冶情操的关系。即要以传递知识为基础，以发展学生能力为重心，以提高觉悟为归宿，真正地做到教书育人。

(3)地理事实与地理原理的关系。中学地理主要讲述人类活动的地理环境及人与地理环境的关系。新教材包含丰富的地理事实材料和地理基本原理。地理事实包括地名、地理数据、地理景观、地理事物及其分布状况等，地理基本原理包括地理特征、地理规则、地理事物的动态演变和静态分布规律以及形成这种规律的原因等。地理事实和地理原理是统一的。在中学地理教学中，既要使学生知道是什么(掌握一些地理事实材料)，又要让学生知道为什么(掌握一些地理基本原理)，做到观点统率材料，材料说明观点，两者有机结合起来。

(4)课文与图像和作业的关系。新教材的丰富图像包含大量的地理信息，它们是获取地理知识的重要源泉，也是学习地理不可缺少的工具。它们和文字材料紧密联系，相互补充，共同构成地理新教材体系。在地理教学中，一定要让学生学会读图，能运用图表分析问题、解决问题，同时要能把课文叙述的某些内容落实到图表上。图文结合，理性知识与感性知识结合起来，既激发了学生的学习兴趣，又强化了课本知识。作业可帮助学生思考、巩固、复习学过的内容。

(5)教材主体和自学材料的关系。教材主体是必须研习的部分。在这部分内容中，知识、能力、情感教育三项要求紧密结合。从表达形式看，课文、图像和作业相互配合使用，使学生从学习知识到检查学习效果，层层递进，比较完整。

自学材料主要侧重于扩大视野，对掌握地理技能和课堂知识，培养和提高学生的观察、思维和实践能力起到积极的作用。

(6)重点与非重点的关系。也就是既突出重点，也兼顾非重点，全面而有重点地进行教学。

(7)适度和非适度的关系。即教学必须有适当的难度、广度、深度和一定的高度，做到让学生“跳一跳就能摘到桃子”，以调动学生学习的主动性和积极性。

(8)教法与学法的关系。教师的教学活动是为学生服务的，在教学过程中要培养学生学习的主动性，解决“要学”、“会学”、“想学”的问题。教师的教学应最终达到教会学生学会学习、学会思考、学会做人的目的。

(三)备学生

备学生就是要了解学生的情况，具体而言，要从以下几个方面入手。

1. 学生有什么地理学习“需要”值得关注

人是有需要的，比如生存的需要，安全的需要，情感的需要，交往的需要，尊重的需要，自我实现的需要，求知与理解的需要，审美的需要等。需要是个体对内外环境的需求在人脑中的反映。需要是产生行为的原动力，是个体积极性的源泉。学生在地理学习中也会有种种需要，例如了解异域文化的需要，熟悉生存环境的需要，领略地理风貌的需要，解决地理问题的需要等。教师在备课中要关注和满足这些需要，把需要与知识联系起来，并在教学中不断强化它们。

2. 学生有哪些兴趣爱好亟待激发

地理学习兴趣是学生对地理学习活动或地理事物现象的一种力求认识或趋近的倾向。凡是有兴趣的事物，学生总是想办法去认识它、接近它、获得它，并对它产生愉快的情绪体验。一个学生如对地理产生了比较稳定、持久的兴趣，那么他必然会形成良好的学习动机。备课中，教师要研究学生可能出现的兴趣点，并把兴趣引向地理学习。

3. 学生具有怎样的情感态度与价值观

健康情感、正确态度、良好价值观的形成是地理课程追求的目标，因此，在备课过程中要研究每节课在这方面的目标，并且要了解学生已经具有的与知识内容有关的情感态度与价值观。比如在学习我国人口地理知识前要了解学生可能存在的情感态度与价值观，他们也许会认为“我国西部人口太少了，应该向那里迁移人口”，“城市外来人口太多，需要控制”等，教师要有的放矢地纠正学生的片面认识。

4. 学生的学习能力如何

要了解学生已经具有的地理学习能力的基础以及缺乏的方面。比如在讲授地球运动的知识,就要考虑“学生是否具有一定的空间感知能力”,以便提出相应的教学对策。

5. 学生已有哪些经验与知识

学生已经具有哪些生活经验与知识基础可以支撑新知识的学习,学生还缺乏哪些经验与知识需要弥补,都需要认真分析研究,以便因材施教。

(四)备信息

地理教学准备要收集大量的与课堂知识有关的信息,具体可以从以下几个方面去获取。

1. 新闻媒体

地理教学要经常关注新闻媒体瞬息万变的信息,这是因为它们反映了现实生活中鲜活的地理知识、敏感的地理问题,是对地理课本最及时的补充和修正。在电视新闻类、风光类、科技类、综艺类、社科类等专题节目中,可以了解到大量的地理知识,要注意积累、整理、保存来自媒体的信息,有的好节目可以录制下来,经过剪辑,供学生上课观看。

2. 图书馆

图书馆是一种重要的信息资源库。到图书馆去收集资料,是充实知识、获取信息、丰富阅历、促进教学的有效途径。地理教师要掌握和利用到图书馆收集地理信息的本领,明确解决问题所需要的地理信息。如在地理学习过程中涉及大城市过度抽取地下水引起的问题,就可以围绕这一议题去搜集相关资料。图书馆中的地理书籍一般包含地理工具书(词典、辞海)、地理科技专著、大学地理教材、中学地理教材辅助读物、地理科普类书籍等,都可以成为地理教学的信息来源。

3. 互联网

电脑网络的兴起,使传统的课堂教学模式受到冲击,单靠课本传授而增长的知识比重正在明显下降。教师、学生在键盘上轻轻一点,就能漫游于大千世界,浏览各种信息。如此飞跃发展的信息时代,迫使地理教师的教学不得不使用网络,迅速驶上“信息高速公路”。教师要利用互联网来收集地理信息,了解时事热点。网上浏览地理新闻,可以随时点击查阅信息,阅读起来方便快捷,而且网上新闻更新速度很快。地理教学中经常需要查阅一些地理科普信息。收集地理科普信息有两种方法,一种是直接进入知名科普网站浏览,二是利用搜索功能查询信息。

4. 社区信息

社区生活中存在着大量鲜活的地理信息。地理教师要善于利用社区发展的图文材料和历史档案，如当地的地理科研机构、气象站、环保局、水文站、天文台、地震局、建设局、国土局、规划院、测绘局、海洋局等提供的资料，都能成为有利于备课的素材。

（五）备教学媒体

教具是所有可以在课堂教学中为学生学习服务的用具。教具不同于表演时使用的道具，它不是为教师一展风采而效劳的工具。教具的使用要体现现代化，但是又要符合“实用”与“经济”的原则，并不是教具用得越多越好，越高级越好。地理教具大致分为多媒体类、挂图类、模型类、观察实验类、标本类、实物类、照片类、书刊类、游戏类等。

（六）备教学方法

在备教学方法的过程中，应该注意以下几个问题。

1. 备方法不能“拿来主义”

“他山之石，可以攻玉。”他人的教学方法固然能启发与改进自己的教学，但绝不能全盘照抄用于自己的教学。对于他人的教学方法要吸取其“精髓”，而不是照搬其“形式”。有一阶段，地理教育热衷于“发现法”、“暗示法”、“纲要信号法”等，似乎教案的“方法”一栏上不贴上这些时髦的名称就会落伍。不切实际的套用，不可能带来什么好的效果。地理教师要有信心形成与总结自己的方法，并在实践中不断完善。有时候，朴素无华的方法可能就是最管用的方法。

2. 备方法要注重备学习方法

随着地理课程理念的提升与学生自主学习意识的增强，地理教学的重心已经由“教地理”转移到“学地理”上来，因此以往只强调地理教学方法的倾向正在逐渐被扭转，而地理学习方法日益受到重视。地理学习方法具有自身特点与内容。它是学生根据地理学科的特点、任务而采取的学习方法，体现了地理空间性、综合性、差异性以及人地相关性，同时包含着认知心理过程、地理思维方式、探究问题策略、具体学习措施等丰富内容。

地理学习方法是有层次的系统。它既有具体的要素性方法，又有复杂的结构性方法。前者指的是地理学习某个环节中的某个学习方法，具有单一、明了、普适性强的特点。如“地理阅读”环节中的地理课文朗读法、速读法，“地理记忆”环节中的图像记忆法、表格记忆法，“地理实践”环节中的地理实验法、地理调查法，“地理思维”环节中的对比法、联想法等，但有时为了解决地理学习问题必须把它们组合起来才能显示出它们的力度。后者是指应用于地理学习某个专题的学习方法，具有综合、相互联系、指向性强的特点。如地理综合程序学习法，综合了若干学习方法，并把它们有机联系起来，目标直指地理知识的自主获得与自学能力的培养，但同时也有普适性不强而限制性强的特性，即它们有一定的适用范围与适用条件。

3. 备方法要从实际出发

地理教学方法的运用要符合学生的认知心理规律与教师自身的特点。比如同样讲地形等高线的知识，有的教师运用直观方法，花时少，效果好，而有的教师选择的方法则不易被学生所接受。好的教学方法应该有利于学生地理思维的激活，有利于地理知识的理解与建构。同时，方法的运用还要兼顾教师的教学特长与教学技能，对于一个动手能力特别强的教师来说，运用实验法来说明某些地理问题就显得非常得心应手。

4. 备方法要开阔思路

地理教学方法是灵活、开放的。地理教学方法的生命力在于具体情况具体对待，而不是僵化不变。地理教学方法应该吸取方法学领域或其他学科领域的方法的"精髓"，加以改造，为我所用。

（七）编写教学方案

钻研地理课程标准和地理教材，了解学生，设计教学方法和教具，最终都要落实到教案上。教案是地理教师备课的结晶，是地理教师上课的具体计划，是地理课堂教学的实施方案；它是将地理教学设计的各个环节，以某种形式加以固定下来，是教师课堂教学的"行动纲领"，也是地理教师实现教学目标、完成教学任务的根本保证[1]。

三、地理教学方案的编制

地理教学方案，简秒地理教案，又称地理课时计划，它是地理教师上课的具体计划，是地理课堂教学的实施方案。编写地理教案是地理教师的基本功之一。

（一）地理教案的构成和格式

1. 地理教案的构成

（1）授课学校、班级、日期和主讲人。

（2）授课内容（课题）及所用教材。课题是地理教案名称，一般用教材中章、节或节内标题的名称命名。如"地球的宇宙环境"、"地球的运动"是以节的名称作为教案的名称，又如"地球的公转"和"板块运动"则又是以节内标题的名称作为课题的。

---

[1] 袁书琪. 地理教育学[M]. 北京：高等教育出版社，2001：205.

(3)教学目标。教学目标要考虑教学目标设计的原则和行为目标陈述的基本要素。

①教学目标设计的原则。地理教学目标的设计应该遵循以下几个原则。

全面性原则。新课标从知识与技能、过程与方法、情感态度与价值观三个维度阐述了相应学段的地理学习目标。与此相对应,地理教学目标的陈述也应是多维、全面的,既有"知识与技能"领域的结果性目标,又有"过程与方法"、"情感态度与价值观"领域的体验性或表现性目标。

层次性原则。新课标要求关注每个学生的发展,重视个体差异,目标设计应根据课程标准、教学内容、学生起点能力等多方面制定高低层次不同的目标。地理教学是一种循序渐进的活动,根据新课标的特点,一般可预设两个层次的目标:一是基础性目标(课程目标),二是高层次目标(弹性目标和发展目标),以满足不同层次的学生需要。

适度性原则。地理教学目标是地理教学活动的调节者,对学生具有激励作用。适度的教学目标有利于激发学生的求知欲,并由此产生地理学习的需要,激发学生的学习动机。如果目标设计太难,就会挫伤学生的学习积极性,相反,如果设计得太容易则又难以激发学生的学习动机,起不到激励的作用。

具体性原则。地理教学目标是评价地理教师的教学效果和学生学习效果的依据。因此,目标应当具体明确,否则令人无所适从。地理教学目标制定越具体,地理教师对教学目标的把握也就越准确,对目标实现状况的检验就越可靠。在设计地理教学目标时,应该尽量避免使用含糊笼统的行为动词,克服地理教学目标的陈述模棱两可的现象,尽量选择和使用具体可操作性的动词。

②行为目标陈述的基本要素。一般认为,行为目标陈述的基本要素有三个:行为主体、行为动词和行为条件。

行为主体。地理教学目标描述的是学生的学习结果,而不是教师的教学任务。因此,教学目标的行为主体应该是学生,而不是地理教师。所以在设计地理教学目标时,不宜使用"使学生……"、"让学生……"、"提高学生……"等陈述教学目标的语句,而应该使用"运用……说明……"、"绘制……"之类的语句。尽管有时陈述的目标中行为主体"学生"两字没有出现,其实"学生"二字隐含其中。

行为动词。地理教学目标选用的动词应该明确、具体,抽象、模糊的术语,如"了解"、"掌握"等模糊的动词,无法界定程度上的差异,既缺乏质和量的规定性,可测性和可比性又很差,不利于实际操作。比如"掌握"一词,"复述"、"概括"、"分析"都是"掌握"的具体表现,但程度和水平有很大的差异。各水平要求和行为动词具体分类见表4-1。

表4-1 各水平要求和行为动词

层 次	各水平要求	行为动词
知识性目标动词	了解水平——再认或回忆知识;识别、辨认事实或证据;举例;描述对象的基本特征	描述、识别、列出、列举、说出、举例说出、背诵、回忆、复述等
	理解水平——把握内在逻辑联系;与已有知识建立联系;进行解释、推断、区分、扩展;提供证据;收集、整理信息等	说明、举例说明、概述、区别、解释、选出、收集、处理、阐明、比较、判断、概括、计划、解决、证明等
	应用水平——在新的情境中使用抽象的概念、原理;进行总结、推广;建立不同情景下的合理联系等	分析、得出、设计、拟定、应用、评价、撰写、检验、计划、解决、证明等
技能性目标动词	模仿水平——在具体示范和指导下完成操作	尝试、模仿、重复、再现、例证
	独立操作水平——独立完成操作;进行调整与改进;与已有技能建立联系等	完成、表现、制定、解决、测量、尝试、试用、运用、使用等
	迁移水平——在新的情境下运用已有技能,理解同一技能在不同情境中的应用性等	绘制、制作、联系、转换、灵活运用、举一反三、触类旁通等
情感性目标动词	经历(感受)水平——从事相关活动,建立感性认识	体验、参加、参与、交流、讨论
	反应(认同)水平——在经历基础上表达感受、态度和价值判断;做出相应的反应等	关注、认同、拒绝、同意、反对、喜欢、称赞、重视、爱护、支持、蔑视、抵制、克服、拥护等
	领悟(内化)水平——具有稳定的态度、一致的行为和个性化的价值观念等	确立、形成、养成、树立、建立、坚持、保持、追求、具有等

行为条件是指影响学生产生学习结果的特定限制范围。行为条件的表述主要有三种:一是对地理学习媒体的表述,如在"运用示意图说明地壳内部物质循环过程"中,"运用示意图"就是对学习媒体的描述;二是提供地理学习的信息或提示,如"针对某一环境问题,说出生态环境保护的主要措施及其作用"中的"针对某一环境问题";三是完成行为的情境,如"在地图上指出我国的'世界文化与自遗产'……"。

(4)教学重点和难点。教学重点是教材的主干部分,在学生学习过程中起着关键性的作用。难点既包括学生不易理解或运用的部分,也包括学生容易出错或混淆的内容。有时教材的重点和难点是重合的;有时教材没有难度特别大的难点,也难以区分主次和确定重点。

(5)教学方法(主导方法)。教学方法是教师在地理教学过程中引导学生为完成地理教学任务所采用的方式和手段。一节课的教学方法有很多,地理教师要学会优化组合。

(6)教具。教案中必须清楚、详细地列出所有用到的教学用具。地理课堂教学中经常用到的教学用具主要有挂图、地球仪、经纬网仪、实物投影仪、幻灯机、多媒体平台以及各种多媒体教学软件、自制课件等。有条件的学校尽可能使用现代教学用具,以体现"改变地理学习方式"、"构建基于现代信息技术的地理课程"等教育理念。

(7)课型。教学任务的不同导致课型存在差异,具体可以划分为单一课和综合课。单一课指课的教学任务比较单一,如新授课、练习课等。综合课指一堂课内要完成多项教学任务,如既要复习旧知识,又要讲授新课,还要巩固练习等。选择课型要根据每节课的教学目标、学生情况以及教学条件等因素。

(8)教学过程。教学过程是指地理教学活动的具体实施过程,这一内容是地理教案中最主要的部分。

(9)教学提纲。教学提纲是教师讲课的纲要、要点,其作用是引导学生的思路,突出重、难点,帮助学生理清知识脉络,构建知识结构框架。

教学提纲可以分为讲授提纲和板书提纲。讲授提纲是编写教案时拟定教学内容的提纲,板书提纲是教师预先拟定的上课时书写在黑板上的提纲。在很多情况下,二者内容基本一致,但有时板书相对于教学提纲来说更简化。教学提纲是教学过程的主线,反映了教师的思路。教学提纲不清楚,整个教学过程和学生的学习就会发生混乱。因此,教学提纲的编写必须逻辑性强,能够最好地体现地理知识的内在联系,能够根据学生的特点做到知识学习的循序渐进。在文字表述上,一级纲目是教学内容的要点。提纲的类型有纲目式、结构式、表格式、图解式、线段式和联系式等。

(10)课后分析(又称教学反思、教学后记等)。它是教师上完课后对教案实施情况的回顾与总结,可以是教学心得、体会的简括,可以是课堂教学中即兴偶发的教学灵感和本节课的补充材料,也可以是教学中学生的见解和困惑,以及教学中的失误和突发事件。教学后记有助于教师及时总结一节课的经验与不足,为以后的教学提供借鉴,甚至帮助教师总结规律、升华理论,帮助地理教师成长。教学后记的形式不拘一格,可以写成长文,也可以写成短文。写好教学反思,应该注意以下三点:一要注重时效性,即要及时记录;二要注重细节,要反映具体的问题;三要坚持不懈。

2. 格　式

地理教案的编写没有一成不变的固定形式,可以是叙述式,也可以是列表式。

叙述式教案是指在编制地理教案时,主要用文字形式表达备课结果的方法,是地理教案编写的基本方法。具体编写有详案和简案两种方式。两种教案的格式基本一样,不同的是在"教学过程"中有详略之分。详案有助于教师科学、正确地控制课堂教学进程,帮助教师组织教学语言,发挥教师的主导作用和学生的主观能动性。刚走上讲台的新教师往往采用这种教案。简案可以节省时间用于熟悉教案和研究教法，也可以促使教师不断提高自己的教学能力。

表4-2　叙述式地理教案栏目示意

学　　校：	教师：	年级：	时间：
课　　题：			
教学目标：			
教学重点：			
教学难点：			
课　　型：			
教学方法：			
教学媒体：			
教学过程：			
教学提纲：			
教学反思：			

列表式教案是根据教学要求，按照教学内容设计一张“教案一览表”，用以指导课堂教学的教案编写方法。它要求教师把教案的基本内容合理组合，对应地填入表中。教师上课看一下一览表，一堂课的主要内容、要求和程序就可以一目了然，进而可以综合把握，灵活运用。

表4-3　列表式地理教案栏目示意

学　　校：	教师：	班级：	日期：
课　　题：			
教学目标：			
教学重点：			
教学难点：			
课　　型：	教学媒体：	教学方法：	课时安排：
教学内容：		学生活动：	
教师活动：		设计思路：	
板书设计：			
教学反思：			

《撒哈拉以南的非洲》教案（节选）[1]

一、教学目标

1.通过观看影片，了解并学会描述本区的整体特征，同时训练获取信息和口

[1] 李世梅. 撒哈拉以南的非洲（教案）[EB/OL].（2006-12-12）[2007-08-01]. http://geo.cersp.com/sjxzy/gnj/200612/1521.html.

头表达的能力,加强小组成员间的交流与合作意识。

2.通过阅读各类地图、图片,了解本区的位置、范围,总结本区地理位置特点,以培养运用地图获取知识的能力。

3.运用地形图,描述本区地势变化及地形分布特点,了解黑人的原始居住地分布与自然环境、外来移民的关系,以训练综合分析能力。

4.运用图表说出本区气候的特点,以及气候对本区生产、生活的影响。

5.了解本区丰富的自然资源,了解以生产初级产品为主的经济的形成和后果,通过实例寻找和认识本区各国摆脱贫困的出路。

6.认识本区人口和粮食、干旱和荒漠化问题的严重性,通过分析原因,寻找解决途径,培养正确的人地观。

二、教学重点

1.了解本区丰富的自然资源,了解以生产初级产品为主的经济的形成和后果,通过实例寻找和认识本区各国摆脱贫困的出路,培养综合分析能力。

2.认识本区人口和粮食、干旱和荒漠化问题的严重性,通过分析原因,寻找解决途径,培养正确的人地观。

三、课型:新授课

四、教学媒体:多媒体、图片

五、课时安排:2课时

六、教学过程

教学环节	教师活动	学生活动	设计思路
课前准备	播放影片,提出具体观看要求。	观看影片《Lost in Africa》(《非洲历险记》)	利用电影生动有趣、直观、信息量大的特点,整体呈现非洲概况。
(第一课时)新课引入	问:1.影片的主要内容? 2.你印象最深、对你冲击最大的镜头有哪些? 3.用几个词语概括你印象中的非洲。	1.简单回顾影片主要内容。 2.小组交流讨论,推选代表发言,谈对自己印象最深、冲击最大的景观,并说明原因。 3.用语言概括自己印象中的非洲。	1.考查学生从影片中获取信息的质和量。2.加强小组成员间的交流与合作。
	讲述:非洲由于人种、风俗、气候、地形类型及资源物产种类的不同,可以分成北部非洲和撒哈拉以南的非洲两部分。		
新课	本区概况(由学生的描述引出) 1.呈现图8.25(位置)和图8.26(地形) 2.引导:注意几条特殊纬线。	1.读图8.25,用描述大洲地理位置的方法描述本区位置(纬度位置、海陆位置、所处半球),并做简要评价。 2.根据本区所处位置,探究影片中景观产生的原因	1.重组和利用原有知识来解释相关现象,理解地理要素间的相互影响。 2.学习方法迁移。 3.绘制简图,一方面强

续表

教学环节	教师活动	学生活动	设计思路
新课	3.引导学生探究影片中自然景观存在的原因：位置→气候→景观。	(当地土著居民主要是什么人种；主要景观是什么，为什么——黑人的故乡，沙漠、雨林、草原、野生动物。位置→气候→景观) 3.读图8.26，了解本区地形地势特点，并口头描述。 4.绘制本区简图：要求标注出周围的水域名称、重要纬线(赤道、南北回归线)、撒哈拉沙漠、尼罗河、刚果盆地、东非高原、乞力马扎罗山、马达加斯加岛。 5.了解黑人文化，完成教材69页“活动”2。	化“位置范围”，一方面加强作图训练。
小结	师生共同完成板书		落实本节知识点
……	……		……

七、板书设计

第三节　撒哈拉以南的非洲

一、自然环境

1.位置：纬度位置：南北回归线之间→热带

海陆位置：东临印度洋，西临大西洋

所处半球：东半球，南北半球

2.地形：高原为主

3.气候：以赤道为中轴，南北对称(热带雨林气候、热带草原气候、热带沙漠气候)

二、人文环境

1.黑人的故乡：“黑非洲”

2.人口、粮食与环境：干旱、荒漠化

3.单一商品生产为主的经济：发展多种产业

(二)地理教学准备形式——说课

1. 含义与功能

说课是指教师在特定的场合，在精心备课的基础上，面对同行、教研人员或评委，系统地口头述说自己对某节课(或某单元)的教学设计及其依据。说课主要阐明“教什么”、“怎样教”和“为什么这样教”。说课完毕后由听者评议，说者答辩，达到相互交流、相互切磋的目的，从而使教学设计趋于完善。说课不但要求说清楚教的内容，还要说明这样教的原因。这就要求地理教师要根据地理课程标准及有关的教学理论阐述其依据。因此，地理教师要熟悉教育理论知识，熟悉地理课程标准和地理教材，熟悉有关的教学参考资料。总的来说，说课能够较为全面地考查教师的知识结构和能力结构。

说课，是教学研究的重要内容，是提高教师课堂教学水平、提高课堂教学质量的重要途径之一。首先，它使教育理论与教学实践高度融合，加快了教师教育理论的内化过程和向教学技能的有效转化进程。其次，说课不受教学进度或教学计划的时间限制，更不受空间限制，是一种高效、灵活的教研形式。最后，它是地理教师专业化成长的有效途径，也是促进教师进行教学反思、推动课堂创新的重要手段。最后，有利于实现教学经验的多向交流。

其特点有：一是以口头语言为主要的表达形式，即"说"；二是时间一般限制在15分钟左右；三是要以教育教学理论为依据，针对教学内容及学生实际；四是它是强调教育理论与教学实践紧密结合的课堂教学技能训练的操作性研究活动。

2. 要　求

首先，说课要简明扼要。说课的时间比较短，一般15分钟左右，要抓住要点，言简意赅。其次，说课要注意可操作性。说课是独立于课堂教学的教研活动，但它不能脱离教学，是为了提高课堂教学效果，优化课堂教学而说，是对教学活动的思想、过程、方法、手段的根本指导。再次，说课要突出理论性。说课一方面要按常规说清楚教学的一般过程、方法，同时要阐述这样设计的原因、理论依据，也就是"为什么要这样做"。最后，说课要有创新意识。教学设计是富有创意的心智活动，体现个人的才智。在开展说课活动中，应该勇于实践，不断进取，敢于创新。说课内容的顺序安排，没有固定的模式，应因时、因地、因人的不同，创造出自己的有效、实用、有特色的说课方式方法。

3. 内　容

正在进行的新一轮课程改革，包括教学理论、思想、观念的改革，也有课程内容、课程实施、教学方法、教学评价等的改革。因此，新课程背景下的地理说课也有了新的内容和新的要求。

(1)说地理课程标准。即要把地理课程标准中的要求作为一节课的教学依据，通过对课程标准中关于教学内容要求的分析，说明本节课的教学目标、教学内容及教学实施等方面的原则性要求，从而为自己的教学设计提供有力的证据。

(2)说学情。学情分析既是确定教学目标的重要依据之一,又是设计教学活动的前提。其主要内容有:对学生学习态度的分析,对学生原有的知识与能力的分析,对教学中学生可能出现的困难、问题的分析。

(3)说地理教材。说地理教材就是对地理教材的知识系统作简要的分析,说明本节课内容在本单元甚至本册教材中的地位与作用,说清教材的编排意图和知识结构体系,以及本节课教学内容与学生先前掌握的知识和将要学习知识的联系。说教材具体包括:本节课内容的知识点及其之间的联系,本节课内容的地位、重难点的确立以及确立的依据,增加或者删减的教学内容与理由。此外,还可以说明在教材处理上值得注意和探讨的问题。说教材的要求就是要突出对教材的处理与整合。

(4)说学法。说学法是指针对本节课的特点及教学目标,说明学生的学习方法以及地理教师在课堂上的指导方法。科学的学法指导,可以使学生由“学会”到“会学”,培养学生形成良好的学习习惯和学习方法。地理课的学法,主要包括学习地理感性知识的观察方法,读书的方法,综合分析地理问题的方法,记忆地理知识的方法,读图、绘图的方法,以及处理好“学”、“思”、“用”关系的方法。学法指导可以从教学目标、学生的认知基础和年龄特征、教学方法与教学手段等方面进行说明。说课时虽然学生不在场,不存在师生之间和学生之间的多边活动,但是在说课中要体现以学生为主体,充分调动学生的学习积极性的精神。说课者应说明如何指导学生学习,教给学生什么样的学习方法,培养学生哪些能力;如何调动学生思维的积极性,怎样激发学生学习兴趣;如何指导学生运用有效的学习策略,以及指导学生如何应对学习困境。

(5)说教法。说教法是指说出本节课所选择的各种教学方法、手段,及其优化组合的依据,并说明这些教学方法在教学中的具体实施程序。教学手段的选择,一般应从教学目标、教材内容、学生年龄、学校设备、主要教具的功能等方面做出解释,要说明教师的教法与学生应采用的学法之间的联系。

(6)说教学过程。说教学过程是指概括说出本节课教学过程的设计、安排及其依据,是说课的重点部分。说课者要通过这一过程的分析,表明自己独具匠心、科学严密的教学安排思路。这一点能充分反映出说课教师的教学思想、教学风格和教学艺术。

说教学过程主要包括以下几个方面:一是说明教学过程的总体结构设计,即“起始—过程—结束”的安排。既要有具体步骤的安排,又要有针对性的理论阐述(包括课程标准依据、教育学和心理学依据等)。不仅要说明“教什么”和“怎样教”,还要说明“为什么这样教”。二是重点分析教材展开的逻辑顺序、主要环节、过渡衔接及时间安排。简要说出该节课的各个具体教学环节名称和内容，即在哪个教学环节教哪些知识点，提出哪些问题，布置哪些练习，采用什么教学方法以及时间分配等，并且说出教学过程安排的依据。三是说明如何针对课型特点，在不同教学环节"师与生"、"教与学"、"讲与练"怎样协调统一，要对教学过程做出动态性预测，考虑到可能发生的变化及其对策。

(7)说板书设计。说板书设计是指概括地说明板书整体构思和布局，板图板画显示的位置和时间。要说明这节课的板书类型，必要时可出示整节课的主板书。

(8)说教学反思。作为教学设计的一个环节，可以补充说明其设计的思路，或是进一步说明设计的特点、效果或者不足等，也可以说说自身的体会。

4. 说课、备课、上课的关系

(1)正确理解说课、备课、上课的联系。说课以备课为基础，是对备课成果进行的理论提炼和反思。换言之，说课是从理论高度认识备课，对备课成果进行延伸与升华，是备课得以理论化的深化过程。或者说，说课是教师对教材、教法、学法和教学程序设计进行更为系统的理性思考。

教材分析和学情分析使得教学目标的确定更加合理，对教法学法的精确选择使得教师在兴趣激发、提问策略、思维训练、环节衔接、突出重点及突破难点等方面进行深思熟虑，为引导学生学习、保证学生学会、促进学生会学提供了保证；对教学程序设计的高度重视，推动了备课质量的提高，并提升了上课的质量。因此，说课被视为"对备课的理论反思，对上课的理论准备"。

(2)准确把握说课、备课、上课的区别。备课的对象是学生，写出的教案供教师上课使用，规范教案要列出教学程序的具体内容，写清"教什么"和"怎么教"。上课的对象也是学生，是依据教案、创造性地使用教案进行传授知识、训练技能、培养能力、发展智力和教书育人的教育教学活动。说课的对象是同行教师和教研人员，说课讲稿供教师说课使用。由于听者是同行或专家，有关教学程序的具体内容可做简要介绍，要讲清楚"教什么"、"怎样教"，侧重讲清楚"为什么这样教"(表4–4)。

表4–4 说课和讲课的区别

项目	说 课	讲 课
目的	完善教师知识结构，提高教师教学能力	达到地理教学目标，全面提高学生整体素质
形式	以教师为对象，是面对教师的一项单边活动	以学生为对象，是面对学生的一种双边活动
内容	运用教材及相关教育科学理论	以课程标准为依据，以教材内容为主
评价	以教师整体素质作为评价的标准	以学生的学习效果为重要的评价指标

另外，备课的思维过程是隐性的，侧重教学设计和教案的撰写；说课使教师备课的思维过程显性化，侧重表述备课思路的形成过程及其理论依据的论证过程；上课侧重知识的传授和技能的形成过程，是创造性地运用备课的思维成果的过程。说课重理性和思路，要说透教材，说明教法、学法，说清教学程序设计及其理论依据；上课重感性和实践，侧重教学设计的实施、教学任务的完成、教学信息的反馈和教学效率的提高。

第五节　地理教学形式

中学地理教学形式是中学地理教学内容在一定条件下存在的方式，即教学活动的结构或教学的组织形式。它由中学地理教学的任务和内容所决定，并受教学对象人数、教学时间、空间、教学设备等条件所制约。当前我国中学地理教学形式主要由课堂教学、课外教学和课外活动三种形式组成。

一、地理课堂教学

地理课堂教学是在教室内进行教学活动的教学形式，是学校地理教学活动中最重要也是最基本的组织形式。该形式根据班级教学的组织形式，将学生按照年级分班，每班有固定的学习人数，教师按照排定的课程表在规定时间上课，学生学习同一教材，按一定的组织形式和统一的教学方法进行学习。

（一）地理课堂教学环节

我国目前普遍采用的地理课堂的教学环节一般包括组织教学、检查复习、引入新课、讲授新课、巩固练习和布置作业几个环节。

1. 组织教学

组织教学的主要任务是唤起学生的注意，告诉学生本堂课的学习任务，让学生做好学习的心理准备和物质准备。在教学实践中，通常将一堂课开始的组织教学环节与其他教学活动（如复习提问）合并作为该课的导语或前言，这时可称为“导入新课”环节。组织教学除主要集中出现在一节课的开始外，更多的是分散出现于课堂教学的全过程之中，与其他的教学环节紧密结合在一起，使学生在整堂课中产生浓厚的学习兴趣和强烈的学习需要。

2. 检查复习

是检查、巩固学生已学内容的教学环节。其主要任务是：了解学生掌握学习新内容的知识准备状况，以便加强新旧知识的联系；检查学生对已学知识掌握情况和作业完成情况，从而起到督促学生自觉学习和培养学生按时完成作业的习惯。两种任务既可以单独完成，也可以一起实现。检查复习一般在组织教学后进行，也可以与组织教学合并进行。检查复习的知识要对本堂课的新知识教学有铺垫作用。如果纯粹为了检查复习，则应选取已学内容中的重点和难点知识进行提问。

3. 引入新课

也称导入新课，有时可作为讲授新课的一部分。它的目的在于从旧知到新知，承上启下，过渡自然，并诱发学习兴趣，唤起学习愿望，使新课有良好的开端，并与旧课有机衔接。

4. 讲授新课

是教师指导学生学习、掌握新的地理知识和技能、培养科学的情感态度与价值观的教学环节，它占用的课堂时间最多，也是教学环节中最重要的一个环节。

5. 巩固练习

是巩固复习当堂所教内容的教学环节，主要任务是检查学生掌握新学内容的状况并加强学生对新知识的理解和记忆。巩固练习一般放在新课结束后进行，有时也可插在某个知识点完成时进行，这有利于对新学知识进行及时的复习巩固。

6. 布置作业

是教师向学生宣布和说明课后应完成的学习任务的教学环节。布置作业多是笔试的，也有实践性的。其任务是使学生明确学习活动的目的、内容与要求，以便于学生能独立进行一些学习活动，如复习、预习和完成家庭作业等活动。

随着新的教学改革，又出现了一些新的教学环节。例如，在“六课型单元教学法”的模式中就出现了“启发”、“改错”、“小结”等环节；在“单元导学法”模式中又出现了“应用加深”、“巩固提高”等环节。但是就其根本，这些新教学环节大多数都是具体的教学活动，基本上还是属于以上几个环节的范畴，仅仅是其中的基本步骤或者方法。

需要注意的是，各环节的时间比例要有利于完成重点教学任务。一般情况下，一堂课40分钟，学生的学习有一个“黄金时段”，即每堂课的第5分钟至第25分钟这段时间，学生的注意力容易集中，思维较活跃，记忆效果较好。所以，组织教学与检查复习不超过5分钟为宜，新课教学占据全部“黄金时段”效果最佳。巩固练习一般不超过10分钟，布置作业仅3分钟就足够了。因为教学环节是在课堂教学中完成某一教学任务的相对独立的教学活动单元，所以每个教学环节都应包含一定的教学任务、教学内容、师生活动三个方面。

(二)地理课堂教学类型

根据地理课堂教学任务,地理课堂教学可以分为以下几种类型。

1. 绪论课

又称引论课、导言课。一般安排在新的地理课程开始时。某一章或某一个单元教学开始时,也可安排绪论性教学内容,作为课堂教学的一个环节。

绪论课的主要目的是使学生了解地理学习的目的和意义,地理学习的任务及基本内容,激发地理学习的积极性,指导学生地理学习方法,从而为地理教学引路奠基。绪论课在激发学生地理学习积极性方面有很大的启动作用,不容忽视。但是绪论课的难度较大,必须精心设计,既要深入浅出,又要激发兴趣,最大限度地激起学生学习地理的兴趣。

2. 新授课

新授课是地理课堂教学的常用课型。教学内容新,教学任务重,教学难度较高,其主要任务是讲授新知识为主,一般有复习、讲授新课、当堂复习巩固等环节。对于这类课,学生既感到新鲜,又觉得陌生。应当要求学生课前预习、课堂练习、课后复习,教师要集中精力对重要地理概念和原理进行教学,力求把握关键,避免新课一知半解,造成以后不断"炒夹生饭"的被动局面[1]。

3. 讨论课

这种课一般在教学单元结束后采用。其主要目的是通过广泛讨论,强化对重点和难点知识的认识,进一步激发学生的学习兴趣和交流能力。这类课关键是要充分调动学生的主观能动性,当然教师的引导作用也不能忽视。

4. 自学课

主要是在地理教师的指导下,学生自己阅读、思考和独立作业,完成相应的教学任务。其关键是教师要明确任务,并做针对性引导。

5. 复习课

指以学生对学过的知识进行巩固练习为主的课。它可以安排在每学期期末或者某一阶段学习结束后,以对学生进行系统的知识应用和技能方面的训练。设计练习内容和形式时,应采取灵活多变的方式,以免学生对已学过的知识产生厌倦情绪。

6. 实践课

指在地理教师的指导下,学生通过亲身实践活动,获取地理知识,培养地理

[1] 卞鸿翔,李晴. 地理教学论[M]. 南宁:广西教育出版社,2001:245-246.

能力。这种课型主要包括练习课、观察课、实验课、实习课等。其主要任务是通过学生亲自感知和亲身操作实践,加强学生动脑、动手、动口能力,提高学生的地理技能。实践课普遍受到学生的欢迎,易于激发学生的学习兴趣,但地理教师一定要做好组织工作,避免流于形式。

7. 检测课

通常安排在单元教学结束、期中考试和期末考试时。主要包括测验课、考查课、考核课等。其主要目的在于通过笔试或者口试,检查学生地理学习水平和教学效果,以便于教师总结地理教学经验,发现地理教学中存在的问题,改进地理教学。同时,也为了对学生的地理学习做出恰当的评价,让学生了解自己的学习水平,以便针对存在的问题师生共同努力加以解决。

8. 讲评课

这种课一般安排在学生作业、考试或测验之后。其主要目的是针对学生作业或考试中反映出来的问题进行分析和评价,充分肯定学生的成绩,发现学生错误的原因和失误的根源,指出改进的办法和途径,帮助学生进一步提高学习水平。也可以帮助教师发现自己在教学中存在的问题,改进教学方法和策略,提高教学质量。

(三)地理课堂教学技能

地理课堂教学技能是教师在地理课堂教学中,运用与教学有关的知识与经验,促进学生学习、达到教学目标的一系列有效的行为方式,是智力技能与动作技能的综合体现。地理教学技能可以通过学习认知来获得,并可以在实践中得到提高和发展。一个完整的课堂教学技能系统,包括课堂教学之前的学生分析技能、任务分析技能、目标设计技能,也包括课堂教学过程中的导入技能、讲授技能、调控技能、提问技能、语言技能、板书技能、媒体运用技能以及结课技能等。课堂教学之前的一些技能前面有所论述,下文着重论述地理课堂教学之中的技能。

1. 导入技能

地理课的导入是教师在新的学习内容或新的学习过程开始,以某种适当的方式将学生的注意力和思维指向引入学习活动的行为方式。导入是教学过程中必须存在的环节。具体的导入方法因教师、学生、学习内容而异,种类众多,应用灵活。

(1)复习导入。复习导入是指教师通过引导学生复习已经学过的知识,承上启下,将学生带到新的学习活动中来的方法。这是目前地理课中最常用的导入方式。在设计复习导入时,可以完全由教师叙述式的复习和引入;也可以在教师简要提出复习内容的基础上，提出问题，引出新课；还可以向学生提出复习问题，教师从学生的答案中引出所要讲的内容。复习导入的特点是在一节课开始时，可以兼顾对上节课或以前所学知识的复习和对新知识的引入，强化新旧知识之间的联系，准备起来相对比较容易。

(2)活动导入。活动导入是以学生在课堂上进行各种活动，如读图、观看录像、操作地理学具、讨论等方式，开始一堂课的学习。与复习导入相比，"活动"导入的形式更活泼。由于首先给了学生大量感性材料，让他们一开始就处于主动参与的过程中，这种导入更容易集中学生的注意力，引起他们学习、探索的兴趣，对新知识的学习印象也会更深刻。"活动"的内容和材料可以多种多样，可以把已经学过的知识结合进来，达到联系新旧知识的目的。

(3)生活导入。指教师将现实生活中的具体例子，学生的亲身经历或有教学意义的历史事实、故事等引入教学内容。

(4)直接导入。直接导入即开门见山，不作任何铺垫，一上课就把所要讲的内容扼要介绍给学生。直接导入的方法适合于一个比较完整的学习内容的开始。从学段上看，直接导入对高中学生更合适一些。

由以上导入方式可以看出，大部分导入最终都转入设疑、建立悬念、提出问题，也就是创设问题情境，以激起学生的好奇心和学习欲望。具体应用中，应注意以下几个问题：

第一，导入的目的性和针对性要强。导入方式的选择要紧密结合所讲的教学内容、学生年龄、班级状况等实际情况。导入要达到以学生明确这节课要学习什么内容，这些内容和以前学过的知识以及学生自己的生活有什么关系等目的。

第二，导入要自然。自然导入不会使学生听起来觉得生硬、牵强。为了做到这一点，备课时要善于找到新知识与旧知识联系的结合点，抓住这个结合点进行导入，就有较强的关联性。

第三，导入要有趣味。趣味并不意味着一定要使用故事等趣味教材。只要设计的导入方式具有一定的艺术魅力，在内容和形式上吸引学生，也可以引起学生的兴趣，从而达到导入的目的。

第四，导入要有启发性。导入是启发学生积极思考问题，并从将要学习的知识中获得答案的好机会。在设计导入方式时，尽量使所提的问题起到引导学生思考的作用。

2. 讲授技能

课堂教学讲授技能是指教师运用口头语言向学生传授学科知识和方法，开发智力，进行德育教育的一种教学行为方式。讲授技能包括讲述技能、讲解技能和讲读技能。讲述是教师运用叙述和描述的方法呈现事实过程，该方法侧重于"讲"；讲解是教师运用说明、解释、阐述的方法介绍和表达概念、规律与原理，该方法侧重于"解"。讲读是教师运用讲述、讲解和阅读课文交替进行的方法讲授知识，该方法侧重于"读"。根据地理学科的特点，课堂教学主要运用讲述和讲解方法[1]。

(1)地理课堂讲授应该具有科学性。一方面指地理教师讲授的内容应该准确无误，另一方面指讲授的态度要客观，既要符合地理事实，符合地理学科的特点，还要适合学生的认知思维方式。

(2)地理课堂讲授应该具有系统性。地理教师的讲授应该有严密的逻辑，清晰的条理，充分展示教师的知识结构和系统，使知识的传授环环相扣，以利于学生建构自己的知识体系。一方面，可以通过在内容联系之间设置串联知识的承转和过渡，以明确讲授的思路与知识的联系；另一方面，还可以通过条理清晰的结构式板书来体现讲授的思路和知识的联系。

(3)地理课堂讲授应该具有针对性。它是指教师的讲授不应该脱离教学内容和目标；要针对重点内容和难点内容重点讲解；要针对学生的特点循序渐进，由浅入深，由表及里。

当然，地理课堂的讲授还应该注意学生情感态度与价值观的培养，联系学生的生活实际，注意与学生的情感交流，以及要引导学生举一反三等。

3. 提问技能

地理课堂提问技能是课堂教学中教师根据学生已有的知识和经验，对学生提出问题，通过师生相互作用，促进学生参与学习，使学生获得知识、发展思维、形成观念的一种教学行为方式。它不仅能引发学生的兴趣和注意，还能激发学生思维活动，增进师生的交流，还能及时反馈教学信息。提问是融于教学过程中的一种教学艺术，在应用中包括两方面：问题的设计和问题的提出方式。

(1)提问的类型。根据教学要求，提问可以划分为以下几种类型。

①回忆提问。它是一种用以检查学生已学知识，培养学生记忆能力的课堂教学提问。这类提问只要求学生回忆它们已经学过的知识。

②观察提问。它是以一种用以引导学生观察地图、图片等直观材料中的地理事实，培养学生观察能力的课堂教学提问。

③理解提问。理解提问是一种在回忆、观察提问基础上，加深学生对知识

[1] 陈澄，江晔. 地理课堂教学技能训练[M]. 上海：华东师范大学出版社，2001：42.

的理解，培养学生理解能力的提问。根据提问主要运用的思维方式，又可以分为分析提问、综合提问、判断提问、比较提问、联想提问等。

④运用提问。是指教师为学生提供问题情境，要求学生用已学的地理概念或原理，对问题进行分类、选择，以确定正确答案的提问。该类提问旨在培养学生分析问题、解决问题的能力。

⑤评价提问。它是要求学生用所学到的地理知识去评析地理事物，提出自己的见解，以培养学生评价能力的提问，对学生创造性思维的形成和提高具有积极的作用。

(2)提问应该注意的问题。好的问题应有以下几个特点：①问题明确。要想提问成功，最基本的一点是提出的问题要清楚。教师含糊不清的问题无法得到学生清楚的回答。②问题要适合学生年龄特征和知识结构。问题中如果有学生不懂的词句特别是关键词句，就很难得到满意的答案。③带暗示或答案太简单的问题不宜多问。这类问题往往意义不大，且学生多不动脑，不宜过多使用，以免使学生养成不愿意思考的坏习惯。④问题表述要严谨、简洁。问题表述严谨和简洁，可以使学生很快抓住问题的要点。

提出问题还应注意以下几个方面：①要有停顿。问题提出后，教师应该停顿几秒钟或几十秒钟，给学生思考的时间，而不要提问后马上指名叫学生回答。②避免先叫学生后提问题。提问的目的是为了让全班学生都思考，如果先指定回答的同学，会导致其他学生不再去思考。③一次提的问题不要太多。特别是有一定难度的问题，最好一次只提一个，使学生集中精力把这个问题回答好。④提问要照顾全班各种水平的学生，以促使所有同学都参与思考。

对学生的回答有恰当的反应。教师听了学生的回答后：①对学生的正确回答要给予肯定或赞扬。除了纠正学生的错误回答外，肯定或选择学生的正确回答同样重要。除了肯定，还可以重复一下学生的回答，起到强化的作用。对于某些出乎意料的正确回答及回答问题较少同学的回答，更应及时给予鼓励。②对学生回答中错误的地方要明确指出。除了用简单的语言指出外，还应该具体指出错在哪里，为什么错等。如果不指明错误所在，容易使学生忽略答错的地方。③在学生回答问题的过程中，教师要根据情况随时给以引导和提示。特别是学生回答不出时，教师应给学生以启发，尽量引导学生能正确回答。④在对学生的回答作出反应的过程中，教师要注意语言，如果使用批评语言，以不损害学生自尊心为要。⑤学生回答时，教师不宜中途打断学生的发言，或轻易插话，以免打乱学生的思路。

4. 语言技能

(1)教学语言的基本构成要素主要包括语音、音量、语调、语速等。

①语音。它是语言的基本结构单位,是信息的载体和符号。地理教学对语音的要求是使用普通话,吐字准确。特别要注意地理术语的发音,如“地壳”中的“壳”字。

②音量。地理教学的音量要求是以前排学生听起来不震耳,后排学生听起来不吃力为标准。当教师不得不背向学生或侧向学生时,都应当适当提高音量。

③语调。是指讲话时音量的高低、频率的升降以及声调的抑扬顿挫变化。语调是增强语言生动性、体现语言情感的主要因素。语调的抑扬顿挫承载了教师的情感。一般应该注意以下几点:一是在讲解重点、难点和问题的承转处,语调要高些,以引起学生的注意和思考。二是在提问时,运用句尾语调由低到高的升调。在陈述时,运用句尾语调先高后低的降调或者句尾调平直的平调句。三是通过重轻音的变化来突出、加强某些内容,以引起学生的注意和重视。

④语速。地理课堂教学的语速一般为每分钟200至250字为宜。一方面,讲解性的内容以及讲解重难点时,语速要慢一些,而对于描述性的内容和非重难点的内容时,语速可以快一些。另一方面,对于低年级的学生,语速要慢一些,中间停顿的时间和次数要略多一些,对于高年级的学生语速可以相对快一些。

(2)地理教学语言的要求。地理教学语言的一般要求:一是准确流畅。地理课堂教学所使用的语言要科学、准确,同时语句表达要连贯流畅。二是清晰严密。即讲课的思路要清晰,逻辑性要强。三是要突出重点。即要运用停顿和变换声调等语言节奏的变化、不同措词的重复、组织提问、提供正反例证等方式,使学生抓住主要问题。

当然,不同的教学环节对教学语言的要求也不一样。例如,对于导入的语言就特别要求形象、生动和富有感染力。

5. 板书、板图、板画技能

地理课堂教学中的板书、板图、板画是一个优秀地理教师营造地理教学情境的“武器”。即使在多媒体辅助地理教学装备设施比较完善的条件下,“三板”教学在地理教学中仍然具有“锦上添花”的作用。

(1)板书技能。根据地理课堂教学中的作用,板书可以分为主板书和副板书。主板书也叫基本板书和中心板书,它是体现地理教学目的与教学内容内在联系的重点、难点和中心、关键的板书,是能反映地理教学内容结构及其表现形式的板书。主板书是整个课堂板书的骨架，一般保留于课堂教学的全过程。副板书也叫辅助板书，也是反映地理教学内容中有关词语、词义和例句的板书，是提示有关零散知识的板书，是根据课堂教学需要，根据学生反馈随机出现的板书。副板书是课堂教学的血肉，是对主板书的具体补充或辅助说明，一般随课堂教学进程的发展随写随擦。

(2)板图板画技能。地理教学板图板画是指地理教师在教学过程中，凭借记忆和熟练技巧，用各色粉笔和简练的笔法，随课堂教学的进程，在黑板上边讲边绘的地图、示意图和地理板画等。地理板图板画一般求其简易，取其形似，不计细节，旨在抓住特点，突出重点，说明问题。它是地理教学中常用的、独具风格的教学手段。

板图板画具有以下特点：一是简便实用。地理教学挂图内容过多，主题不够突出。板图以简单的笔画，按需简化，内容切中要点，一目了然。黑板略图勾画简单，简化时突出讲授的对象。二是用笔简练，绘制迅速。地理板图板画笔法简练，舍去繁杂，绘画迅速，以快取胜，使边讲边绘成为可能。三是讲绘同步，印象深刻。课堂板图板画，边讲边绘，可使讲授的内容具体化、形象化，使精练的语言描述与形象的勾画协调统一，能使学生在观察中获得准确的地理分布知识和具体的地理观念，收到事半功倍的效果。四是讲练结合，发展能力。地理板图板画简练易仿，学生模仿绘画略图，可以巩固知识，加深了解和记忆，培养技能；板图板画有利于图示影响地理特征的地理要素，启发诱导学生进行综合分析，发展学生智力[1]。

板图板画具体要求：一是科学性，不能出现科学性错误。二是地理性，即要围绕地理教材中的重点、难点、疑点和关键。三是简笔性，即尽量降低作图难度，节省时间，力求简便、实用、高效。四是美观性，即要考虑色彩的不同属性。如在以黑板为背景时，应尽量少用青色、紫色。

6. 组织调控技能

良好的课堂组织和调控是上好一堂地理课的保障。地理教师的组织技能分为管理性组织教学技能和指导性组织教学技能。前者是指地理教师在课堂教学中，引导学生遵守课堂纪律，维持课堂秩序，建立和谐教学环境的过程中所表现出来的教育管理技能。后者是指教师在课堂教学中，引导学生学习知识，参与教学活动的过程中所表现出来的知识传授技能。包括组织学生听讲、观察、讨论交流、课堂自学、课堂练习、课堂辩论、课堂游戏等。

[1] 段玉山. 地理新课程课堂教学技能[M]. 北京：高等教育出版社，2003：142.

地理课堂调控技能包括语音的变化与停顿、目光效应、面部表情、头部动作、手势以及身体的移动等。

地理课堂的组织调控,要注意方式与时机,要注意言传身教,不要对学生求全责备,要面向全体学生。

7. 现代媒体运用技能

地理课堂教学现代媒体又叫电子技术媒体,主要分为以下四类:第一类是电声类地理教学媒体,包括录音、扩音机及相应的教学软件;第二类是电光类地理教学媒体,包括幻灯机、普通投影仪、实物投影仪以及相应的教学软件;第三类是影视类地理教学媒体,包括电影放映机、电视机、录放像机、视盘教学机、闭路电视系统、广播电视系统、卫星电视系统等以及相应的教学软件;第四类是计算机类地理教学媒体。

8. 结课技能

结课技能是指地理教师在完成一堂课的教学任务时,通过熟练运用概括、强化、训练、实践等方式,对所教的地理知识和技能予以系统化和条理化,以促进学生知识内化的一种教学行为方式。地理结课主要起着总结归纳知识、及时巩固知识、获得反馈结果以及诱发学习积极性等作用。

结课基本要求:一是系统性。即教师的小结能深化重要的地理事实、概念和原理,将知识点串成线,由线成网,帮助学生形成完整的知识结构。二是持续性。传统教学理论侧重于课时的巩固性,而新课程更应该注重结课时的可持续性,即结课不是课堂教学的终结,而是新教学的起点,更加重视学生知识的深化、思维的延伸、能力的发展和素质的提高。三是灵活性。既要水到渠成,又要形式多样。四是简练性。即语言简洁,画龙点睛[1]。

二、地理课外活动

新课程倡导学生“学习生活中的地理”,增强学生分析问题与解决问题的能力,强调开展地理实践活动。

(一)地理课外活动的定义

学校的“地理活动”有广义和狭义之分。广义的“地理活动”既包括“教师‘教’和学生‘学’的统一活动”,又包括课堂教学以及课外、校外、野外的其他地理教学活动。狭义的“地理活动”主要是指课堂教学以外的、教师指导学生进行的各种有关地理学科的课外、校外、野外学习活动。

[1] 段玉山. 地理新课程课堂教学技能[M]. 北京:高等教育出版社,2003:201.

地理活动是课堂教学的延展和补充，能使学生获得直接经验，提高学生学习兴趣，对提高地理教学质量、实现地理教学目的具有特殊的作用。虽然课堂教学目前仍然是世界各国学校教学活动的重要形式，但是课外、校外、野外的地理活动的重要性已日益受到人们的重视，有些国家或地区制定的课程标准将地理活动列入正式课程，专门开设地理活动课。

（二）地理课外活动的功能

1. 增强课堂教学效果，扩大学生知识领域

开展地理活动，能够巩固学生在地理课堂中学到的地理知识和技能，同时也能拓展学习地理知识的领域。

地理活动有两种组织形式：一种是与地理课堂教学内容有关的、全班学生都应参加的野外观察、地理调查或参观活动。地理教学要使学生认识人类赖以生存的地理环境及其与人类活动的关系，而学生通过课外的考察和调查，获得对周围地理环境及其与人类活动之间关系的理解与体验，要比课堂上通过听讲、阅读所获得的认识要深刻得多，情感体验也更加深化。另一种是根据条件和学生的爱好进行的活动。一些学生在课堂上感到不满足，因此地理教师要积极创造条件，让学生从各种课外活动中开阔视野，扩大知识领域，接触和了解更多的地理事物和现象。可见，从内容上看，这些地理活动既是地理课堂教学内容的实践再现，会起到强化作用，又是对地理课堂教学内容的补充和深化，丰富了地理教育的内容。

2. 注意发展个性，体现因材施教

在课外实践活动中，由于是在教师指导下由学生自己开展阅读、观察、制作和探索研究，因而能最大限度地表现每个参加者的聪明才智，发挥每个人的专长。由于课外活动的内容不同，组织形式多样，可以充分照顾不同学生的兴趣爱好，可以让他们参加不同的兴趣小组活动，也可以由老师进行个别指导，使具有不同特长的学生的才能得到充分展示。教师可以按照因材施教的原则，通过组织不同的活动来充分发展学生的个性，满足不同程度和不同特长的学生对地理知识的要求。

3. 密切关注社会生活，培养各种地理能力

地理活动为培养和发展学生智能提供了丰富的内容、广阔的空间和实践的场所，能与地理课堂教学密切结合，培养学生的各种地理能力。

（1）实践操作技能培养。许多地理现象可以通过描述来掌握，大量的地理问题还需要运用一定的技术手段对地理环境进行观察、分析、推理、判断，才能把握各种地理问题的因果关系及其内在规律性。在这些过程中，不仅能培养学

生的地理实践操作技能，而且可以培养他们独立工作的能力，通过“过程和方法”获取技能。

(2)丰富地理表象，培养观察力。通过对自然地理现象、人文地理现象的观察，培养观察力，极大地丰富了学生的地理表象和地理感性知识，也为地理理性知识的学习打下坚实的基础。

(3)联系实际，培养创造性思维能力。地理活动能接触到一些较地理课本知识复杂的地理问题，为学生提供了发散性思维的现实素材，有利于培养学生的创造性思维能力。

(4)学用结合，培养知识迁移的能力。地理活动中，涉及的知识覆盖面大，容量大。许多自然现象和社会现象往往要从多学科、多侧面、多角度观察和思考，有利于培养学生学用结合、知识迁移的能力。

4. 激发学生的学习兴趣，培养非智力因素

现代教育理论认为，学生的学习成绩并不完全由智力因素单方面所决定，而是在智力因素和非智力因素互相影响并在其统一和相互制约的发展过程中取得的。非智力因素能促进智力的发展。心理学认为，兴趣、动机、意志、情感、性格、气质等是构成心理品质的非智力因素。开展地理活动，有利于促进学生非智力因素的健康发展。

(1)激发兴趣。根据中学生的年龄特征和心理特点开展地理活动，让学生接触丰富多彩的自然和社会，无疑能引起他们的好奇心，能培养他们多方面的兴趣和爱好，发展他们的个性。

(2)锻炼意志。开拓和进取精神是现代人从事创造活动所必须具备的优良品质。开拓和进取精神与人的意志品质密切相关。意志是支配行为以达到预期目标的有意识的心理品质，意志力的培养总是和克服困难相联系。在地理活动的开展中，学生往往会面临许多困难。在完成这些任务的过程中，学生的身心得到了锻炼，意志的自觉性、自制性、坚毅性会逐渐走向成熟，从而形成良好的意志品质。

(3)完善人格。地理活动与社会实践密切联系，学生通过各种方式获得知识，也培养了能力。在活动中，学生之间会有很多相互交流和合作的机会，他们的思想观念可以经常互相碰撞、融合、共振，形成一个动态的群体，培养了学生之间友好相处、乐群外向的性格。在校外活动中，学生与社会成员暂时结成一种实践性的友好关系，有利于培养学生与他人合作共事的能力、组织管理能力和社会交往能力，优秀的社会成员所显示的人格力量会在学生的心灵深处打下烙印。

(三)地理课外活动基本形式

1.地理观察观测活动

地理观察观测活动主要包括气象观测、地震观测、天象观测、野外地形观察、土壤及天然植被观察等。地理观察观测活动是学生深入了解地理环境及其发展变化规律的重要手段,是发展学生地理智能、培养他们科学研究能力的重要途径,对培养他们树立辩证唯物主义世界观,以及献身科学事业的精神有重要意义。

(1)气象观测。气象观测首先要建立观测场,包括场地选择、仪器设置等问题。选择位置的原则是:在这一位置观测到的气象要素能反映这一地区的平均情况,资料具有代表性和能与其他地方具有对比性,场地空旷平坦。仪器安装按照北高南低、互不影响的原则,依次安置在场内。

气象观测的内容可参照我国气象工作的统一规定,结合学校作息制度,按规定的时间观测并记录,主要包括气温、湿度、气压、风、云、降水等以及天象、物象状况的观测。

气象观测的方法。教师要先给学生讲解气象观测仪器的结构和性能,观察和记录的方法,并给予示范和写出操作规程。一般应要求学生严格遵守观测时间。气象要素观测顺序为云状、云量、风向、风速、气温、温度、气压、降水以及天象、物候观测。观测时注意做好记录。此外,还应注意收集和分析天气谚语。

补充天气预报,其步骤如下:①按时收看中央电视台气象节目,观看卫星云图和天气形势图,收听并记录中央、本省(区、市)或邻省(区、市)气象台天气形势广播,并绘制成简易天气图,了解天气变化趋势。②按本校气象园观测到的实测记录,分析研究当地天气变化的实际情况,并参照当时天象、物象变化和有关天气谚语,进行认真讨论,确定本地区今、明两天的天气发展趋势,最后确定补充天气预报,由值班员发布天气预报。补充天气预报发布后要有检查,作出分析,记载成败原因,不断总结,提高准确率。

(2)天文观测。天文观测内容十分丰富,可组织学生观察大行星、北极星、著名星座、月食、日食等天文现象,以及开展测定当地经度、纬度的活动。教师组织学生进行天文观测时,要注意做好组织工作,提出观测的目的和要求,拟好观测的程序和项目,准备好观测用具和记录表格,说明注意事项等。

天文观测方法。①大行星观察。太阳系行星绕太阳公转,它们在天空中的相对位置会产生明显变化。大行星的公转轨道与太阳赤道平面十分接近,总是出现在黄道附近。晴夜观测,行星的光芒看上去稳定而不闪烁,相对位置又在不断变动,较容易辨识。观测时要注意各大行星的特点。②星座观测。观测星座要结合星空图观测。观测前应回忆星座概念,熟悉星空图及其使用方法。要根据实际选好适用于本地当时观测的星图,选择好观测位置,并选择在晴朗无云的夜晚进行。观测时可用电筒光束指向观测辨认的星座。认识星座一般方法是认识各星座的亮星所构成的图形。开始时可先认识几个最突出又易认的星座。观测时,教师可穿插讲述一些神话故事及星座名称来历,并加以科学解释,以提高学生兴趣。③日食和月食观测。观察日食前,应简明通俗地介绍一下日食发生的原因,观察日食的意义,观察工具的制作方法。观察日食时应注意保护好眼睛,并做好观察记录。观察月食,应先讲解月食发生的原因和观察月食的意义。无论是集体还是分散观察,都应要求学生做好观察记录,并作为资料保存好。④当地经纬度测定。在北半球,利用斜度测角器,在晴夜对准北极星,所测得的北极星的高度角就是当地的地理纬度的约数。在北回归线以北地区可利用日影杆来测定经度。

结合"嫦娥"奔月、"玉兔"落月,观察月亮,介绍我国探月工程,宣传我国科学工作者自主创新精神,具有重要意义。

(3)地震观测。包括地震仪器测报和地震前兆现象测报。

地震仪器测报。测报地震的仪器很多,如简易地电仪、地磁测量仪、地下水自动记录仪、地倾斜测量仪等。

地震前兆现象测报。地震发生前,地理环境中的某些成分会发生变异,被称为地震前兆。可以通过观测这些现象来预报地震。记录后还要认真分析,排除非地震因素引起的异常,作出测报结论。此外,还可以通过观测动物和植物的异常表现,加以认真分析,并结合仪器观测来进行预测。

(4)地理野外观察观测。地理野外观察可以使学生认识家乡地理环境的主要特征及其形成原因,了解家乡劳动人民利用自然、改造自然和保护自然的概况,初步学会地理野外观察的基本技能,并通过理论联系实际,进一步加深对地理知识的理解,从中也能受到生动活泼的思想教育。地理野外观察的主要内容有观察地形、地质、水文、土壤、天然植被、土地利用状况等。

地形观察。主要进行的是形态观察和地形的组成物质观察。前者指观察地形的类型,后者指观察地形的组成物质。通过对地形形态和组成物质的观察,可以进一步分析内、外营力之间的关系,分析地形及其组成物质对人类活动的影响,分析人类活动对地形的影响等。

土壤和天然植被观察。对土壤的观察主要是对成土母质、土壤类型、土壤质量、土壤酸碱度的观察。通过土壤观察,可了解当地人民是怎样利用和改良土壤的。对天然植被的观察,主要是指对草本、灌木、乔木、阔叶、针叶、常绿、夏绿等植被形态和种类的观察。通过观察，可认识家乡天然植被的主要特征。

土地利用状况观察。农村中学的学生可以观察本地主要的农作物、耕作制度、生产情况，了解林地、园艺业、畜牧业、水产业的用地比重等；城镇中学可以通过城市土地利用规划图或航空卫片等观察工厂、居民区、仓储、市政设施、旅游用地、交通用地状况及其他各种用地比重。

2. 教具制作

主要指制作地理饰物、模型，增强学生动手实践能力的教学实践活动。制作教具不仅能为学校增添各种教具，加强地理直观教学的手段，而且能培养学生的动手动脑能力，发挥创造精神。如岩石、矿物、土壤等地理标本的采集制作，简易地球仪、天球仪等模型制作，地理研究性学习成果多媒体演示文稿的制作等。

3. 乡土地理调查

乡土地理调查的目的，重点是使学生通过调查实践，认识家乡工农业生产的优势和不足，了解家乡人口、资源、环境的发展和利用状况，树立正确的人口观、资源观、环境观，并从中培养地理能力。

乡土地理调查的内容主要有环境质量调查、社区人口状况调查、工农业生产条件与布局调查、市政建设调查、市场调查、资源开发利用与保护调查、环境承载力与潜力调查等。乡土地理调查是一项头绪纷繁的工作。地理教师应具有比较扎实的地理专业知识，有开展乡土地理研究的能力，以及野外工作、室内整理和分析资料、撰写文字说明、绘制图表的能力。此外，还应具有较强的组织能力。根据有关条件，确定了乡土地理调查项目后，可由教师和学生共同研究，在调查活动进行前制定出调查方案。

(1)环境质量调查。环境范围十分广泛，环境质量调查涉及的内容很多。如环境污染状况的调查、评价与治理，各种自然灾害和地方病的调查与治理方案设计，生态农业系统的观察与调查，自然保护区及珍稀濒危物种的调查等。

(2)社区人口调查。人口问题是我国也是世界性的问题之一。通过对社区的人口调查，可使学生认识人口问题的种种表现，加深对我国人口政策的理解。社区人口调查的主要内容包括人口总数、性别构成、年龄构成(包括出生率、死亡率、自然增长率)、文化构成、职业构成，此外还有家庭数量、每户人口数等具有特殊研究用途的调查项目。

(3)农业生产状况调查。我国农村地域辽阔，农村中学的一部分学生将来仍要在家乡从事生产，为建设家乡贡献力量。在地理活动中，开展乡土调查，了解当地农业生产的基本状况，不仅会丰富和拓展学生的地理知识，而且可结合调查对学生进行思想教育。我国各地农村地域差异大,在设计调查内容和要求时,应注意结合当地农业生产的特点。

(4)水污染调查。随着现代工农业生产的发展,一方面对水的需求量增大,另一方面对水的污染也日益严重。水是人类赖以生存的基础,水资源却很有限,要认识到保护水资源十分重要。污染源、排放量、污染强度等,都是水污染调查的主要内容。

4. 地理课外阅读与写作

(1)地理课外阅读。科学技术的不断发展,使人类对地理环境的影响不断加剧,也给地理科学研究不断提出了新的课题。地理科学新成就不断涌现,地理课本知识已不能满足一些爱好地理科学的学生的求知欲。组织学生开展地理课外阅读活动,可以加深和扩大学生的地理知识领域,也有助于提高学生的阅读能力。

指导学生进行地理课外阅读,首先,教师可根据学生需求状况,按学生不同的水平层次组成若干地理课外阅读小组;其次,向学生推荐适合学生课外阅读的地理知识读物;最后,根据图书资料条件,有选择地分时段提出一些阅读专题,使阅读活动系统化和层次化。为了提高阅读质量,教师可以提出阅读要求,并对做得较好的学生给予一定的奖励。

(2)地理写作活动。地理写作活动就是地理教师指导学生撰写地理小论文。开展地理写作活动,不仅可以调动学生深入学习地理、钻研地理科学的积极性,促使他们细心观察地理事物和地理现象的本质和规律,锻炼地理思维能力和研究能力,提高写作水平,而且有利于培养他们科学研究的意志和毅力,发扬创造精神。

教师指导工作大体上包括指导选择论题、指导搜集资料、指导写作和修改以及论文宣读与答辩等相互联系的几个方面。

5. 地理竞技活动

地理竞技活动包括地理知识智力竞赛和地理技能技巧活动。这类活动具有知识性、增智性、技巧性和一定的竞争性,可为学生提供自我设计、自我表现和获得成功的机会,不仅可以激发学生学习地理的兴趣,扩大其知识面,而且还可以使他们受到爱国主义、集体主义教育。这类活动的开展在时间上和参加对象上可视具体情况灵活安排。

(1)地理知识智力竞赛。主要包括地理知识竞赛,如国情知识竞赛、环境知识竞赛、交通知识竞赛、乡情地理知识竞赛等。地理知识演讲比赛,比如确定某个专题,让参赛学生围绕主题在规定的时间内完成演讲。学生地理报告会,可事先让少数学生作充分准备，经过教师指导，学生写出书面讲稿，然后给全体学生作地理报告。组织地理知识竞赛，首先要注意命好竞赛试题，其次要制定竞赛办法、评分标准和竞赛规则。竞赛开始时，由教师宣布有关事项，公平竞赛。最后公布竞赛结果，奖励优胜者，为今后开展类似活动打好基础。

（2）地理技能技巧活动。这类活动主要是指导学生动手制作，培养他们的技能技巧，也可以采用竞赛的办法举行。主要有地理模型的制作，如制作地形模型、景观模型等；地理简易教具制作，如用乒乓球做小地球仪，用硬纸板做星图与时区转盘等；地理标本的制作等。这些活动不仅能促使学生对地理科学知识的理解，培养学生的智能技能，而且有的还需要付出艰苦的劳动，会使学生感到劳动的价值，对培养学生的劳动观点有重要作用。

6. 旅游与参观

（1）旅游观光。旅游观光包括远距离旅行和近距离游览两种情况。前者一般要利用寒暑假进行，目的地通常是国内的著名城镇、少数民族村、名山大川和革命纪念地；后者则利用节假日即可，游览地点通常为本市（县）及其附近的名胜古迹、山水景物、革命纪念地、民族风情村等。教师在学生旅游出发前应向全体参加者讲清这次旅游的目的、意义，介绍相关的地理知识和安全防范意识，并要求学生沿途注意收集资料（游览图、导游书刊、风光图片、自己拍摄的风光照片等）和标本，做好旅行观察记录。回校后应将资料和标本加以整理，并根据自己的记录进行总结，通过学做小论文、或在全校举行报告会、或举办图片展览等形式，进行宣传汇报。

（2）参观访问。参观访问的目标通常较为明确，与调查研究相比，被参观对象的范围一般比较小，因此往往只需半天、最多一天即可返校。参观与地理学科有关的单位，如天文台、气象台、水文站、水土保持站、地震台、环境监测站、植物园、动物园、野生动物饲养场、各类博物馆和陈列馆等，可以扩大知识面，并了解这些单位人员的工作和研究的情况；参观各种展览会，如经济建设成就展览会、水利建设成就展览会、商品展销会等，能了解当地或全国经济发展和改造自然的情况；访问当地与地理内容有关的专家学者、英雄模范和特殊工作人员，如地质学者、地理学者、旅行家、环保专家、水利专家、青藏高原或南极考察队员、海员、华侨、出国人员、治山治水英模等，能了解有关地理知识，并向他们学习勤奋治学或创业的精神。

参观访问通常都要有明确的目的和要求，事先做好各种准备，如与参观单位或被访问者联系预约，说明参观的项目或访问内容，拟出参观访问的提纲，安排好往返交通工具等。在参观访问中，要注意做好记录或录像、摄影。此外，还要求学生注意遵守被参观单位的有关规定和纪律，尊重被访问者的爱好、习惯和意愿[1]。

7. 其他地理活动

(1)地理专题讲座。地理教师组织地理专题讲座，在规模上可以年级为单位，也可面向全校学生。地理专题讲座的内容可选择与当时形势结合紧密的时事政治地理，或选择国家一些重大建设工程，谈谈这些工程项目具备的地理条件、建设规模及其意义等。也可选择在课本中内容比较简略，但与生产、生活密切相关，应用频率大的某些地理专题知识。开展地理专题讲座之前，要认真收集资料，作好充分准备，讲解要通俗易懂、生动有趣，每次时间不宜过长。

(2)地理墙报。地理墙报题材广泛，利用它可以及时向全校师生员工宣传和普及地理知识，尤其是重大时事政治地理知识；也可结合地理课堂教学开辟专栏，扩大学生的知识面，如祖国地理新貌，重大工程项目的建设，以及各地风土人情和世界地理趣闻等。地理墙报表现形式多样，如地理图片、地理谜语、地理短文等。通过组织编辑地理墙报，可培养学生独立工作能力，增强学生对地理科学的爱好，并从中受到思想教育。

(3)地理游戏。地理游戏是融知识性、地理性、娱乐性于一体的一种地理课外活动，可以使学生提高学生兴趣，增进地理知识，丰富学习生活。地理游戏活动的内容丰富，形式也可灵活多样，尤其是在计算机逐渐普及的时代，利用多媒体计算机设计地理游戏，能极大地激发学生的学习兴趣。具体方式有地理谜语、地理拼板、漫游祖国游戏等。另外，还可以组织演唱反映地理风情的民歌，朗诵歌颂祖国壮丽河山的诗歌，以及表演含有地理知识的相声等游艺活动[2]。

(四)地理课外活动的教学

地理活动课作为地理课程体系的子系统，对学生的思想品德和地理能力的发展，地理知识、技能的提高都具有特殊重要的意义。但是，由于地理活动受到时间、地点、环境条件等多种因素的限制，在开展地理活动之前应当先策划好，以利于地理活动的顺利进行。搞好地理活动的策划应从以下四方面入手。

1. 弄清地理活动的类型

地理活动大致可以分为以下四类：一是地理课外活动小组——在教师指导下由学生中的地理爱好者所组成的学术性活动团体。如气象小组、环保监测小组等。二是地理科学普及活动——在教师指导下由学生中的地理活动积极分子开展的地理教育宣传活动。三是地理课外群众活动——在教师指导下由学

[1] 卞鸿翔，李晴. 地理教学论[M]. 南宁：广西教育出版社，2001：281.

[2] 陈澄. 地理教学论[M]. 上海：上海教育出版社，1999：264-294.

生自己组织、广大学生参加的地理群众性活动。四是地理参观活动——由教师组织的学生自愿参加的各种参观活动,包括参观与地理教学有关的各种展览、博物馆以及其他科研机构。

2. 弄清地理活动的目的

要进行地理活动,首先必须具备明确的目的。目的是地理活动的第一构成要素。地理活动的日的在总体上受地理教育目的的制约,反映我国的教育性质和方向。

在具体做法上,要完成以下几方面的任务:一是认真研究学生目前的状况,主要包括学生当前的需要、当前的兴趣和当前的发展水平。学生的需要和兴趣是确立地理活动直接信息来源。了解学生目前发展水平方面的信息,可使地理活动的目标更为可靠可行。二是认真研究社会现实生活。首先,地理活动的本质特征规定了它的目的与社会现实生活密切相关,从现实生活所获得的信息是地理活动目的的重要来源。其次,社会生活总是不断地变化着,研究社会现实生活可以保证学生学到具有现实意义的东西。最后,现实生活中的很多生活情境与地理活动所要求的学习情境有一定的相似性,使学生更容易开展学习。三是认真研究地理课程的不足。地理活动课与地理课程是学校课程的重要组成部分,它们各自具有不同的功能。研究地理学科课程在哪些方面不利于学生的发展,地理活动课是否可以在这些方面弥补其不足,并且这种弥补工作是其他方式所不可代替的,从中就可以发现地理活动课的目的。

3. 确定地理活动的内容

活动课的内容主要指学生的直接经验和即时信息,包括学生在活动课中所获得的感性知识、能力以及非智力因素等。

地理活动的内容主要有三大来源:一是源于学生的需要、兴趣、爱好和特长。为确认这种来源的合理性,有必要认真了解学生发展阶段的身心发展特征。根据这些特征,向学生提供不同的教育性经验。二是源于社会现实生活。社会现实生活中总会出现这样那样的地理问题,如环境污染、人口膨胀等,地理活动可以以这些问题为主题安排活动。三是源于学科知识,以巩固、验证、拓宽地理知识的教育性经验为地理活动的内容。

4. 选择活动课的方法

地理活动的方法是地理活动目的实现的手段,也是地理活动内容发挥作用的必要保证。地理活动的方法主要包括两个方面:其一是地理活动内容的组织方法;其二是地理活动的教学方法。地理活动内容的组织方法可以按时间序列进行设计。地理活动的教学方法及形式有设计教学、情境教学、合作互助教学、活动导学法等。

(五)地理活动的组织

地理活动是开放的教学系统,在空间上具有广阔性,在时间上具有持续性、集中性、分散性、周期性,在活动的主体上具有群众性、个体性,在活动的客体上具有多样性、复杂性,在活动的过程上又有活动前、活动中、活动后的不同特点和要求。因此,地理活动组织得好坏,关系到地理活动能否顺利开展和质量高低。一般地理活动有如下组织方法。

1. 常年性活动与临时性活动的组织方法

常年性活动组织:可从学校内外条件出发,分年级或分学年、学期进行整体安排。一般分专题设计,每周或每天定时活动。常年性活动在时间上具有持续性、稳定性、周期性特点,人数规模不宜过大。参加者在有兴趣爱好的基础上,还要有一定的意志力和自觉性。采取自愿报名,加强目的性教育,并要制定活动章程和管理办法。根据活动需要,可一期或一年调整一次人员。

临时性活动组织:不定期开展的地理活动,在时间上具有临时性的特点。在参与对象上往往具有群众性,参加人数多、规模大,而活动的时间较短,因此组织工作要周密细致,资料和设备要充分准备。

2. 地理活动过程的组织方法

地理活动受校内外诸多因素的影响较大,在活动空间上可以有多种选择,在活动时间上又具有不稳定性,因此,地理活动必须按一定的计划方案进行,避免放任自流。地理活动的计划方案,实际上就是地理活动过程的组织,一般包括活动目的、活动组织、活动内容及其程序安排、活动日程、活动方法、活动成果与处理等。

思考与练习

1. 教学理念与教学思想、教学理论、教学实践有什么关系?

2. 结合地理教学实际,谈谈如何落实新课程的教学理念。

3. 如何理解教学相长?

4. 如何理解“学生为主体,教师为主导”?

5. 地理教学过程由哪些要素组成? 地理教学过程有哪些特点?

6. 如何优化地理教学过程?

7. 有人认为,培养地理学习兴趣就是地理教学的目的之一;还有人认为,培养地理学习兴趣只是完成地理教学的手段。你怎样看?

8. 在地理学习当中,面对地理学科不感兴趣的学生,如何激发他们的学习动机？

9. 如何有效促进学生地理知识的理解和巩固？

10. 查阅相关资料，比较地理教案和地理学案的区别。

11. 选择一个课题，写一份教案，然后就同一个课题写一份说课稿，比较一下二者的区别。

12. 你觉得说课把教法与学法分开来说有道理吗？怎样使“说学法”和“说教法”既言之有别又言之有理？

13. 地理教学环节有哪些？各个环节应该注意哪些问题？

14. 2004年国家颁布了《中小学教师教育技术能力标准》，2012年颁布了《中学教师专业标准(试行)》，认真研究它们，尝试制定一份地理教师的能力标准。

15. 地理课堂教学技能有哪些？你觉得哪些方面是你的优势技能？如何在教学中发挥你的优势技能？

16. 地理课外活动有哪些类型？

第五章　地理教学方法

地理教学方法是地理教学论研究的核心内容之一。本章主要从地理教学模式、地理教学方法、地理教学媒体等几方面，探讨地理教学方法论的核心问题。

第一节　地理教学模式

地理教学模式研究是地理教学方法论研究的较高层次，对地理教学方法的研究有指导作用。

一、地理教学模式的含义

教学模式既可以从教学实践中概括、归纳和总结提炼出来，也可以在一定的理论指导下，先提出假设，再经过实践检验，修改完善而成。因此，教学模式是教学经验的理论概括，或是一定教学理论的实践体现。

地理教学模式是在一定的教育思想、教学理论、学习理论的指导下建立起来的比较稳定的地理教学结构、教学程序以及实施地理教学方法的教学策略体系。

二、地理教学模式的组成

一个完整的地理教学模式应该包含理论基础、教学目标、操作程序、实现条件和评价五个因素。

理论基础是指教学模式所依据的教学理论或教学思想。模式就是相应的教学理论在教学实践中的概括形式和可操作程序。

教学目标是指教学模式所能达到的教学结果，即能够在学习者身上预期达到的效果。不同的教学模式总是为某种教学目标设计的，而不是完全通用的。教学目标是教学模式的核心，制约着其他要素。

操作程序是指教学活动的环节、步骤以及每个步骤的具体操作方法。当然,这种程序并不是一成不变的。

实现条件(手段和策略)是为了发挥教学模式的效力,教师在运用教学模式时必须对各种教学条件进行优化组合,遵循一定的原则,采用一定的方法和技巧。实现条件包括学生、教师、教学内容、教学手段、教学场所和设备、教学时间和空间等。

由于每种教学模式有自己适用的条件和教学目标,因此,其评价的标准和方法也会有所不同。

三、地理教学模式的类型

地理教学模式类型多样,采用不同的分类标准,便有不同的类型。根据教师对课程内容和学生活动的控制程度,地理教学模式可分为封闭型、引导型和开放型三大类。

(一)封闭型教学模式

封闭型教学模式的基本特点:教学内容完全由教师决定,学生不能自主选择;教学重点是具有"权威性"的知识和技能,学习标准简化而单一,对学生实行完全统一的要求;学生以被动接受为主,思维和理解较缺乏;教学过程依据严格规范的程序进行,追求唯一的结论;教学方法主要有教师讲解、学生笔记、个人练习、定期考试等。

教学过程大体分为"教师提出问题—教师提供并分析资料—教师解释资料并讲解、学生听讲—教师概括内容、给出结论—学生接受结论"几个步骤。整个过程由教师控制,学生提出质疑较少。

(二)引导型教学模式

引导型教学模式的基本特点:教师围绕教学内容规定学习主题、参考资料,并明确学习范围及标准;教学重点是学生在教师的引导下,根据已有经验筛选和分析资料;在教学过程中师生共同探究,提出假设,进行验证,但教师要引导学生按合理的步骤进行学习,始终引导学生向预期的目标和标准接近;教学方法主要有教师讲解、学生讨论并得出结论、小组学习和个别学习相结合等。

教学过程大体分为"师生共同明确问题,激发学生提出问题—教师提供不同视角的资料,引导学生分析鉴别—师生共同研究分析鉴别资料的方法,由学生选择方法—学生自己得出结论,教师鼓励多种解释"几个步骤。整个过程由教师引导学生掌控建构知识结构的方法,鼓励学生自己做出选择与判断。

(三)开放型教学模式

开放型教学模式的基本特点:师生共同讨论教学过程要点,决定学习进程;教学重点是让学生寻求合理的解释及说明依据,教师充分肯定学生的想法;学生可以对目标和方法提出批判性的探讨,并可以提出自己的构想和标准;教学过程中始终将学生置于重点位置;教学方法有小组讨论、全班讨论、学生设计、学生阐述、自我评估等。

教学过程大体分为"在教师指导下,学生自己决定要调查解决的问题和内容—在教师帮助下,学生从校内外获取资料—师生商讨学习和研究方法,进行方法的筛选—学生自己得出结论,进行检验评估"几个步骤。整个过程始终由教师鼓励学生研究其感兴趣的问题[1]。

对于学生的发展来说,以上三类教学模式的作用显然不完全相同。也可以说,不同类型的教学模式并没有优劣之分,封闭型的教学模式对于学生掌握知识和技能,尤其是在有限的时间和空间内掌握较难理解的知识和较为复杂的技能,效率较高,但是需要学生另外用一定的时间反思和复习。引导型和开放型的教学模式有利于培养学生的能力和情感态度与价值观,但是需要较多的时间和空间。引导型教学模式有利于学生更深刻的思考和掌握方法,但还是为了预期的结论和目标而展开的。开放型教学模式不要求统一的结论,学生可以提出自己的任何看法,更有利于能力的培养,尤其是情感态度与价值观的形成。

地理教学模式趋于多样化、现代化、信息化,主要原因是教育教学观念的变革、科学技术的发展和社会的进步。面对地理课程改革,教师必须深刻、准确地把握各种教学模式,为了实现不同的教学目标选择不同的教学模式,考虑学生的实际,尤其是不同年龄段学生的智力水平和非智力因素的差异,选择不同的教学模式,但要避免教学的模式化,保证地理教学的灵活多样、生动活泼。因此,要加速建设多种多样、具备时代特征的综合模式系统,探索综合运用各种教学模式的最佳途径。

第二节 地理教学方法

地理教学方法的研究是地理教学方法论的具体研究层面。地理教学方法丰富多样,方法基础涉及面广。本节仅研讨地理教学方法的含义、地理教学方

---

[1] 王民. 地理新课程教学论[M]. 北京:高等教育出版社,2003:110-111.

法系统结构、地理教学方法优选和组合等七个问题。

一、地理教学方法的含义

教学方法是教师和学生为了实现共同的教学目标，完成共同的教学任务，在教学过程中运用的方式与手段的总称[1]。

对于地理教学方法的含义，曾有过许多不同的见解。一种意见认为，地理“教学方法是教师为完成教学任务所采用的手段”。另一种意见认为，地理“教学方法是教师和学生为完成教学任务，实现教学目的采用的工作方式或手段”。还有一种意见认为，地理教学方法是为完成教学任务而采用的办法，包括教师教的方法和学生学的方法，是教师引导学生掌握知识技能、获得身心发展共同活动的方法。

随着现代教学理论研究和改革实践的深化，人们对地理教学方法的认识有了新的发展。比较认同的地理教学方法的表述为：实现地理教学目标，完成地理教学任务，运用教学手段而进行的由教学原则指导的一整套方式组成的师生相互作用的活动。对地理教学方法的含义作以上表述基于下列认识：

第一，教学方法始终应包括教师“教”的方法和学生“学”的方法，教学是师生间的双边活动，任何教学方法都包含有教与学两方面。

第二，教学方法应充分体现师生在教学过程中相互联系、相互作用、相互影响、相互统一活动的特点。教学方法既不是教法与学法的简单、机械之和，也不可互相替代。在教学活动中，教师的教法制约着学生的学法，学生的学法也会影响教师的教法。

第三，教学方法不同于教学工具或教学手段，但涉及使用教学工具和教学手段。教学方法也不是某种固定的方式，而是依据一定的教学原则调节的一系列活动，是师生有目的的相互作用的活动，是由一整套教学方式组成的活动方式。

二、地理教学方法系统的结构

地理教学方法不是若干孤立方法的并立，也不是各种互不相干的方法杂乱堆砌，而是一个系统[2]。

（一）地理教学方法与地理教学模式的关系

1. 地理教学方法与地理教学模式的区别

地理教学模式是地理教学方法论中的理论性部分，常被人称为“小型教学

---

[1] 袁书琪. 地理教育学[M]. 北京：高等教育出版社，2001：126-127.

[2] 袁书琪. 地理教育学[M]. 北京：高等教育出版社，2001：127-128.

理论”。地理教学方法则是地理教学方法论中的实际操作部分,主要用于操作与实施过程。

地理教学模式一般是指在一定的教学思想指导下,用以组织和实施具体教学过程的教学方法策略体系,通常由教学理论或教学思想、教学目标、教学程序以及师生互动等要素组成。

地理教学方法是为实现教学目标,完成教学任务,运用教学手段进行的由教学原则指导的一整套方式组成的师生相互作用的活动。它反映了教师的教学活动和学生的认识活动的相互作用,表现为由一系列更为具体的教学方式组成的有序的活动方式。

教学模式是一个广义化了的教学过程,一种教学模式往往可以用于各个学科的许多不同课题的教学,一种地理教学方法也不会只用于一个具体地理课题或者一堂具体地理课的一个特定地理教学过程。

2. 地理教学方法与地理教学模式的联系

教学模式的研究是对教学方法研究的深化和提高。地理教学模式最初研究的基本出发点,就是避免和防止把某一种地理教学方法夸大或绝对化,从而形成一个新的教学研究领域和途径。

地理教学模式研究的核心旨在研究已有的或尚待开发的地理教学过程的各种方式方法,考察其理论和实践基础,探讨与各种地理教学目标相吻合、具体的多样化的地理教学方法,即把各种经验性或不成熟的教学方式方法进一步程序化、规范化,为教学方法的优选和组合提供保障。

习惯上把教学模式视为“宏观方法”,而把具体的地理教学方法(如讨论法、演示法等)视为“微观方法”。可见,一种教学模式可以包含多种具体的地理教学方式方法,一种教学方法也总是在某一个或多个教学模式中使用。比如接受式教学方法的代表讲授法,多运用于传递-接受教学模式中。

(二)地理教学方法系统的纵向结构

基于上述讨论,进一步对地理教学方法系统的纵向结构加以分析。

1. 第一层次

地理教学方法系统的第一层次可以看做是地理教育方法系统的宏观层面,主要由地理教学模式构成。它既包括整门地理课程的主要教学模式,比如自然地理课程教学模式、人文地理课程教学模式、中国地理课程教学模式、世界地理课程教学模式、乡土地理课程教学模式等,又包括各种类型地理教学活动过程的教学模式,比如讲解-接受地理教学模式、自学-辅导地理教学模式、引导-发现地理教学模式等。

2. 第二层次

地理教学方法系统的第二层次可以认为是地理教学方法系统的中观层面，主要由综合性较强的地理教学方法组成。很多国内外地理教学中不断涌现出的地理教学方法，比如地理综合程序教学法、地理读读讲讲议议练练八字法、地理导学法、地理探究法、地理图像信号法、地理计算机辅助教学法等，均属于这一层次。

3. 第三层次

地理教学方法系统的第三层次可以视作是地理教学方法系统的微观层面，主要由地理教学中功能比较单一、比较具体的某种做法构成。比如地理讲解法、地理谈话法、地理练习法、地理演示法、地理观察法、地理推理法、地理游戏法、地理读书指导法、地理实习参观法等。

三、地理教学方法的类型

从不同的研究角度出发，可以将地理教学方法划分出不同的类型。

（一）从地理教学媒体使用角度划分

地理教学媒体是教学过程中储存和传递地理教学信息的物质载体，是师生之间开展教学活动的重要工具。对地理教学媒体的运用，是地理教学方法的重要内容。地理教学媒体种类繁多，由于各种媒体的功能和特点不同，使用这些媒体进行地理教学的方法也多种多样。从地理教学媒体使用角度，可以将教学方法分为以下几类。

1. 运用语言媒体的地理教学方法

包括运用口头语言（讲述法、讲解法、谈话法、朗读法等）和书面语言（板书笔记法等）的地理教学方法。

2. 运用图像媒体的地理教学方法

包括运用教学地图（地图判析法、地理略图判析法、地理填充图填绘法等）、地理图画（地理模式图法、地理示意图法、地理景观图法、地理剖面图法、地理漫画法等）、地理图表（地理统计图表法、地理联系图表法、地理表格法等）、地理卫（航）片等的地理教学方法。

3. 运用实验媒体的地理教学方法

包括课堂演示实验（地理演示法、地理实验法等）、课外实验实习（地理观测法、地理制作法、地理实验法、地理参观调查法、地理野外考察法等）的地理教学方法。

4. 运用电教媒体的地理教学方法

包括运用地理幻灯和投影、地理电影电视、地理录像（音）和VCD等的地理教学方法。

5. 运用计算机多媒体的地理教学方法

包括运用电子计算机媒体、教学光盘、教学软件、互联网等的地理教学方法。

(二)从地理教学环节角度划分

地理教学环节不同,课堂教学的方法也不同,一般把课堂教学环节划分为导入、新课、练习、复习、检测等类型。由于地理学科的特点,地理课堂教学环节综合性强,很少有单一环节的课。从教学环节角度来看,可以将地理教学方法划分为下列几类。

地理教学导入法,用于新教学内容的介绍和旧教学内容的温习。常用的有实例导入法、练习导入法、趣味导入法、提问导入法等。

地理新课教学法,用于地理新内容教学。新课教学法综合程度很高,可以使用各种教学模式和教学方法。

地理练习法,用于地理练习,包括口头练习法、书面练习法、实践操作法等。

地理复习法,用于地理复习,包括复习提问法、复习总结法、复习归纳法等。

地理检测法,用于地理检测,包括口头检测法、书面检测法、实际操作检测法等,并可分为地理教师教学质量检测法和学生地理学习质量检测法两大类。

(三)从地理教学改革角度划分

当前,地理教学改革风起云涌,教学方法的变革是其中一个方面,新的地理教学方法层出不穷。教学改革的一个特点,就是任何局部的调整和改革必然带来整个教学模式的变化。因此,地理教学方法的改革与地理教学模式的改革相辅相成,推动着地理教学观念的改革。从地理教学改革角度看,地理教学新方法多种多样,主要有以下几种。

1. 重视学生智力发展的地理教学方法

这类方法主要包括地理发现式教学法、地理问题解决式教学法、地理范例式教学法、地理探究式教学法、地理专题研究法等。其中布鲁纳的发现教学法就是这类地理教学方法的代表。这一方法的主导思想是在教师的启发引导下,学生学会自己发现地理问题、分析地理问题、掌握解决问题的思路和方法,从而解决问题。

2. 重视学习方法指导的地理教学方法

这类方法主要包括地理程序教学法、地理自学辅导法、地理导学法、地理示范教学法、地理求解教学法、地理反馈教学法等。其中以地理综合程序教学法比较有代表性。地理综合程序教学法强调教师的任务主要是在内容和方法上给予学生指导、帮助,并向学生提供"自我评价"和"自我改错"的机会,以促进学生达到学习上的真正自主。

3. 重视学生情趣的教学方法

这类方法主要包括暗示教学法、情境教学法、愉快教学法、情感教学法、模拟游戏教学法等。其中,迁移运用洛扎诺夫的暗示教学法最具有情绪色彩,通过合理设计地理教学环境,系统运用启发联想、音乐、想象、体力、智力练习等方式,使学生在轻松愉快的氛围中,在保证学习效率的情况下,促进学生的身心发展。

四、地理直观教学方法

地理教学中,凡是运用各种直观教具进行教学,或组织、指导学生进行地理实践活动所采用的方法,都属于地理直观教学方法的范畴。

感性知识是人们认识思维的基础。地理学科研究和认识的对象是整个地理环境,而且地理环境具有宏观性、综合性等特点。但是,学生的活动往往限于自己家乡附近有限的区域范围内,这对形成地理知识和地理思维造成一定难度,这就要求教师在教学实践中,要经常采用各种直观方法来丰富学生的感性认识,形成直接的地理表象,认识地理事物和现象的本质属性,加深对地理原理的理解。

地理直观方法又可分为地理实践法和地理演示法两类。地理实践法是指使学生运用所获得的地理基础知识和基本技能,在地理实践中获得新知识的方法,包括观察法、参观法、调查法、练习法、实验法等。地理演示法是指教师运用直观教具使学生形成有关地理事象形象认识的方法,包括实物性教具的演示(标本、模型的演示)、形象性直观教具的演示(地图、板图、图解的演示)等。

(一)地理观察

地理观察就是对各种地理事物和现象进行有目的、有计划的感知。这种感知既有定性的感知,也有定量的感知。前者如认识、研究天空的星座分布和形状,后者如测量一个山丘的高度、坡度。这种定量的感知又可称为观测。

地理观察有利于学生理解、巩固和运用课堂所学的地理知识,有利于培养学生的智能,有利于陶冶学生的性情,激发学生学习地理的兴趣,其直观价值远比地图、图片、标本、模型、幻灯、电影等大。

根据观察内容性质不同,又可以把地理观察分为自然观察和生产观察两种。自然观察又叫野外观察,主要是对本地区乡土自然地理事象进行的观察;生产观察又叫生产参观,是对当地主要经济生产部门的原料、产品及生产过程的观察,又分为工业生产参观、农业生产参观、交通运输参观等。

(二)地理标本、模型及其演示

地理标本和地理模型是地理教学中经常运用的直观教具。

1. 地理标本

在地理教学中,要使学生能看到真实的地理事物,除进行地理野外观察外,向学生展示地理实物标本是一种效果很好的直观教学方法。标本所具有的形状、大小及色彩等外观,能给学生一个真实、立体的形象,对学生形成较真切的地理表象和概念具有重要的作用。

标本在地理教学中的运用方法要根据教学的需要和标本的大小来定。全班学生都能看清楚的大标本,可在讲课时展示,教师要讲解标本的特征和鉴别方法。体积较小的标本,在讲课时传看会影响课堂秩序,可在课后或巩固新课阶段让学生观看。

2. 地理模型

地理模型是模仿地理事物形象而制作的直观教具,它能表现出三维空间。尽管模型不如标本那么真实,但却具有标本和其他直观教具所没有的优点。

地理模型可以根据教学需要,把地理事物放大或缩小。例如中国地形模型是将中国地形简化、缩小、堆塑而成,断层褶皱模型也是如此。而三叶虫模型、矿物晶格模型等则是将实物放大制成。

地理模型的运用方法要根据教学需要、模型的大小和重量等而定。大型笨重的地理模型可放在专用教室,在讲课之前或之后组织学生观看,轻便的模型可带到课堂上,配合讲课展示。

3. 地理图片

地理图片能给地理教学提供丰富的感性材料,而且使用方便,因此在地理教学中被广泛运用。

运用图片进行教学要注意每堂课使用的图片不宜太多,以二至三张为宜。课本里已有插图的一般不要另选图片。展示图片的时间要适宜,最好在讲解了该地理事象之后就出示。在展示图片后,教师要作说明,指导学生观看图片的主要内容,并提出问题以引起学生的注意,用完后即收起。为了使学生了解图片所反映的空间位置,运用图片进行教学还必须与教学挂图、地理略图相结合。

(三)教学地图及其运用

地图是地理教学中最重要的直观教具,是地理教学的"第二语言"。经常运用地图是地理教学的重要特色。运用地图进行教学,把地理知识落实到地图上,有利于学生理解和掌握许多较为抽象的地理知识,有利于学生认识地理事象的分布和演变规律，有利于学生建立地理事象的空间概念，有利于对学生进行地理基本技能的培养训练和发展学生智力。

教学地图又称学校用图，通常指专供学校地理教学使用的地图。中学地理教学常用的教学地图有课堂教学地图、地图册和课本地图等。

1. 课堂教学地图

课堂教学地图也称教学挂图或挂用地图，是地理教师在课堂上面对全班学生进行教学时的重要教具。正确、熟练地运用教学挂图，是地理教师必须具备的基本功。

在选择教学挂图时，要注意紧扣教学内容。仔细选择与教材有关章节内容、与学生地图册和课本内容相符的地图；同样内容的挂图，则应尽量选择图幅大、字体及图例符号粗重醒目、颜色鲜明并对比强烈、内容简明扼要，以及最近出版的较新的挂图。教师可以用彩笔对课堂教学地图进行着色或修改。

在悬挂教学地图时，要注意挂图的及时性。对于前面未出现过的地图，不应过早悬挂，以免分散学生的注意力。挂图的位置要适当，不要过高或过低，以全班学生都能看清为准；挂一张图通常应在黑板一侧光线明亮的地方；同时使用两张或两张以上的地图时，可采用并列挂法；不同时使用两张或两张以上的地图时，可采用重叠式挂法，根据教学过程先后出示。

在指图时，教师应站在图的离教室中轴线远的一侧，并用指图杆指图，以免身体或手臂挡住学生的视线。对一张首次挂出的地图，教师要指出并说明图名、比例尺和图例。指图要准确、规范。指图上点状符号时，应指在符号上，而不应指在它们的名称注记上；指线状符号时，指图杆尖端应按合理方向沿线移动：河流方向从上游移向下游，交通线由起点移向终点，山脉一般从左向右、从上向下；指面状符号时，应把指图杆沿其外围境界线环绕一周，使学生形成区域的整体概念。

教师指图必须熟练、利落，不能犹豫不决、慌张失措，甚至找不到应指的内容，或拿着指图杆乱指乱戳。指图速度要快慢适中，要符合学生的认识过程。指图过快，学生观察、思考和理解跟不上，因而达不到直观教学的效果；指图过慢，又落后于学生感知、理解的速度，不利于调动学生的学习积极性，反而分散了学生的注意力。

在课堂上使用教学挂图的目的，是要让学生能从自己的地图册或课本地图中找出相应位置的符号及其所代表的地理对象，以便更好地理解和掌握相应的教学内容。因此，必须注意挂图与地图册、课本地图的配合。只有通过教师示范性的指图和分析，辅导学生掌握独立运用地图册和课本地图的技能，培养阅读和分析地图能力，并且结合教学内容，向学生提出有思考价值的问题，才能取得令人满意的教学效果。

2. 地图册和课本地图

中学生使用的地图册是根据地理课程标准和教材专门编绘的各类地图、示意图、景观图、剖面图的汇编，是学生课堂学习、课后复习和课外自学不可缺少的学习工具。它与地理课本相配套，学生人手一册。在地理课堂学生课桌上通常是“左图右书”，地图册成为学生学习地理的“第二教科书”。

教师在运用地图册进行教学时，首先应引导学生认识图例，分辨并记住各种符号所代表的地理事物和现象，教师可以在教学挂图上作示范性讲解，让学生在地图册上找到相应的符号和注记名称。指导学生在地图上找地名或其他地理要素时要准确、熟练，读图时可引导学生在地图册上用红笔画出符号注记或其他记号，以便再次阅读时醒目易找。在此基础上，可进一步教会学生读懂不同内容的地图，并根据地图独立分析一些地理事物或现象的特征，以及对照几种不同内容的地图，综合说明各种地理事象之间的关系，归纳一个地区的地理特征。这类读图分析，必须由简到繁、从易到难、由单幅地图到多幅地图，循序渐进。

填充图又叫暗射图。填充图中只有区域轮廓和少量重要的地物符号，如经纬网、海岸轮廓、国界线、主要山河和城市等，没有文字注记。运用填充图教学，可以使学生克服死记硬背的现象，有利于把地理知识落实在地图上。

此外，课本中还有不少附图、插图，它们大多是为配合教材说明一两个问题。

五、地理教学的语言方法

地理教学的语言方法主要是指教师以语言表达(包括口讲和文字表达)的方式来传授地理知识和技能、完成教学任务的教学方法。教科书加上教师的讲解，是学生获得知识和掌握一定体系的技能和技巧的主要源泉。通过语言文字信息的传递和交流，能使学生在较短的时间内获得较多的地理知识。因此，迄今为止，语言方法一直是地理教学最常用的教学方法。实际上，在运用前述各种直观方法进行教学时，也离不开地理语言方法的运用。地理语言方法可分为口头语言和书面语言两种。

(一)地理口头语言方法

地理口头语言方法是指教师主要应用口头语言向学生传授地理知识，以讲授为主要教学活动的教学方法，也称注入式教学法。这种方法在我国传统教育中源远流长，自西周以来，我国的国学、乡学、书院中均以讲授为主；1840年鸦片战争前的民间私塾，清朝《奏定学堂章程》颁布后的旧式学校，以及民国时期、中华人民共和国成立后的几十年来，一直盛行讲授为主，以致人们一提到教学方法，就以讲授法为代表。

口头语言方法以讲授法为主体，在我国广大学校运用较普遍。要掌握这种方法，必须明确以下几点。

第一，要熟练掌握教材内容、知识结构及要点，将其内化为自己的心理品质，教师与教材融为一体，才能做到讲授时语言流畅、情真意切。

第二，地理教学语言要有科学性、逻辑性，精练，准确，清晰，吐字清楚，音量适中，语速适宜。

第三，对讲授内容中的具体形象，要联系学生已有知识；对抽象的概念原理，要使之形象化，易于理解；对讲授的内容进行精心组织，使之条理清楚，主次分明，重点突出。

第四，讲授过程中要结合板书与直观教具。板书可提示教学要点，显示教学进程，使授课内容形象化、具体化，书面语言和口头语言相辅相成、相得益彰。直观教具有地图、图片、模型等，有利于学生建立清晰的地理表象，引起学生学习兴趣。

例如学习长江上游源头格拉丹冬雪山概况时，可以这样描述：这里冰川高悬，冰塔林立，冰雪融水哺育了长江源头……生动的语言绘声绘色，吸引人的听觉，给人以美的感受。又如全球构造理论——板块构造学说，是理论性较强的地理知识，需要教师进行系统的讲解，教师要运用论证性语言，富有哲理，逻辑性强，才能产生良好的教学效果。

地理教学中运用的口头语言方法，可按其运用目的和方式分为讲述法、谈话法、讲解法、讲演法、讲读法（朗读法）。

1. 讲述法

教师形象生动的语言描述或叙述地理事物和地理现象（包括外部特征、具体形象、演变过程等），可以是一般的科学叙述和艺术性的形象描述。叙述要思路清晰，结构严谨，语言生动，有吸引力，一般需要插入一些艺术性描述，描述要形象生动、有感染力。

2. 谈话法

谈话法是在学生已有知识和经验的基础上，通过教师的提问谈话，引导学生积极思维，从而获得新知识或巩固旧知识的一种方法。它是一种古老的教学方法。我国两千多年前的教育专著《学记》中，就有较系统的关于“善问”和“待善问”的经验总结。古希腊哲学家、教育家苏格拉底也用此法，后世称为“苏格拉底法”或“产婆术”。谈话法能很好地发挥教学活动中学生的主体作用和教师的主导作用，使学生由知识被动的接受者变为与教师一道进行教学双边活动的参与者。谈话法能积极发展学生的思维能力和表达能力，激发学生的学习兴趣，通过师生双方共同积极活动，把学生思维一步一步引向深入。

3. 讲解法

讲解法是教师运用富于理性的语言，说明、解释、分析、论证各种地理概念、地理特征、地理规律和地理成因、地理理论的方法。它对地理事物和现象的讲授，不是言之于形，而是论之以理，是传授理性知识的方法，对形成地理概念、揭示地理规律与成因有重要作用。

4. 讲演法

讲演法是以翔实的材料、严密的逻辑、精练的语言较系统地论证原理和问题的方法。既可运用于中学高年级，也常应用于课堂教学之外，如专题性地理讲座、科学报告会等。讲演法需要深入广泛分析，旁征博引，逻辑论证，言之成理。

5. 讲读法（朗读法）

在教学过程中由教师或学生朗读教材中的主要内容或描述生动的段落，以引起学生的注意，提高学生学习兴趣，从而增强学生对教材内容的理解和记忆。

朗读的内容一般为教材中的重要段落，但有时也可引用课文以外的有关材料，如与教学内容有关的文艺作品、旅行游记的片断等。朗读，尤其是学生参与的朗读，要求发音准确，速度不可过快或过慢，语音清晰，并要跌宕起伏，感情饱满。朗读时要很专心，做到眼观、口诵、耳听、心思，力求不丢字、不多字、不倒字，使人明白易懂。

讲读法适合于地理教材中较难用图像等形式表现的内容；或需要教师进行系统生动描述的自然景观和人文景观的内容；还有一些地理情感态度与价值观教育强烈、需要教师进行系统和富有感染力加以讲述的内容。如高中地理中地球上具有生命物质的条件，协调人类与环境的关系等说理部分；初中地理中天气和气候的概念，自然资源及其分类知识，概括世界气温分布规律等讲解部分，均可运用此法。

讲读法的优点在于地理教师较容易把握教学内容体系和教学进度，无须对教材进行过多的调整，有利于教师的教。同时，地理教师要对教材进行整理概括，系统地提出富有逻辑性的教学提纲，概括出重点突出、地理性鲜明的文字要点。采用这种方法，可以在有限的时间内，使人数较多的班级整体受到较完整的知识教育。从这种意义上看,对传授的知识来说,讲读法效率较高。讲读法灵活性大,适应性强,无论在课内或课外教学均可运用,在教学进程中便于调整。使用讲读法,要注意与其他教学手段相结合。

讲读法也有其局限性,主要局限于书本知识和间接经验,缺乏学生直接实践和及时作出反馈的机会;教学风格单调死板,除文字外其他表述形式用得少;学生必须紧跟老师的思路,能力培养较薄弱。

(二)地理书面语言方法

地理教学中的书面语言方法,包括板书、学生地理笔记等,其中板书是最主要的地理书面语言方法。

1. 板书的概念

板书是教师根据教学目的而设计的,以文字、符号、图表等形式表现在黑板上的讲授提纲和内容要点。它与口头语言相配合,对提高地理教学内容的系统性,显示教学过程的程序性,突出教学重点,有着非常重要的作用。同时,有利于学生课堂笔记的条理化,以及课后根据板书内容加以联想、扩充,对教材和地图进行复习,从而加深理解和巩固所学的地理知识。

2. 板书的类型

在中学地理教学中经常运用的板书形式有纲目式、结构式、表格式、图解式、线段式、联系式等几种。

(1)纲目式板书。用序数号将所表达的内容分为不同层次的纲目,随着教师的口头讲授,逐一在黑板上写出,提纲挈领,条目清晰,有利于学生了解教学内容的脉络,从整体上掌握全课的知识体系。

(2)结构式板书。以文字表达为主,并用线段或大括号将文字表达内容组成一个具有一定结构的系统。结构式板书特别适用于表现地理事物的组成或联系,能使学生一目了然,从整体到局部,从高级到低级逐层分析地理事物的组成要素或相互联系。

(3)表格式板书。将文字表达内容填入不同表格的一种板书形式。这种板书形式简明扼要,对比性强,特别适用于教材内容比较复杂而地理事物或区域之间的差异又较明显的情况。它有助于培养学生的归纳、比较能力和分析地理事物或地理区域特征的能力。

(4)图解式板书。将文字和地理略图或地理示意图有机结合起来,或以略图和示意图为主,配以简要的文字。图解式板书形象、直观,只是使用时比较复杂,占用时间较多。

(5)线段式板书。以线段(或箭头)加上文字说明的一种板书形式。它可以表示线状地理事物或在一定方向上有空间、时间变化规律的地理概念与特征。如河流的分段，铁路的起、终点及所经过的城市。生长期的计算，时区的划分，都可以采用这种板书形式。它具有化繁为简、直观醒目的优点，有助于学生对相关知识的理解与记忆。

(6)联系式板书。为了突出各种地理事物或要素之间的相互联系，而用框架形式分别表达这些地理事物或要素，中间以箭头线相连接的一种板书形式。它具有概括性强、逻辑性强和直观醒目的特点，有利于发展学生的形象思维和逻辑思维，能启发和拓宽学生的思路。这种板书表达的重点是事物之间的联系(如因果关系等)，运用时必须把各个箭头所代表的含义逐一解释清楚。

3. 板书中应注意的问题

不管采用哪种形式的板书，都应注意板书内容要繁简得当，重点要突出，条目要清楚，系统要完整，格式要规范。讲课时可以先讲后写，也可以先写后讲，或者边讲边写，但都应注意板书与讲述的配合，及时板书。板书时还要注意：主板书内容要横写，且安排在黑板中部，一般应保留到新课结束；辅助板书内容横写、直写均可，放在黑板两侧，且随时可擦去；板书的字体要工整美观，大小要适中，要让后排视力正常的学生都能看清；板书不应出现错字、别字、不规范的简体字以及不易辨认的潦草字，还应注意正确运用标点符号[1]。总体上，板书要做到科学性、整体性、启发性和审美性。

六、师生互动教学方法

师生互动教学方法主要有启发法、图像信号教学法、纲要信号法、程序教学法、发现法等。

(一)启发法

启发法是教师提出问题，引导学生思考，师生间相互问答，利用学生已有的知识基础，通过学生自己半独立(在教师提问启发下)思考获得新知识的方法。

1. 启发法对教师的要求

启发法的运用以教师创设问题情境为起始，它对教师的要求是多方面的。

(1)教师要精通教学内容。指教师熟悉教材，掌握教材内容，熟知教材的体系与结构，理解有关的地理概念及原理，理清知识系统与层次，掌握教材的重点、难点和关键。

(2)教师要有广博的知识面。地理教育内容涉及面很广，与地理学科发生

---

[1] 卞鸿翔，李晴. 地理教学论[M]. 南宁：广西教育出版社，2001：130-131.

广泛联系的物理、化学、生物、历史等学科基础知识，以及与开展班级活动有关的体育、音乐、美术等学科基础知识，地理教师都应有所了解，才能对学生因材施教。创设的问题情境要能把相关学科知识与地理学科知识相融合，使学生易于接受。

(3)教师要有较强的提出地理问题的能力。要把握学生的心理特点，要熟悉学生，了解学生地理知识的水平、学习能力、学习风气、地理技能的学习和掌握情况，做到设问要准，提问要活，问题要有一定的思考性。地理启发法创设的"愤悱心理"(心求通而未达，口欲言而不知)情境侧重在理性知识方面，常常在分析、综合、归纳、推理的思维过程中运用。要善于引导，应备有其他的替补方案，以便在课堂上及时灵活调整问题的难度。有的学生回答问题时习惯于背或读课本上的文字，教师要引导和鼓励学生在领会知识的基础上逐步用自己的语言表达。

近些年来，大多数教师在运用启发法进行教学时，注意到现代教学原理关于形象思维、直觉思维在培养学生思维能力中有重要作用，大多采用地理图像，尽量利用图像设问，创设问题的情境，同时考虑到学生思路，取得了较好的教学效果。例如，初中地理欧洲西部气候特征的形成原因，可以从纬度位置、海陆分布状况、主要地形及其排列方向、洋流及其强度四个方面启发学生读图思考，经过分析、综合得出结论。

2. 启发法的优缺点

启发法的优点在于，能有效地启发学生积极的合乎逻辑的思维以增强学生的求知欲、探索心，在教学过程中，学生活动明显增加，思考问题更加积极。应用已有知识问答地理问题获得共识，同时也增强了学生学习地理的信心和自豪感，学生思维活跃，能有效地培养思维品质，发展智能。

启发法也有一定的局限性。教师要设计各种问题，引导的问题都是根据地理教材的内在联系和学生已有知识面提出的，教师备课花的时间多。在课堂教学中，学生思考问题思路有别，有的思维敏捷，有的思维迟钝；有的开阔，有的狭窄；有的清晰，有的混乱；有的畅通，有的容易阻塞、中断或出现分歧，因此课堂教学中有时会出现"启而不发"的局面，花的时间也较多，教学进程有时难以把握。这种方法与别的方法相比，学生学习地理的主动性或地理能力的培养方面较为逊色，学生的学习思路和习惯局限于对教师的模仿。

(二)图像信号教学法

图像信号教学法是20世纪80年代我国地理教学改革中提出的一种教学方法。

这种方法在地理启发法的基础上，从地理学科具有时空耦合的特点出发，在地理信息的收集、储存和表述上，以图像信号为主，辅以文字信号。这种方法可表述为“在地理教学过程中，通过图像信号提出问题，利用读图把问题引向深入，运用教学图像解决问题”。这种方法所要求的图像不是越多越好，而是要求高质量的地理教学图像，并要求图像信号能充当课堂教学的主线索。因此，这些图像不是教材中现成的教学图像，教师要对教材中图像加以改造，或创造性地设计新图像。

图像信号的设计是本方法的核心内容。要十分有效地进行图像信号教学，地理教学图像设计必须注意“十化”，即分布知识地图化，地理规律模式化，动态知识示意化，数量知识图解化，演变知识矢向化，地理成因层次化，抽象知识具体化，综合知识板画化，对比知识表格化和零乱知识系统化。

教师要有较强的逻辑思维能力，善于把文字信号合理地归纳、演绎、转换为图像信号，能抓住教材的中心，使知识系统化。同时，教师要有创新意识，创造性地设计新图像，突出主要图像信号。

该方法的运用，需要文字信号的配合，文字信号可起到引导、归纳、概括的作用。宜图处用图，宜文处用文，图像与文字信号在一堂课中各自所占的比例是不确定的。长期使用图像信号法，学生会养成用图文结合的方式展开空间思维，根据所学内容，养成良好的学习习惯。

例如，可以将世界气温等温线分布图加以简化，制成模式图，突出海岸附近等温线的弯曲，用于世界洋流运动规律的教学。学生已经学过等温线，了解了等温线弯曲的地理意义，经过观察图像信号，会发现中高纬度与中低纬度等温线弯曲方向不同，进而观察等温线在大陆与海洋之间、中高纬度与中低纬度之间的不同走向，容易开展比较与推理。

图像信号法很适合地理学科以及图文结合的有关教材内容的学习。所展示的图像是经过精心设计的图像信号，不是原来教材图像的重复，比文字信号更富有直观性、趣味性，容易吸引学生的注意力。利用图像信号，不但可以观察和“发现”许多地理信息，而且可以展开各种地理思维，也有利于地理教学创设图上作业的条件，也可以凭借图像信号更有序地记忆或再现、迁移、应用地理知识，因此，有利于促进地理知识教学与地理智能的培养，使智力因素发展过程和非智力因素发展过程通过图像更好地结合起来。

利用图像传导，学生参与教学活动的机会多了，学习的主动性就会增强。例如，设计一幅没有文字但有河流、交通线作为提示的撒哈拉以南非洲填充地图，将黄金、金刚石、铜、石油等符号贴在图上恰当位置，由学生自己评价、更正。学生会争着上讲台贴矿产符号，地理分布的知识在“游戏”中得到巩固，活化了枯燥的知识学习。

（三）纲要信号法

“纲要信号法”是以纲要信号传递教学信息来进行教学活动的方法。我国地理纲要信号教学法是以图文结合的纲要信号式板书为地理教学主要线索的教学法。与地理图像信号法相比，这种方法所凭借的纲要信号比图像信号更为简单、概括，能突出地理教学内容中最重要的关系。

地理纲要信号的表现形式有图解式、文字式、文字与图像结合式，但都概括、简洁、明了。

纲要信号法所呈现的是地理教学内容中关键性的地理关系，并要指导学生学习和复习相关内容，完成这一关系式两端之间的逻辑过渡，对学生要求高，不但要求学生牢固掌握已学内容，还要使之处于随时可应用状态，可以培养学生不畏难题、积极求索的精神，形成良好的心理品质。纲要信号法要求在探索过程中积极思维，对发展学生的能力有很大作用。经常使用这种方法，还可以培养学生用最简明扼要的纲要信号表示地理学习内容，凭借纲要信号推导、记忆地理原理的良好习惯。在学习过程中，纲要信号法激励了学生学习的主动性，参与的欲望强于图像信号法。

地理纲要信号法适用于各年级和各年龄段的学生，适用于自然科学、社会科学的课程（只要根据不同内容进行适当的技术处理），尤其适用于学习新知识和复习环节。

纲要信号法也有其局限性，教材内容的因果关系或其他逻辑关系不强的不便使用此法。所设计的纲要信号有时可能方向性不明确，使学生的思维遇到不必要的障碍。此外，纲要信号法如何对学业水平程度不同的学生、难易不同的图表进行因材施教，还有待于进一步探索。

（四）程序教学法

程序教学法起源于美国心理学家普莱西1924年设计的第一架自动教学机，是一种依靠机器和程序教材呈现学习程序进行教学的方法。其理论基础是斯金纳的新行为主义操作条件反射理论。斯金纳认为，人类活动可视为一种有序的行为过程，通过有序地选择教学信息，教学活动可以按一定程序有步骤地进行强化，从而有效地控制学习过程，提高教学效率。

具体的运用过程是：根据程序编制者对学习的设想，把教材内容分解为许多小项目，按一定的顺序排列起来，即所谓“小步子”；每一项目编排成各种练习题，通过教学机器或程序教材及时呈现，学生独立作出回答（填空、选择等），然后给出正确答案。这一系列过程都是通过教学机器与学生间活动进行的。

近年来,随着电子计算机辅助教学的发展,程序教学法已和电脑结合起来。学生在电脑前学习,利用键盘和电脑互相传递信息,通过回答电脑提出的问题能立即知道答案的对与错,学生学完一个单元教材后,电脑依据存储的信息判断是否该继续前进或返回原来的程序。

程序教学法结合计算机辅助教学(Computer-assisted Instruction,CAI)在地理教学中有着广阔的应用前景。由于计算机信息储存量大,能编入较复杂的程序及输入大量的文字、图像信息,而且具有动态性、时空性强的特点,能根据教学需要模拟许多地理事象的运动变化过程,显示各种地理要素之间相互联系及因果关系的内容,形象地表现地理事象的空间分布及三维立体变化过程,能化抽象为形象、化静为动,使复杂的地理变化过程具体化、形象化,图文并茂,有声有色,能大大增强地理教学的效果。

对于一些以地理事实材料为主、难度低但识记任务重的教学内容,例如我国行政区划的全称、简称,利用CAI的连续性、重复性、选择性和可查询性特点,编拟适于开展课堂练习的学习软件,通过“人机对话”进行反复练习,可以提高学生学习的兴趣和水平。

对于一些以基本原理为主、难度较大、逻辑性较强的教学内容,例如气候特征及其成因之类的,可以编拟出CAI软件,并在设计中尽量考虑不同认识水平学生的差别,将各种可能提出的问题和答案编入程序,最大限度地实现教学目标。全国不少中学地理教学中开展了CAI试验,取得了显著的教学成果,为程序教学法在地理教学中的运用开辟了广阔的发展前景。

(五)发现法

发现法是指学生学习概念、原理时,教师只是提出一些事实和问题,让学生积极思考,独立探究,发现并掌握相应的概念、原理和结论的一种方法。

国外地理教育界20世纪60年代已经运用发现法从事地理教学,国内也有不少教师在地理学科教学中运用,均取得了较好的成效。

这种方法有很大的灵活性、自主性。要学生进行地理发现学习,教师应选定某一原理、规律或问题让学生去发现(确定教学目标),并提供各种可能解决问题的假设和地理事实背景。学生独立钻研,可查阅资料,展开讨论、研究;教师根据活动中的发现,共同得出结论。

发现法充分利用了学生喜欢对新奇、怀疑的事物探究、调查、观察、研究的心理,引导学生用分析、综合、归纳、演绎等方法主动去发现。

发现法主要包括以下几个环节:激发学生学习的主动性和积极性,创设研究问题的情境;提出问题,明确学习的目的和探索的具体目标;帮助学生搜集和组织有关资料,提供发现的依据;引导学生从理论、实践上检验、补充、修正假说;组织讨论、概括、推理、总结,共同得到结论。

发现法突出的优势是在很大程度上发挥了学生学习的积极性和主动性,从满足地理探索欲的高层次上建构地理学习志趣,培养地理学习迁移和创新的高层次能力,发挥学生潜能,产生学习的内在动机。

七、地理教学方法的优选和组合

研究地理教学方法,既要明确选择地理教学方法的依据,剖析地理教学方法的系统结构,还要探讨地理教学方法的选择与组合。

(一)地理教学方法的选择

地理教学方法系统结构复杂,类型多样,哪些方法对目前的教学内容和教学条件是最适宜的,哪些问题适合选择这种教学方法来解决,这些问题在地理教学活动中十分重要。教学实践证明,地理教学的成败在很大程度上取决于教师能否恰当地选择教学方法。可见,地理教学方法的选择对提高教学效果意义重大。地理教学方法的选择依据主要基于以下五点。

1. 教学目标

地理教学目标是地理教学目的、任务的具体化,对地理教学方法的选择起着直接指导作用。由于各章节、各课时教学目标的不同,选择和设计教学方法就必须作不同的考虑。例如,某节课的教学目标以训练地理绘图技能为主,应选用讲解、演示方法说明基本要求,再选用练习法、实践操作法。又如,某节课的教学目标有科学的地理观教育,教学方法可选用讲解法、案例法、讨论法等。

2. 教学内容

地理教学内容也是制约地理教学方法的重要因素。对于不同的教学内容,应选择相宜的教学方法,实现教学目标。例如,自然地理教学内容,要引用具体事例,采用形象手段来说明地理原理,应选用讲解、谈话以及推理方法。世界地理教学内容宜采用直观方法和电教媒体以及对比、综合分析、归纳演绎等方法。乡土地理教学应采用学生参与程度高的教学方法,诸如自学辅导法、课堂讨论辩论法、发现法、问题解决法等,给予学生较多的学习自主权,尽量采用现场教学的方式,实行开放式教学。

3. 学生特征

学生是教学的主体,教师的教是为了学生的学,选择教学方法就必须与学生的心理特征以及学习方法相适应。心理学研究表明,学生的年龄心理特征决定认知方法。初中学生的心理特征表现为直接经验少,理解能力弱,习惯于机械记忆,思维形式正处在由具体形象思维逐步向抽象逻辑思维过渡的阶段,对具体形象的事物容易理解和记忆,而对抽象的概念和原理往往一知半解、死记硬背。地理教师必须从初中学生的心理特征出发,选用直观方法、情感培养方法、教导作用比较明显的方法,激发学生的地理学习兴趣,发展形象思维能力。高中学生的心理特征有所变化,教学方法应以逻辑推理教学为主,辅以实验、实习操作等方法,发挥学生的主观能动性。

同时,还必须依据学生已有的地理知识基础,或实际的地理学习水平来确定教学方法。比如,学生认知结构中已具备与新知识相关联的知识基础,教学方法便可采用谈话法、讨论法;学生的地理知识水平高,教学中可选用综合分析、比较、判断、推理的逻辑方法,以及学生自由度较大的方法。

4. 教师特点

教学方法总是随着运用它的教师的个性特点而呈现出明显的不同,教师的特长、优势和弱点、不足等都是选择教学方法的重要依据。例如,有的教师形象思维水平较高,语言表达能力强,可多选用以语言传递信息为主的讲述、讲解、朗读、谈话等方法。有的教师善于组织学生活动,动手能力强,则可多开展课堂讨论、质疑释疑、组织课内外演讲比赛、教具制作等参与式教学方法。如果教师擅长"三板"等教学艺术,可在充分运用教学媒体手段上大显身手,强化教学效果。总之,教师应根据其自身条件,扬长避短,采取与自身素质相适应的教学方法。

5. 教学设备

学校的设备条件是选择教学方法的物质基础。选择教学方法必须考虑学校的仪器、图书、经费、教室场地、教学设备等条件以及周边环境,选用条件许可或经努力可以实现的教学方法。比如,因陋就简,自己创作教具,创设条件改进教学。超越现有的教学设备或教学手段,选择一些不相适应的教学方法,既达不到应有的效果,也大大降低了教学方法本身的价值。例如,利用计算机等进行地理多媒体教学,在只有黑板和粉笔的条件下是难以推行的。设备齐全、条件优越的学校,可为地理教师优选教学方法提供一定的物质基础。例如,有条件的学校,可建立地理专用教室,开辟地理园,形成多功能的教学平台,利用多媒体进行教学,从而为改善地理课堂教学方式方法奠定物质基础。

(二)地理教学方法的组合

地理教学方法运用是否得当,不但要看方法的选择是否优化,还要看地理教学方法的组合。各种地理教学方法相互结合,相互补充,共同保证地理教学的顺利进行，方能取得较好的整体效果。

地理教学方法的组合有大量的变式，不必追求千篇一律的固定模式。组合的角度很多，至少可以从以下几方面考虑[1]。

1. 传统教学方法与现代教学方法的组合

传统地理教学方法经过长期经验总结，经受了教学改革的考验和发展，仍有强大的生命力。例如，启发式教学方法、练习方法、讲解方法、板书板图板画方法等。这些方法如与计算机多媒体教学方法、幻灯投影教学方法等有机结合，则如虎添翼，相得益彰。

2. 以教师活动为主的教学方法与以学生活动为主的教学方法的组合

处处以教师活动为主固然不利于学生的主动发展，片面减少教师的活动也不利于学生健康发展。在一节课或一个单元中，应当合理使用教师活动和(或)学生活动为主的教学方法，充分体现教师的主导作用与学生的主体地位。

3. 直观教学方法与逻辑思维教学方法的组合

地理教学虽然十分需要直观教学方法，但直观不是目的而是手段。过分直观或停留在直观层面，都有害于地理学习的深入，不利于学生地理素质的提高。应遵循认知规律，在不断循环中交替使用直观方法和逻辑思维方法，螺旋式推进地理教学。

4. 凭借课堂公用媒体的教学方法与凭借学生持有媒体的教学方法的组合

挂图、电化教学媒体等课堂公用媒体对地理教学十分重要，有助于学生领会知识、产生兴趣，但课后无法用于学生复习巩固。教科书、地图册等学生持有的教学媒体仍具有不可替代的重要作用。教师不能只顾自己在课堂上使用媒体得心应手，应当与学生凭借自己所有媒体的学习方法结合起来考虑教学方法的组合。

5. 图像教学方法与文字语言教学方法的组合

多用图像是地理教学的特点，但不能忽视文字语言教学方法的作用。成熟的地理教师不但能熟练地驾驭这两种教学方法，使之互补，而且能创造一些图文融合的教学方法。在图像教学方法中使用文字语言能起到画龙点睛的作用，在文学语言教学方法中借助图像直观形象，富有表现力。

6. 引进教学方法与本土教学方法的组合

引进国外先进的教学方法非常有必要，本土经验提炼的教学方法也富有价值。有些国外先进教学方法国内也有类似者，只不过文字表述形式不同。有些

[1] 袁书琪. 地理教育学[M]. 北京：高等教育出版社，2003：130–131.

国外先进方法未必各方面都先进，未必完全适用于我国地理课堂教学，要进行必要的改造和用本土方法补充。本土方法与引进方法的结合也适用于国内不同地区之间。

第三节 地理教学媒体

地理课程教学需要各种各样的媒体支持。不同的媒体具有各自不同的优势，媒体之间可以进行优势互补，一般情况下，一种媒体不可能完全取代另一种媒体。新课程教学中，由于课程教学目标的调整，对媒体的选择、组合、应用等也与以前有了一些变化。

一、地理教学媒体的主要类型

不同的教学媒体有不同的作用，认识不同的教学媒体，目的在于合理使用。

（一）地理课程教学媒体概述

1. 媒 体

"媒体"一词源于拉丁语"medium"，意思是"两者之间"，泛指信息传播过程中，从信息源到接受者之间携带和传递信息的任何物质工具[1]。需要注意的是，广义的媒体既包含携带信息的概念，又包含传递信息的概念。另外，所谓"物质工具"不仅仅是指可以触摸的物质对象，还包括其他感知所能分辨出的对象，如音乐、语言、气味、颜色等。

2. 教学媒体

所谓教学媒体，是指携带和传递教学信息的任何物质工具。从信息传播的角度看，教育教学过程，就是经过有效组织并利用相应的工具、通过一定的方法和方式，将信息尽可能传递给接受者，接受者可以对接受的信息作出反馈，进而组织者可以对信息传播过程进行调控。这里面的组织者也包括信息的接受者。信息的传递是在教学环境中进行的，教学环境与教师、学生以及教学媒体等都存在着信息交流。在这一过程中，影响信息传递的媒体非常多。

蕴涵上述教学信息的媒体类型多种多样，根据不同的标准可以对媒体进行不同的分类。教学实践中，一般将媒体分为传统教学媒体与现代教学媒体（表5-1）。

[1] 韩志坚，封昌权，徐建祥. 现代教育技术教程[M]. 北京：人民邮电出版社，2004:7.

表5-1 传统教学媒体与现代教学媒体

教学媒体分类		举 例
传统教学媒体	直观媒体	实物,标本,模型,仪器设备,印刷材料等
	示意媒体	图形图像,地图,表格等
现代教学媒体	听觉媒体	录音,广播,CD等
	视听媒体	电影,电视,录像,CD,动画等
	系统媒体	语音教学系统,计算机辅助教学系统(包含计算机多媒体,网络教学系统)

3. 地理课程教学媒体

地理课程教学媒体是指为实现地理课程教学目标、完成地理课程教学任务而在地理课程教学中使用的一切媒体。

从教学组织形式来看,地理课程教学媒体可以区分为地理课堂教学媒体和地理实验实习教学媒体。地理课堂教学媒体,一般按照用电与否以及在课堂教学中普及使用的时代,将其分为传统教学媒体和现代教学媒体。不论是传统教学媒体,还是现代教学媒体,还可以对其进行分类。地理实验实习教学媒体与众不同的地方,在于一些实验仪器、设备、实验品、实验结果等实体或数据,以及野外地形地貌、土壤、植被、气候、水文、交通等实体,都可以从某种角度上理解为教学媒体,这是室内课堂教学所少有的。

地理课程教学媒体,主要包括一般的教学媒体如教材、板书、教师等,具有地理教学特色的传统的地理板画、地理挂图、地理图册、地理标本、地理模型、地理照片、地理实物以及地理实验、地理观测、地理数据等媒体,以及常规电教媒体如幻灯、投影、录音、录像、电视等,还包括多媒体计算机和网络技术。

(二)地理课程教学传统媒体

所谓传统教学媒体,是相对于现代教学媒体而言的。一般来说,与电的使用没有直接关系的媒体,我们认为是传统教学媒体,如承载知识、信息的课本,语言,书写的文字(板书、板画等),图件,模型等;反之,我们认为是现代教学媒体,如幻灯、投影、录音、录像、多媒体计算机、网络、电子白板等。

地理课程教学传统媒体包括地理教材、地理板书板画、地理挂图、地理模型、地理实物及地理标本、地理照片,以及其他的如黑板、粉笔等。另外,地理实验实习课程教学中还有一些特殊的教学媒体。

(三)地理课程教学现代媒体

同样,现代媒体也存在着相对的传统与相对的现代。一般地,我们以计算机的使用与否作为地理课程教学现代媒体的分类标准,将其分为电教媒体和计算机辅助教学媒体两类(表5-2)。

表5-2 地理课程教学现代媒体分类

分类		主要传递和控制信息的媒体	主要携带信息的载体
电教媒体	视觉媒体	幻灯机,胶片投影仪,实物投影仪,无声电影等	幻灯片,投影胶片,投影实物,电影胶片等
	听觉媒体	收音机,录音机,CD播放器,MP3播放器等	电磁波,磁带,数字化光盘等
	视听媒体	电视,有声电影、录像,VCD/DVD,MP4播放器等	电磁波,电影胶片,录像带,数字化光盘等
计算机辅助教学媒体	单机媒体	无网络多媒体计算机	各种电子文本、电子数据、电子图表、电子图形图像、音频、视频、动画等文件,相关软件等
	网络媒体	计算机网络	各种电子文本、电子数据、电子图表、电子图形图像、音频、视频、动画等文件,相关网站、软件等

1. 电教媒体

电教媒体可以认为是以电的使用为基础的视听媒体。它是社会生产力发展到一定阶段的必然产物。相对于传统教学媒体而言,电教媒体具有许多特点:教学信息的载体类型多样;信息丰富;传递信息的方式多样;传递信息的可控制性与可重复性强等[1]。地理课程教学中电教媒体应用领域主要包括:辅助地理区域相似性、地理综合性、地理抽象知识、地理事物运动等的教学,辅助地理技能、地理情感教学等。主要电教媒体在地理课程教学中的应用见表5-3。

表5-3 主要电教媒体在地理课程教学中的应用

类别	主要表现内容	应用方式
幻灯	地貌、剖面、地理实物性状等	幻灯片,购买或自制,现场播放,可控制
胶片投影	地貌、剖面、地理实物性状、地理关系,适度表现运动变化,适度代替板书等	购买或自制,可以现场书写绘制,现场播放,可控制
实物投影	地貌、剖面、地理实物性状、地理关系,适度表现运动变化,适度代替板书,展示地图、照片、图像、标本、模型、地理实物等	事前购买、收集、制作,可以现场绘制、书写
录音	地理规律、概念、原理等阐述以及地物性状等描述,地物音频性状	事先录制,现场播放,可控制
录像	地理规律、概念、原理等阐述,地貌、剖面、地理实物性状、地理关系,表现运动变化,展示地图、照片、图像等,展示标本、模型、地理实物等的影像,地物音频视频性状	事先录制,现场播放,可控制
电视	地理规律、概念、原理等阐述,地貌、剖面、地理实物性状、地理关系,表现运动变化,展示地图、照片、图像等,展示标本、模型、地理实物等的影像,地物音频视频性状	现场适度控制播放
VCD/DVD	地理规律、概念、原理等阐述,地貌、剖面、地理实物性状、地理关系,表现运动变化,展示地图、照片、图像等,展示标本、模型、地理实物等的影像,地物音频视频性状	事先购买、刻录,现场播放,可控制

[1] 顾君忠. 多媒体信息技术及应用[M]. 沈阳:辽宁科学技术出版社,2004:10.

总体上，在地理教学过程中，电教媒体可以将地理教学的内容形象直观地予以表达，可以由远拉近，由近放远，由小放大，由大缩小，由静变动，由动变静；可以由宏观到微观，由微观到宏观，由整体到局部，由局部到整体，不断变化视角，多层面表达地理教学信息，更好地进行地理知识教学；可以通过视觉、听觉等刺激，培养学生的地理观察能力、地理想象能力、地理技能以及地理情感等，通过地理事物的展示，培养学生的环境观、可持续发展观等。

2. 计算机辅助教学媒体

(1)多媒体技术。感觉媒体是指能直接作用于人的感官，使人能直接产生感觉的一类媒体。如人类的各种语言、音乐，各种自然声音、图形、图像，计算机系统中的文本、数据等。人们通常把上述感觉媒体称为多媒体(multimedia)。而所谓多媒体技术，就是把文本、声音、图形和图像等媒体与计算机综合在一起的技术[1]。

应用多媒体技术，计算机的处理对象可以包括文本、图形、声音、图片、图像、影像等信息，而且可以同时处理多种信息并可将它们融合在一起。

多媒体技术具有集成性、实时性、交互性等特点。

(2)计算机辅助教学。计算机辅助教学是一个新的概念，同时又是一个老的概念。“新”在于其相对于传统教学媒体以及电教媒体而言，其概念的提出以及在教学中应用的时间比较短，是近期的事情。“老”则在于，一方面，虽然目前我国计算机辅助教学的普及还不够，但在一些更新的概念和观点如网络教学、E-Learning等提出和实践之后，计算机辅助教学在某种情况下已经成为“旧”的教学媒体了；另一方面，由于计算机辅助教学课件的广泛使用，在很多时候，人们直觉地将计算机辅助教学或多或少地等同于利用计算机辅助教学课件进行的教学，而计算机辅助教学课件的使用，在取得众多成果的同时，因为种种原因，也暴露了许多缺点，使许多人对计算机辅助教学产生了疑惑。

传统的对于计算机辅助教学的概念的认识存在时代的局限性。一般认为，CAI以计算机替代或帮助教师执行全部或部分教学任务，模拟教师的教学行为，形成有序的教学信息，向学习者传授知识，训练其技能，从而能达到激发学习者的学习积极性和主动性，提高教学效率和增强教学效果的目的。这一观念主要立足于教学目标是知识传授的角度，虽然计算机辅助教学也有技能的训练、情感的培养等，但分量有限。

以课件教学为代表的计算机辅助教学在地理教学中得到广泛使用，传统的

[1] 朱爱光，涂从润，禹宾. 多媒体CAI软件系统的设计与制作[M]. 北京：电子工业出版社，2000：5.

计算机辅助教学因其巨大的信息容量、出众的多媒体组合能力、方便的交互等，极大地提高了地理教学的质量。但是，计算机辅助地理教学也遭到了一些质疑。

随着计算机软硬件的发展，在社会生产生活的各个领域，计算机已被广泛使用，计算机已经成为一个重要而又普通的应用工具。在地理课程教学中，我们可以把计算机理解为与传统教学中的众多媒体如黑板、粉笔、挂图一样的一个教学媒体。在教学中是否使用计算机，取决于具体的教学内容。因此，计算机辅助教学可以理解成为了完成教学任务、实现教学目标而使用计算机这一媒体进行的教学。

必须指出：第一，计算机辅助教学的目的是为了完成教学任务，实现教学目标；第二，在教学过程中，并不是仅仅使用计算机，也不是每时每刻都在使用计算机；第三，教学的主体是人，是教师和学生，计算机为教师也为学生使用，为教师也为学生服务；第四，计算机辅助教学的形式是多样的，只要在教学过程中使用了计算机，就可以理解为进行了计算机辅助教学。

(3)地理课堂教学中计算机辅助教学的应用。地理课堂教学中，传统的计算机辅助教学形式是利用课件进行教学。

传统地理课堂课件教学的不足，是由课件教学本身的因素以及使用者对于课件教学功能的误解造成的。主要表现为：忽视人的因素，在教学中用课件代替教师的课堂讲解，用课件硬性规定学生的学习过程等；信息量控制不当，信息量过大、过杂，不分主次，成为新的形式的满堂灌；忽视其他媒体的使用，认为课件是万能的，试图用课件替代其他教学媒体；课件中的媒体以及媒体综合处理不当，不重视课件教学的根本目的和教学目标，没有充分研究教学的内容和教学环境以及教学的行为人。具体表现为媒体不能表达教学重点，媒体组合华而不实，没有地理教学的逻辑，声音、色彩等搭配不合理，不考虑具体教学对象使用各种感官刺激，将简单的问题课件化以至于复杂化，教师技术水平不足，教学目的非教学化，计算机辅助教学观念陈旧等。

网络课堂教学是继传统地理课堂课件教学后兴起的又一种计算机辅助地理课堂教学形式。相对于课件教学，网络教学的优势在于信息获取的广泛性和实时性，教师和学生在课堂上通过计算机途径的互动性、教学过程中学生参与性等增强。与此同时，网络课堂辅助教学也暴露了许多问题：教师工作量巨大，教师为了追求好的课堂教学效果而为一堂课制作专门的网页甚至网站，费时费力，投入巨大；课堂组织容易失控，课堂上，学生自主上网查阅资料、参与网上讨论等，在极大地调动学生课堂教学参与积极性的同时，也容易使课堂教学脱离预定的教学轨道,不能完成教学任务,达不到教学目标;投入巨大,也是网络辅助地理课堂教学的一个瓶颈。

地理课程标准教学目标多维度,重视学习过程,重视学生的能力培养与情感培养。同时,计算机以及计算机网络的发展、普及,使地理课堂教学中计算机硬件、软件条件和计算机多媒体信息获取和编辑条件大为改善。因此,地理课堂教学中,计算机的使用应侧重于对任务、目标、教学内容的分析上,并考虑教师和学生的具体能力与情感,收集和整理相应的感官信息文件,在具体的教学环境中进行具体的教学过程。

在地理课堂教学中,关于非硬件的媒体及其组织,除了传统课件的组织形式外,应根据地理课程标准中所关怀的人的情感、学习的过程等,考虑计算机软件支持下的非集成媒体教学。其指导思想是将教学需要的媒体准备好,并准备好相应的软件,在具体教学过程中,根据具体的教学情况,利用相应的软件演示后,现场制作表述相应教学信息的媒体,组织生成性教学。

(4)地理信息系统在地理教学中的应用。地理信息系统是地理学的一个重要内容,又是地理学研究的一个重要手段和技术。地理课程标准对地理信息系统的学习以及应用地理信息系统进行地理学习等,都有比较明确的说明。

地理信息系统应用于中学地理学习的基本功能主要表现在:地理信息获取,区域属性的数字化,数字化信息的属性管理和数据挖掘,数字地理对象的模型分析和预测。

地理信息系统在中学地理相关内容学习中的应用:地理信息技术相关教学内容的学习,区域相似性学习,综合性学习,地理探究性学习等。

很显然,地理信息系统用于计算机辅助地理教学,不仅仅是在课堂上,更应该是在非课堂教学的地理实验、地理实习、地理专题研究等方面。同时,随着网络地理信息系统(Web Geography Information System,WebGIS)技术的不断成熟,利用网络在线地理信息系统辅助地理课程教学,也应该得到应有的重视。

(四)地理课程教学媒体组合

地理课程教学媒体类型多样,特点鲜明。因此,在地理课程教学中,应组合使用各种媒体,以达到教学效果的最优化。

1. 地理课程教学媒体组合依据和可行性

相关研究表明,人们在获得信息的过程中,通过视觉获得的信息占83%,听觉占11%,视听结合可达94%;就人们在获得信息过程中其注意力的集中程度看,单独视觉为81.7%,单独听觉为54.6%,视听结合可达92.7%;按记忆程度看,三天后的统计,只听能记住15%,只看能记住40%,听和看并用则能记住

75%。由此可见,在地理教学中应使用多种媒体,让学习者听看并用,提高学习效率。

地理事物具有较强的空间性、时间性和综合性,地理事物又是不断运动、变化和发展的。同时,地理新课程教学目标多维度,教学过程中要传达的信息,不仅仅局限于“教材”的传统“地理知识”的要求,还包括知识获得过程的学习和获得知识能力的形成,以及地理情感培养方面的信息等。这些都需要在教学过程中使用多种教学媒体组织教学。

地理课程教学媒体类型丰富,在地理课程教学中有各自的优势和相应的缺点(表5-4)。因此,在教学过程中应该使用多种媒体,取长补短[1]。

表5-4 几种主要地理课程教学媒体的教学特性

教学特性		板图	挂图	投影	录像	计算机多媒体
表现力	空间特性	一般	好	好	一般	好
	时间特性	一般	一般	一般	好	好
	运动特性	较差	较差	较差	好	好
重现力		一般	好	好	一般	好
参与性		好	好	一般	较差	好
受控性		一般	较差	好	一般	好

随着社会生产力的发展,地理课程教学环境大为改善,各类教学媒体如教学模型、标本、挂图、幻灯、投影、录像、计算机等的硬件设备逐步齐全,教师的媒体应用素质不断提高,学生对各种媒体的适应性增强。这些情况表明,在地理课程教学中进行多种媒体组合教学已经成为可能。

2. 地理课程教学媒体组合原则

(1)目的性原则。这是地理课程教学媒体组合最根本的原则。地理课程教学中,选择媒体、组合媒体等的最终目的是为了更好地完成教学任务,实现教学目标,以达到教学过程的最优化。在整体课程教学目标的背景下,具体的教学过程有具体的教学任务和教学目标,因此也有具体的教学媒体组合方式。

(2)多样性原则。由于教学目标的多维性、学习过程的多刺激需要以及各媒体信息表达的优势不同等,在组合媒体时应该根据不同媒体的特点,组合多种媒体,优势互补,共同构建一个强大的信息场,以期使学习者更加充分、有效地获得多维度的信息,并培养相应的能力与情感。

(3)适用性原则。每种媒体携带信息和传递信息的方式方法不同,其在地理课程教学中表现出来的特性也不相同(见表5-3和表5-4)。不同的教学内容

[1] 裴新生. 地理教育中的思维、实践、创新[M]. 北京:科学技术出版社,2002:163.

和教学目标,以及不同的教学组织过程,需要不同的教学媒体组合。教学媒体的组合要适用,在媒体组合使用时要处理好“功效与代价”、“繁杂与简练”、“容量与难度”等方面的关系,在两极中寻找具体的平衡。

(4)可行性原则。这里包含三层意思:一是媒体设备准备的可行性;二是教师媒体使用能力的可行性;三是学生通过媒体接受信息能力的可行性。

(5)参与性原则。地理课程标准注重学生的学习过程和学习情感培养,这就要求在进行媒体组合时注意学生的参与,让学生和媒体之间形成一定程度的互动,培养学生的地理情感,体会知识获得的过程,逐步形成个体的地理学习方法和技能。

3. 地理课程教学媒体组合方法

地理课程教学内容包括地理对象性状、特定系统组合、结构、特征、规律,系统发生、发展、运动变化等,具有较强的空间性、时间性、系统性以及动态性等。地理教学目标具有多维度,这就要求地理教学过程中媒体组合的方法要多样。

(1)直观与抽象结合。文字用来阐述和说明地理问题,同时培养学生的地理抽象思维能力。图形图像则用来表达文字抽象描述所不及的地理性状以及地理事物空间组合特征等。动态图像则可以表达地理事物的动态变化等。文字与图形图像相辅相成,互相促进。

(2)声音与图像结合。声音包括各种地理事物及其运动的声音、教师的语言、学生的语言等。前者携带大量地理事物及其运动的信息,后两者则是师生信息互动的一个主要渠道。图形图像的表现力非常强,表达的地理信息以及非地理信息都非常丰富,在具体的教学过程中需要用文字、声音等突出相关信息,引导学生接受相关信息;图像媒体可以弥补声音媒体难以表述的地理事物的有关性状、动态变化等。

(3)动态与静态结合。动态媒体与静态媒体相结合,共同阐述复杂的地理现象。如地上河形成,可以利用静态的剖面阐述形成机制,用动态图形或图像表现形成过程等。地理事物的运动变化的时间跨度变化巨大,有些运动的时间是短暂的,如土壤中植物根系与土壤溶液的离子交换;有些运动又是漫长的,如大陆漂移等;有些运动在学习时既要理解其细微而短时间的运动,又要理解其由短时间运动积累起来的长时间跨度的发展变化,如风化剥蚀和特定地貌形成。这些内容的讲解,既需要利用动态媒体展现其短时间动态和长时间动态变化,也需要用静态图形图像等来阐述其运动发展的一定过程和阶段的特性等。

(4)传统与现代结合。现代教学媒体在信息表达方面具有动态性、大容量、多角度等特点。传统教学媒体经历了长时间的教学实践,在表达和阐述某些教学内容时已经形成相对成熟的方式、方法,取得了十分显著的效果,并且传统教学媒体的硬件条件容易具备,教师与学生的接受能力也有基础。所以,在很长一段时间内,传统教学媒体还有其存在的必要性和重要性,传统媒体与现代媒体的结合会使地理教学过程更优化。

4. 计算机在地理课程教学媒体组合中的作用

计算机在地理课程教学中有着特殊的地位,它既可以作为一种教学媒体,与其他电教媒体、传统教学媒体等组合到一起进行地理课程教学,同时又是一种媒体组合工具,可以将文本、数据、数据图表、图形图像、音频、视频、动画等多种媒体对象进行组合。计算机还是多种媒体对象的展示平台,其中包括上述各种数字化了的视觉媒体对象和相应的媒体编辑制作工具软件以及地理信息系统软件等。

二、地理教学媒体的实施

在地理新课程教学中,需要依据一定的原则、按照一定的流程选择教学相关媒体,组织地理教学过程。

(一)地理教学媒体选择的依据

具体的地理教学过程有具体的媒体选择思路,总体上,要考虑教学目标、教学任务、教学对象、教学环境及教学条件、教师素质、教学过程设计等。新课程教学目标的多维度,要求教学媒体选择时应在教学对象对教学信息的接受过程和接受效果两个方面予以关注。具体表现在对学生的具体学习经验和学习能力有一定认识,对教学目标指导下教学内容的教学组织有深刻的把握,同时对各媒体教学信息表达能力和特点有一定了解。

1. 学生的学习经验和学习能力

E.Dale的“经验之塔”(Cone of Experience)指出了学生年龄与教学媒体选择之间的关系。“经验之塔”表明:年龄小的学生应尽可能通过直接的经验进行学习,而随着学生年龄的增长,所适合的教学媒体也需要有所变化。

现代社会发展日新月异,学生经验、能力变化也非常大,在总体遵循年龄分异的情况下,区域差异、个体差异也比较显著,这些都要求我们在具体地理课程教学过程中具体分析,具体对待。

2. 地理课程标准中的教学建议

地理课程标准中提出了许多关于地理课程的教学建议,这些教学建议给媒体选择提供了依据。

3. 各媒体的教学信息表达能力和特点

在地理课程教学中,各教学媒体表达教学信息的能力不同,其特点也不同。同时,随着地理课程教学改革的深入,一些教学媒体的地理教学特性不断被发现,其地理教学功能也不断被拓宽。另外,社会的进步,使得各媒体技术不断进步,这也对媒体的教学信息表达能力和教学特点等产生影响。

(二)地理教学媒体的优选

在地理课程教学过程中,应根据教学内容、教学对象、教学媒体条件、教师和学生素养等,具体选择特定的教学媒体。

安德森辅助教学媒体选择流程图比较系统地阐述了这一选择过程。安德森在该图中重点考虑了具体教学对媒体的需要,通过具体分析,确认是否需要某一媒体。安德森对于媒体的选择基本上是出于一种理想状态。首先是媒体的充分性,除了在“课堂上用事物演示是否可行”方面提出了“经济、可见、安全”思考外,基本没有考虑媒体的有无;其次,安德森将教师媒体素养排除在外,基本立足于教师媒体素养非常高的状态,教师对于各种媒体都具备一定的认识和一定的操作能力。在我国地理课程教学过程中,媒体的优选离这些理想状态还存在一定距离。另外,学生素养、媒体技术等也与安德森提出此选择流程的时代有了一定的变化,因此,在媒体优选时,不能完全照搬其经验。

(三)地理教学媒体的实施

在地理教学媒体的实施过程中,需要注意和解决的问题很多。首先是媒体的组合教学模式,如何将依据不同的教学目标和教学任务等具体情况选择出来的教学媒体在具体教学过程中组织起来进行教学,是个复杂而又具体的问题,一般没有明确的放之四海而皆准的教学模式,但根据地理课程的教学目标、地理教学内容等,可以进行一定的探索。另外,在使用媒体进行地理教学过程中,教师对媒体的认识、媒体使用的一些注意事项等应该引起重视,尽量避免因媒体硬件准备以及操作技术问题而对教学过程产生影响,并进一步影响具体教学目标的实现和整体教学效果的优化。

1. 地理教学媒体组合教学模式

地理课程教学一般可以分为课堂教学和非课堂教学,并有相应不同的教学目标和教学任务。同时,具体的教学过程有具体的教学目的、任务和要求,而不同的教学媒体有不同的信息表达和信息传播特性,这些都对媒体的组合模式产生影响。

另外,不同的教学环境、教学对象、教师的个人素养以及教学风格等,都对具体的地理教学媒体组合产生影响。

2. 多媒体使用中应注意的问题

地理课程教学中利用教学媒体进行教学,应注意媒体的准备、媒体的使用时机等问题。

(1)媒体的使用要有充分的准备。对于传统教学媒体,一般要检查媒体的保存状态,注意媒体的使用注意事项等。电化教学媒体和计算机媒体等现代教学媒体,一般由硬件和软件两部分组成,比如幻灯媒体由幻灯机和幻灯片共同构成,在使用之前应仔细检查媒体硬件的运行情况、电源配置等,对软件媒体的状况也应加以检查,计算机媒体则还应检测系统软件以及应用工具软件运行情况,以防止在教学过程中出现意外。

(2)媒体的使用时机很有讲究。在具体的教学过程中,应根据具体的教学内容、学生学习情况等适时把握。媒体使用时机恰当,可以充分发挥媒体的功能并调动学生学习的积极性,促进学生思维,有利于教学目标的实现和教学效果的最优化。反之,则可能削弱媒体的使用效果,有时甚至出现负面效果。

思考与练习

1. 地图在地理课堂教学中的重要作用是什么?选择地理教材的某一节内容,研究如何运用地图进行教学。
2. 开展探究式学习应注意哪几个程序?
3. 就地理教材某一内容,利用探究式教学模式设计一个课题。
4. 就地理教材某一内容,选择合适的教学方法,并说明理由。
5. 就地理教材某一内容,编写出板书提纲。
6. 谈谈你对地理教学方法的优选和组合的看法。
7. 简述在地理教学中如何利用网络资源。
8. 简述多媒体应用工具软件在地理教学中的应用。
9. 简述地理信息技术在中学地理教学中的地位、作用和实践。
10. 试述地理教学中如何选择媒体。

第六章　地理课程资源

课程资源的含义有广义和狭义之分。狭义课程资源仅指形成课程的直接因素；广义课程资源指有利于实现课程目标的各种因素和条件，是课程设计、实施和评价等整个课程编制和实施过程中可以利用的一切人力、物力以及自然资源的总和，包括教师、教材以及学校、家庭和社会中所有有助于提高学生地理素质的各种资源。

第一节　地理课程资源概述

地理课程资源兼有课程与资源的双重性质。随着隐性课程的提出，地理课程的外延不断扩大，教师的情感、学习环境、学生的兴趣等都丰富了地理课程的内涵。随着人类社会进入信息时代，地理课程资源无论是其内容、数量、媒体种类，还是其存储、传递和提取信息的方式，都较过去发生了很大变化。

一、地理课程资源的概念

地理课程资源是指有利于实现地理课程目标的所有因素和条件的总和，即广泛蕴藏于学生生活、学校、社会以及自然中的所有有利于地理课程实施、有利于实现地理课程教学目的的教育资源。地理课程资源是教学的主要工具之一，包括在教学活动中利用的一切物质的、精神的、校内的、校外的事物。

例如，由于人力资源的提出，地理教师、学生、家长、地理学专家以及社会各界等都成为地理课程资源的组成部分；随着科学技术的发展，多媒体、网络等丰富了地理课程资源的内容。正因为地理课程与资源概念的拓展，才导致地理课程资源的外延与内涵发生了变化。实际上，人力资源应该作为地理课程资源的核心资源来开发[1]。

[1] 地理课程标准研制组. 普通高中地理课程标准（实验）解读[M]. 南京：江苏教育出版社，2004：277.

二、地理课程资源建设的意义和目的

地理课程资源建设可以拓宽校内外课程资源及其研究成果的分享渠道，提高使用效率。地理课程资源建设，要注重现有资源调查，摸清课程资源“家底”，为检索系统、资源档案的建设提供依据。

开发和建设地理课程资源的目的是为了实现国家规定的地理课程目标，给地理教师提供各种教学素材、案例、条件和手段，同时也为学生提供更广泛的学习空间，不断开拓学生的知识视野，开拓学科知识的深度和广度。开发和建设校内外地理课程资源，不仅要发挥教师的特长，更要发挥学生的积极性和主动性，将开发、建设地理课程资源的过程发展成为学生主动学习、乐于探究、勤于思考的过程。

三、地理课程资源的特征

地理课程资源内容丰富，具有开放性、多样性、动态性、社会性、交叉性等特点。

(一)内容的开放性

内容的开放性体现在以下三方面。

1. 地理课程资源空间的开放性

地理课程资源并不局限于教科书、课堂、教师和学校，社会生活中蕴藏着丰富的课程资源，可以激发学生地理学习兴趣。例如，在大自然中能够经历的真实体验，有助于培养学生的地理实践能力。教师要努力从中挖掘适合学生学习的素材，引导学生充分利用校外各种资源，在大自然和社会生活中学习与探索。

2. 地理课程资源时间的开放性

地理课程资源十分丰富，录像带、课件、报纸杂志、网络媒体、自然和社会中隐藏的信息等各种资源互相补充，因此，在任何需要的时候都可以提取相关资源，辅助地理教学。

3. 地理课程资源利用的开放性

并不是只有地理学专家、地理教师才可以开发利用课程资源，学生也可以通过探究活动、参与活动、体验活动来主动利用课程资源。任何师生都可以利用可能的资源进行地理教与学、教改研讨，实现地理资源共享。

(二)形式的多样性

地理课程资源形式多样，既有来自自然界、社会的，也有人力、物力的；既有校内、校外的，也有显形、隐形的。地理课程要求学生在宽广的科学技术和社会背景下学习地理科学知识，因此地理课程资源绝不仅仅指地理教材，也不仅仅限于学校内部，它涉及学生学习与生活环境中所有有利于地理课程实施、有利于达到地理课程目标的资源。

例如，实验仪器、教学设备、网络设施、标本、模型、挂图等实物资源；地理教科书、学校图书馆、地理园、小天文台、小气象站和校园网等校内课程资源；学生之间、教师之间、师生之间的信息交流渠道；大众传播媒体、社区活动中心、科技馆、博物馆、地震台、气象台、科研机构、高新技术开发区、工厂、农村、学生生活环境等校外课程资源。

（三）内涵的动态性

地理课程资源的内涵不断发展变化，具有动态性特点。一方面，自然环境、区位条件、经济水平、民族文化和社会因素的不同，地理课程资源的内容和存在形式也不同；另一方面，地理课程资源的内涵不是静止、固定不变的，而是随着科技进步、社会发展以及学校地理教育拓展，地理课程与资源的概念也会发生变化，从而使更多的资源可以作为影响、支持并构成地理课程的要素，成为地理课程资源的一部分。

（四）价值的社会性

地理课程资源不仅能为教学服务，而且具有独特的社会经济价值。地理课程资源的内容非常丰富，除了教材、设备等，还包含广阔的自然和人文地理资源。这些资源不仅可以使学生的地理学习更加生动、活泼，而且可以产生社会影响，创造经济价值。

例如，可以利用自然风光开展特色旅游，利用草原开展牧马、牧羊旅游等。有些乡土地理资源还可以用于招商引资，发展经济。因此，地理课程资源的开发具有双重性，既可以服务于地理教学，又可以服务于社会经济活动。

（五）功用的交叉性

地理课程资源与其他课程资源之间存在着交叉和互补，可以相互为对方学科的教学服务。地理课程要求创设接近学生生活的情境，学习对生活有用的地理，其本身是一门集自然和人文于一体的综合课程，与其他学科之间交叉、联系、渗透、相互促进。因此，为地理课程服务的课程资源也与其他课程资源之间联系紧密，互相利用。

例如，地图作为地理学的“第二语言”，承载着丰富的地理信息，可以在历史、政治、英语甚至语文教学中得到应用。从其他学科中也可挖掘出地理课程可以利用的资源，解决地理学科中的问题。如利用向心力解释地球围绕太阳公转的原因；利用音乐、诗词、故事、新闻等激发学生兴趣，引出地理悬念；利用数学知识计算面积、距离和人口密度;利用历史知识了解城市的发展过程等。

四、地理课程资源的类型

地理课程资源形式多样,内容丰富,从不同的角度划分有不同的表现形式。依据空间分布,可划分为校内资源和校外资源;依据功能,可划分为素材性资源和条件性资源;依据性质,可划分为自然资源和社会资源;依据呈现方式,可划分为文字资源、实物资源、活动资源和信息化资源;依据存在方式,可划分为隐性资源和显性资源;依据制约因素,可划分为原生性资源、内生性资源和外生性资源。

第二节 校内地理课程资源

凡是学校校园以内可以提供的课程资源,即为校内课程资源。由于它的经常性和便捷性,校内课程资源的开发利用在课程资源开发利用中占有主要地位,对课程的实施非常重要。

一、常规地理课程资源

常规地理课程资源包括地图、地图集、图片、地理参考资料书、工具书、地理模型和标本等。

(一)地图、地图集和图片

中学地理教学需要的地图种类和数量很多,地图分类的方法通常按其比例尺、内容、用途、制图区域范围和使用形式等特征来划分。

按照比例尺大小,地图分为大比例尺地图(比例尺大于1∶1万)、中比例尺地图(比例尺介于1∶1万—1∶100万)和小比例尺地图(比例尺小于1∶100万)。

按内容,地图分为普通地图和专题地图。普通地图包括地形图和普通地理图。专题地图又称“专门地图”或“主题地图”,是以普通地图为底图,着重表示某种或几种要素的地图,适用于某一专业部门的专门需要。专题地图通常分为自然地图、人口图、经济图、政治图、文化图、历史图等。

按制图区域范围,地图分为世界图、半球图、大洲图、大洋图、大海图、国家(地区)图、省区图、市县图等。

按使用形式,地图分为挂图、桌面图、地图集(册)等。

按表现形式,地图分为缩微地图、数字地图、电子地图、影像地图等。

另外，还包括一定数量的航空图片和卫星图片，还有大量表现典型、有代表性的自然界或经济事象的地理景观图、图画、照片、剖面图、示意图等地理图片。

这些地图、图片都是中学地理教学过程中必不可少的、最基本的课程资源。

(二)地理参考资料、工具书等资源库

由于教科书版面、内容的限制，教师在教学和学生在学习的过程中，需要增加一些其他的参考书籍、工具书、图表等资料。这些资料对于扩大学生知识面，形成科学素养等，都有极大的促进作用，且为学生开展探究性学习提供原始文字内容。

资料的选择要准确、可靠、及时、充分。有些地理问题要通过大量的数据来表达，数据可以更加准确、科学地表达地理信息。

常规学校地理课程资源依靠教师和学生共同建设。这些资源在日常课堂教学过程中必不可少，需要在日常的积累过程中逐渐完善。在日常教学过程中，教师要有意识地积累和总结，形成一套系统的地理课程资源，并在以后的教学过程中不断丰富、完善。

一般学校可以根据实际情况，编制各种各样的“课程资源一览表”，将课程资源的类型、特色、来源、获取方式、开发动态、使用事项等分类存档，建成检索系统，制成地理课程资源档案，归口管理。有条件的学校可以对课程资源进行数字化处理，发挥网络优势，建成资源数据库，通过科学管理建立起课程资源协调与共享机制，提高课程资源实施的效益与水平。

组织学生编写“地理期刊一览表”，是课程资源建设的一种形式。

目的：①根据地理课程标准的要求，开发课程资源，丰富中学地理的教学内容，更好地实现教学目标。②让学生在编制该表的过程中，学会查阅、检索期刊资料，学会网络检索，培养学生的综合能力，增强地理教学活力。

步骤：①老师制定编写“地理期刊一览表”计划，将学生划分为几个编写小组。②将编制任务分解、落实到各个小组，老师提供有关编写资料、信息和设备等。③在教师的指导下，各小组通过学校图书馆、校园网等收集、查找资料。④汇总各组的资料，筛选、整理，编制成实用的中学地理教学的“地理期刊一览表”，作为学校地理课程资源库的一部分，供地理教学之用。

(三)地理模型和标本

地理学科是一门实践性非常强的学科，这一特点决定了在地理教学过程中必须利用一些模型和标本来说明地理问题，如地球仪、天球仪、五种地形类型模型和等高线地形模型等。

1. 地理实物标本类

(1)经过加工整理的植物、动物、矿物、岩石、土壤标本等。

(2)采集整理后直接用于课堂教学的各种自然、人文地理实物。如粮、棉、丝、麻、毛、茶叶、水果、竹木、鱼虾、贝类、藻类等农林牧副渔产品,布、糖、盐、碱、药品、钢铁等轻重工业产品,各种工艺品、土特产品等。

(3)反映各国政治、经济、文化特征的国旗、国徽、会旗、会徽、吉祥物、纪念品、门票、邮票等。

地理实物标本教学除在课堂进行外,还可以通过野外教学、社会调查、参观访问、实地测量,以及实习、实验等形式,进行地理实物、标本教学。其优点是可以调动学生的各种感官,用眼观察,用手触摸,以至嗅、品尝等,具有强烈的亲切感、愉悦感,学生对所感知的地理事物识记效果好,印迹牢度强。

2. 地理模型类

地理模型主要有地形模型、地质构造模型、农业区划模型、农田水利建设模型、工程建设模型、城镇建设模型、军事模型、港口模型和交通模型,以及各种示教板等。

模型是各种地理事物的真实缩影,是颇受学生欢迎的具有三维空间的立体直观教具。其优点是可以在一定程度上突破时空限制,把遥远的地理事物搬到课堂;把无法窥视全貌的地理事物和盘托出,尽收眼底;把地理事物不明显的渐变过程变为突变过程,容易使教学过程达到最优化,从而激发学生的学习兴趣,对发展智力、培养能力表现出明显的优势。

3. 地理仪器类

地理仪器如三球仪、地球仪、经纬网仪、地动仪、日照仪、风速风向仪,以及雨量器、蒸发器、区时计算器、测角器、日晷和天文望远镜等,均可购买或自行制作。能成功制作仪器,标志着对有关教材内容的钻研达到了一定的深度。这种较高层次的劳动成果,是教师讲活教材,化难为易,有效减轻学生负担,全面发挥教师主导作用的重要手段和坚实的物质基础。由于这些地理仪器设备是师生自己动手设计制作的,因而对仪器的原理、结构、性能、用法以及维修、保管都比较熟悉,有利于师生共同爱护和用好、管好仪器,发挥各种仪器设备的最大效益,保持仪器设备较高的完好率。

二、现代信息技术条件下的地理课程资源

计算机及其技术已经广泛深入地渗透到人类社会各个领域。从科研、生产、国防、文化、教育、卫生,直到家庭生活,都离不开计算机提供的服务。近年来,多媒体技术和网络技术突飞猛进,推动了中学CAI的发展,网上教学和远程教学已在许多学校展开,开展CAI使传统学校教育发生了根本变化。

(一)计算机辅助教学软件

在学校方面,要自主加快学校CAI资源库的建设,加强CAI的使用力度和效度。结合学校课堂教学实际,有计划、有组织、有步骤地建设学校CAI资源库,是开展CAI的一个重要措施,也是目前CAI发展的关键。学校CAI资源库的建设主要包括以下两个方面。

1. 购买软件

购买软件要注意以下问题:结合学校教学和管理实际,购买部分教学管理软件,如备课系统、武大华软等应用软件;结合学校软件开发实际,购买多媒体开发工具,如Authorware、Flash、Director、3DSMAX、方正奥思、青鸟师友、课件大师等开发工具。除上述软件外,还需要购买部分百科知识类的光盘素材库,以加快和辅助计算机辅助教学软件的开发。

2. 结合教学实际,开发制作教学软件和课件

教师在掌握了几种简单的计算机软件后,结合课堂教学实际,自己动手开发制作软件,设计适合自己的课堂教学课件,建立学校教学资源库,是解决教学软件不足的重要途径之一。例如,地球的公转及其意义、台风、火山、地震等知识,可以通过CAI更直观地展现在学生的面前。

《超级地图》软件简介

地图被誉为地理科学的"第二语言",更是地理课堂教学中最常用的教具。在传统的地理课堂中使用的是纸质教学挂图。随着地理信息技术的发展,出现了使用更方便、查询更快捷的电子地图。《地理教学信息系统——超级地图》就是基于地理信息系统技术,面向中学地理教学的一套电子地图。它向中学地理教师提供了在地理课堂教学中所用到的各种地图,这些地图可以放大、缩小,可以精确量算长度和面积,可以显示或隐藏地图中的各个图层。为了方便课堂教学,软件还提供了全屏显示功能,在全屏状态下仍然可以进行地图基本操作。考试、练习中的空白图的制作一直是困扰地理教师的一个难题,《超级地图》提供了地图输出功能,教师可以把在软件中编辑好的地图直接打印输出,也可以存储为常用的图像格式,在其他软件中使用。《超级地图》还具备制作专题地图的功能,教师可以利用软件提供的数据,制作符合自己教学要求的专题地图。

(二)电子资源库

包括与地理课程相关的各种网络信息、文件、数据库、网站网址和试卷库,以及建立多媒体网络化的地理专用或与其他学科共用教室。

多媒体网络教室要配备一定数量供学生使用的、互相联网的计算机,要有

宽带与Internet相连，要有适合学生使用的专用教学软件，以及投影仪、扫描仪、光盘刻录机，最好配备工作站。教师能够在电子教室完成某些特殊的教学任务，更重要的是，利用这个教室学生可以通过互联网联系校外更广阔的空间，教师可以指导和组织学生利用互联网学习有关地理知识，以及初步学习RS、GPS、GIS基本知识和基本技能，将学习的空间扩展到校外。

三、地理教室和地理园地

地理学习过程中涉及较多的野外考察和观察，但有些由于条件所限不能到野外开展，只能在地理园地或地理教室里进行。这类地理教学器材包括卷尺、铁锤、罗盘、普通望远镜和天文望远镜、照相机、摄影机、电视机、VCD及DVD机、幻灯机等。

有条件的学校应当开辟地理学习园地，为学生和教师提供学习地理知识的室外场所。

第三节 校外地理课程资源

校外地理课程资源丰富多样，具有涵盖面广、信息量大、时代感强、贴近日常生活实际等特点。它的开发利用，可作为校内地理学习课程的延伸，有益于拓宽学生的知识视野，培养学生的地理技能。

根据校外地理课程资源的内容和性质，可将其划分为四类。

一、大众传媒

大众传媒包括纸质传媒、互联网、手机信息等。

(一)传统大众传媒

报纸、杂志、书籍、广播、电视、电影等是传统大众传媒。

1. 纸媒(报纸、杂志、书籍)

许多地理纸质传媒图文并茂，引人入胜，比较适合中学生，如地理图册、地理杂志、旅游杂志、各类画报以及国家、城市和地区的资料介绍等。不少报纸也能提供丰富和及时的地理信息。

2. 广播(收音机)

广播(收音机)易于普及，语言配以音乐，有利于学生发挥主观想象力，产生各自的联想意境。广播(收音机)尤其适宜于经济相对落后的地区，不足之处是缺少直观生动的视觉图像。

3. 电视(电影)

电视(电影)形象逼真,情境感强,既给学生留下深刻印象,也能够引发学习地理的兴趣。作为强有力的信息媒体,电视(电影)对于地理课程资源建设的重要性日益突出。

现代数字电视采用双向信息传输技术,增加了交互能力,赋予了电视许多全新的功能,使人们可以按照自己的需求获取各种网络服务,包括视频点播、远程教学等新业务,使电视机成为名副其实的信息家电。

(二)第四媒体——互联网

利用互联网,可以获取大量第一手信息,开展信息交流,并用计算机对资料进行处理。与报刊、电视不同的是,互联网的目的性比较明确,主题相对突出,并可查询系统性资料,开展趋势性分析。

第四媒体拥有其他媒体无法比拟的优点。这种媒体有十个方面的特征,即数字化、网络化、多元化、全球化、大众化、多媒体化、实时性、交互性、广容性、易检性。其最大的优势在于信息传播的快捷性。

当今世界突发的地理信息事件,通过互联网不仅可以瞬间传遍全球,而且由于其信息形态是多媒体,更能够引起网民包括老师、学生的关注和讨论,极大地改变了以往地理信息发布的途径。

相关网址

安庆市石化第一中学网站 http://www.ashyz.com/dili/Index.asp

重庆地理教研网 http://geoedu.cn/Index.html

初中地理—江苏省中小学教学研究室 http://czdl.jssjys.com/

地理教师 http://www.dljs.net/

地理频道 http://www.dlpd.com/Index.html

地理学科网 http://dl.zxxk.com/

东莞地理教研网 http://zxdl.dgjyw.com/

高考资源网 http://ks5u.com/subject/dili/

高中地理辅导网 http://www.jhdilifudao.com/

高中地理—江苏省中小学教学研究室 http://gzdl.jssjys.com/

故宫博物院 http://www.dpm.org.cn/index1024768.html

广东实验中学地理科 http://geo.gdsyzx.edu.cn/

国家地理 http://www.cctv.com/geography/index.shtml

国家海洋局 http://www.soa.gov.cn/soa/index.htm

国家旅游局 http://www.cnta.gov.cn/

国土资源部 http://www.mlr.gov.cn/

环境保护部 http://www.mep.gov.cn/

南京地理与湖泊研究所 http://www.niglas.ac.cn/

南京市教研室 http://old.njsjys.cn/index.asp

绵阳中学学科网站 http://www.scmyzx.com.cn/xkwz/Geography/

人民教育出版社 http://www.pep.com.cn/

世界地理课程网 http://sjdl.snnu.edu.cn/secondary.asp?id=57

顺德第一中学 http://dl.yeschool.net/

苏州市高中地理学科研究 http://www.jsscszx.com/dl/dlzx/

天气在线 http://www.t7online.com/

温岭大溪中学地理组 http://www.dxhs.org/dili/Index.asp

中国地理学会 http://www.gsc.org.cn/

中国国家地理网 http://dili360.com/

中国基础教育网—地理频道 http://www.cbe21.com/subject/geography/

中国气象局 http://www.cma.gov.cn

中国资源卫星研究中心 http://www.cresda.com/n16/index.html

中华地图网 http://www.hua2.com/index.asp

中学地理学科网 http://geoteach.jyjy.net.cn/article/index.asp

中学地理学习网 http://yccry.51.net/

中学地理在线 http://www.nywz.net/dili/

中学教育网 http://www.zhxedu.com/HTML/dili/

(三)第五媒体——手机

作为一个新的媒体形式,手机与其他媒体相比,已经有了很多根本性、革命性的改变。第一,手机是覆盖人群最广的一种媒体形式。第二,手机传播成本比较低廉。第三,手机可以方便地把人们的零碎时间利用起来,并且能够极为快捷地传播信息。报纸虽然携带方便,但是传播信息并不快捷;电视、广播、互联网能够快捷地传播信息,但是其载体携带不便。手机携带方便,手机媒体的传播速度也很快。

最为重要的是,手机媒体传播信息带有一定的强制性。其他媒体本身不具有强制性,都需要读者主动去获得信息,而手机拥有者不可能总不开手机或者总不随身携带，因此，手机可以通过短信息等形式将信息强制性地传播给受众。

总而言之，手机是到目前为止所有媒体形式中最具普及性、最快捷、最为方便并具有一定强制性的媒体平台之一，发展空间非常巨大。3G、4G手机普及之后，手机媒体日益成为普通人日常生活中获得信息的重要手段。

当然，每一种媒体形式都有自己的生存空间，手机媒体不可能代替其他媒体。正如广播的出现没有令报纸消失，电视的出现没有令广播消亡，互联网也没有取代所有的传统媒体一样，手机也不会使其他媒体失去生存空间，而是会开拓出一片独立的新天地。

二、青少年集体活动场所

青少年集体活动场所包括青少年活动中心、科技馆、图书馆、资料馆、地理教育基地、天文台、地震台、气象台、水文站、博物馆、展览馆、陈列馆、主题公园、植物园、动物园等，都是重要的校外地理课程资源。

（一）青少年活动中心、科技馆、图书馆、资料馆

充分利用青少年活动中心这一公共资源，坚持公益性，兼容并蓄，吸纳各种教育资源，挖掘地方人文地理资源，实现资源共享，使其成为青少年校外教育平台、组织平台、服务平台。

现代意义上的科技馆有别于过去那种完全放在玻璃罩内不能触摸的、冷冰冰的传统博物馆。它是可交流的、动态的，不仅能看到，而且是可以动手操作的科技平台。学生可以通过手、眼、耳、鼻、身，全方位地感觉科学的奇妙之处，从而培养学生对科学的兴趣和动手实践的能力。通过参与和互动的形式，学生可以直观地了解或理解科学原理、科技产品的功能，体验科学的乐趣，激发探索的热情，开拓创造性的思维，提高发现问题和解决问题的能力，在潜移默化中培养科技意识和科学精神，因而它极大地拉近了人与科学的距离，达到了提高学生科学素养的目的。

图书馆是专门收集、整理、保存文献并提供利用的科学、文化、教育和科研机构。文献是图书馆开展一切工作的物质基础，地理教学和学习中的大量资料和数据离不开图书馆。

为了扩展学生的知识范围，可鼓励学生参与各种各样的科技活动，收集所需要的地理资料，组织学生开展一些地理专题研究。

（二）地理教育基地、天文台、地震台、气象台、水文站

这些基地和台站，专业设施较为齐备，拥有系列科研资料，一般有专业人员进行专题讲解，有利于开展地理专题教育，扩展探究深度，帮助学生深入了解地

理现象。

中国科学院新疆生态与地理研究所地理与动植物科普教育基地

中国科学院新疆生态与地理研究所建设有新疆最大的地理与动植物科普教育基地。该基地通过实物、标本、模型、图片、文字等不同表现形式，分别展示了3000多份动物标本和10万份植物标本，其中包括濒临灭绝的国家一级保护动物波斑鸨、野骆驼、野马以及已经在新疆境内灭绝的高鼻羚羊等动物标本。

南京紫金山天文台科普基地

南京紫金山天文台科普基地主要负责科普宣传工作。紫金山天文台创建了我国第一座天文历史博物馆，分设天文历史文物陈列厅、天文图片厅、天象影视厅等展厅。为我国天文事业做出过重大贡献的600mm口径的大型反光天文望远镜向游客开放，有专业人员为游客讲解。参观者在了解现代天文学进展的同时，还可以参观明清时期青铜制造的古代天文仪器，如天球仪、浑天仪、简仪、圭表等。这些古代仪器不仅是我国天文科学的宝贵遗产，而且在世界上也是绝无仅有的珍贵文物。

(三)博物馆、展览馆、陈列馆、主题公园、植物园、动物园

在这些场馆能够仔细观察日常生活中难以接触到的一些地理事物，比如矿物和岩石标本、珍稀植物、历史文物、生物群落等，通过阅读有关说明或者借助于讲解、观察过程，建立起系统的地理学科及相关学科的知识框架，有助于了解地理事物的内在机制和来龙去脉。

南京地质博物馆

南京地质博物馆建于1935年，是我国最早的自然博物馆之一。该馆拥有馆藏标本2万余件，展出标本、模型及图件6 000多件，展室面积1 500m^2，设有九个展厅。多年来，开展了大量的地球科学普及工作，通过陈列展出地质工作成果，普及地学知识，宣传献身科学、科技兴国的爱国主义精神和崇尚科学、热爱科学的唯物主义观点，成为广大青少年探索地球奥秘的窗口和了解地球科学、接受唯物主义熏陶的第二课堂。

三、学校周围的社区机构

包括有关工业企业、示范农场、商业中心、大专院校、科研机构、高新技术开

发区等。

开发利用这一类校外地理课程资源的方式主要有：邀请有关专家作地理学术报告；聘请有关科技人员和专家担任学校兼职教师；在有条件的地方，组织学生参观、服务和劳动，增加学生的实践经验，培养学生为公众服务的意识；到有关大专院校实验室参观学习。

对于属于教育系统的地理课程资源，有关教育行政主管部门要给予必要的支持；对于非教育系统的地理课程资源，应与其建立必要的业务联系。

四、学校附近的自然课程资源

自然课程资源主要包含三大类。

(1)地理环境类。地质、地貌、水文、土壤、植被、气象、气候等。

(2)自然资源类。土地资源、水资源、矿产资源、动植物资源、气象气候资源等。

(3)自然风景类。山岳、河流、泉瀑、溶洞、峡谷、沙滩、岛礁、森林、草原、雪原、冰川等。

学生了解并认识自然环境的方式主要有：第一，在教师的带领下，结合地理课程内容开展专题性的野外地理考察活动；第二，在家长的带领下外出旅游，根据学生本人的实际体会，写出地理旅行报告；第三，组织地理活动小组对学校附近的自然地理状况进行系统调查，比如了解地形、气候、河流、植被、动物、矿产等方面的情况，并写出专门调研报告或论文。了解学校附近的自然地理课程资源，一般要在教师或家长的指导下进行，在野外活动时务必要注意安全，防范各种风险和意外事故。

乡土地理学生实践活动课设计方案

主题：滁州市腰铺镇城镇化发展状况调查

一、活动目标

1.通过开展腰铺镇城镇化发展状况调查活动，使学生进一步了解小城镇、新农村发展状况以及城镇化相关知识。

2.通过讨论，使学生进一步认识到目前腰铺镇城镇化发展存在的问题和发展方向。

3.通过学习，帮助学生牢固树立可持续发展的观点，树立建设美好家乡的责任感。

4.通过活动，培养学生搜集、整理资料，根据问题提取相关信息的能力以及小组合作能力;初步掌握调查研究的方法和形式,提高理论联系实际的能力,为今后工作奠定基础。

二、活动准备

1.确定活动主题、内容、步骤和活动方式。

2.召开学生动员会,分组布置任务,准备相关仪器和用具。

三、活动过程

1.利用网络等途径室内收集资料。

2.实地考察(1天):(1)实地考察了解腰铺镇的镇容镇貌,交通状况,文教状况,镇区服务对象和服务范围(每人实地访问5~10人),镇区形态,人口状况,发展历程;(2)实地绘制腰铺镇主要街道、主要单位的平面图。

3.校内完成:(1)在GIS实验室利用MAPGIS等相关软件数字化腰铺镇平面图;(2)完成调查分析报告;(3)交流总结。

第四节 地理地方课程和校本课程

国家基础教育宏观课程结构由三部分构成:国家课程、地方课程和校本课程(学校课程)。国家课程是根据公民基本素质发展的一般要求设计的课程;地方课程则主要是根据地方经济和文化发展实际,以及地域特点设计的课程;校本课程或学校课程必须在贯彻国家课程标准的基础上,以地方课程方案为依据设计的课程。

一、地理地方课程

地方课程又称为地方本位课程,或地方取向课程,是指为了保障和促进课程适应不同地区的需要,由地方根据国家课程管理政策和当地政治、经济、文化等发展需要而开发设置、补充完善和改编,并由地方管理的课程。这类课程的含义可以扩大到包括当地的校本课程,与地方课程和校本课程配套开发、编制的课程标准、教材和教参等[1]。

(一)设置地理地方课程的重要意义

三级课程管理体制的正式提出,给地理地方课程在整个课程体系中一定的法定地位,这是新中国成立以来第一次,意义深远。

[1] 许洁英. 国家课程、地方课程和校本课程的含义、目的及地位[J]. 教育研究, 2005(8):56-59.

1. 促进课程决策和管理的民主化、科学化

地理地方课程的设立，为地方提供了参与课程决策和管理的机会，调动了地方参与地理课程建设的积极性。过去，国家规定很严格，地方一点调节的余地都没有，虽然有一点乡土地理课程，但只是在本学科内作些补充，还没有成为整体课程统筹安排的一部分。随着课改的全面推进，地方课程的空间也会逐渐扩大。增加课程设置的灵活性是时代发展的趋势。

据《基础教育课程改革纲要(试行)解读》，苏联曾规定，国家课程占41.3%，各加盟共和国课程占41.9%，学校选修课程占16.8%。俄罗斯在1993年制定的基础教育计划中规定，全国统一的必修课占73.68%，校级选修课、个人兴趣课占26.32%。我国台湾省除了特别规定的弹性教学节数(占总节数的20%)之外，还规定选修课占10%~30%的节数。

2. 进一步推进课程与实际的紧密结合

我国幅员辽阔，民族众多，地域之间的经济、文化和自然等方面差异较大。地理地方课程的设立，可使地方根据本地社会、经济、文化、自然和民族等方面的实际需要开设一定数量的课程，或对已有课程进行某些完善、补充和改编，使学生更加了解家乡、热爱家乡，更加了解本民族、热爱本民族，从而立志将来为家乡的现代化建设、为传承和发展本民族的文化而贡献力量；同时，还有助于克服课程、教材脱离实际的弊端，有利于学生把学到的知识运用于实际，促进学用一致。

3. 有利于充分发挥地方教育资源的作用

我国地大物博，教育资源丰富，且各地具有各自的特色。开发地理地方课程，可以充分利用尚未开发的地方教育资源，为当地地理教育服务。本次课程改革要求各地建立自己的课程资源中心，有些资源可以挖掘出来，有些资源还可以共享，包括网上共享。

建立课程资源中心是一项新举措，是各科地方课程开发的需要，可以围绕国家课程来建立中心，但地方课程资源中心应具有地方特色。

4. 促进地方人才培养质量的提高

课程问题历来是世界各国教育的核心问题。特别是20世纪80年代中后期以后，为了培养面向21世纪的人才，课程问题更成为各国教育改革关注的焦点。因为从宏观上讲，课程反映了一个国家的政治、经济和社会发展的需求。在教育层面上，课程集中体现了一个国家的教育方针、教育思想、教育观念、教育宗旨和培养目标。在学校教育层面上，课程主导和制约着学校的教育教学活动。

(二)地理地方课程的基本特征

从课程目标、课程内容和课程实施等方面看,地理地方课程具有以下区别于国家课程和校本课程的基本特征。

1. 地域性

地理地方课程是不同地方根据特定地域或社区社会发展及其对学生发展的特殊要求设计的课程,因而在适用范围上具有鲜明的地域性。特定的地理地方课程只适用于特定的地方和社区中学,如《安徽地理》适合安徽学生使用。

我国幅员辽阔,地方经济、文化发展水平差异很大,不同地方或社区社会发展的要求迥异,不同地域可利用的地理课程资源也不尽相同。这就要求各地甚至各社区教育主管部门要结合地方实际,开发适合本地、本社区的地理地方课程。

2. 针对性

从地理课程目标上看,地理地方课程针对地方实际设计,它的基本目的是满足地方或社区发展的实际需要,加强学生与社会现实和社区发展的联系,使学生了解社区,接触社会,关注社会,学会对社会负责,增强学生的社会责任感。地理地方课程的设计与实施,有利于克服课程脱离社会生活的弊端。地理地方课程设计应充分反映地方或社区发展的现实和要求。

3. 时代性和现实性

从课程内容上看,地理地方课程不同于国家课程中的地理课程,它不刻意追求理论知识的系统性、连贯性、深刻性,及其对学生智力发展的认知功能,但它特别强调课程内容的时代性和现实性。

要密切学生与社会生活和社区发展的联系,充分利用社区课程资源,以专题等各种形式设计反映社会生活和社区发展现实的课程内容,体现地方特色,促进学生认识社会,了解社会,关心社会发展,参与社会生活。在内容设计上,地理地方课程应具有突出的现实性,以专题综合的形式组织内容。

4. 探究性和实践性

地理地方课程的根本目的是培养学生的社会责任感,以及参与社会生活的能力,培养和发展学生应对地方或社区发展需要的基本素质。因而,在地方课程实施中,学生的学习活动方式不应是接受式的,而应是探究式的、实践式的。学生在学习地方和社区基本知识的基础上,研究社区现实问题,探究每个社会成员适应社区发展需要应具有的基本素质。同时,通过参与社区生活、社区服务等各种活动,在实践中培养学生参与社会实践活动的能力,了解地理事实,发现地理问题。

(三)地理地方课程建设中应注意的几个问题

在地理地方课程建设中,必须树立正确的课程观,正确处理继承和创新的关系,做好调查研究等。

1. 树立正确的课程观

课程改革涉及更新和转变很多观念,其中最直接的就是更新和转变课程观。传统的课程观以学科知识为中心,这种观念已经严重落后。要坚持育人为本的课程观,正确处理学科知识、社会需要和学生发展之间的关系。要注意反映以德育为核心、以培养学生的创新精神和实践能力为重点的素质教育的要求。地理地方课程一定要从本地优势出发,特别要注意本地农村的需要和实际,从学生的发展需要出发,密切为地方经济、社会进步服务,具有较强的地方适应性,否则,地理地方课程设置没有任何意义。

2. 正确处理继承和创新的关系

创新首先需要传统的积累和继承,不能脱离历史。教育的特点是既具有先导性,又具有迟效性,它的效应要在很长的周期以后才能显示出来。因此,要特别处理好继承和创新的关系。学生只有基本知识没有基本技能,就不可能把知识运用到实践中去。基本技能是培养学生能力的一个重要方面。所以,对传统要分析,不能一概否定。地理地方课程建设的创新,一定要在继承优良传统的基础上进行。

3. 做好调查研究

在规划和开发地理地方课程以前,要对现有的地理地方课程包括校本课程进行调查。不仅要调查课程设置、门类、内容等,还要调查管理方面的情况,总结过去的经验,找出存在的问题。这样,地理地方课程建设才会有较强的针对性,并能在原有的基础上更上一层楼。

九年义务教育地方课程《清丽湖州》指导纲要(试行)(节选)[1]

湖州是长三角地区唯一以太湖命名的城市,是全国优秀旅游城市、卫生城市、环保模范城市和双拥模范城市,似一颗璀璨的明珠镶嵌在太湖南岸。

为了让湖州中小学生了解和认识家乡人民近年来以“接轨大上海,融入长三角,建设大城市,实现大跨越”的理念,以“增强实力,激发活力,彰显魅力,加快实现湖州在杭湖宁发展带率先崛起”的战略,向着“天蓝、地绿、水清、人和”的目标,加速构建自然风光、历史人文、现代文明相融合的和谐大城市,了解和认识家乡优

[1] 湖州市教育局. 九年义务教育地方课程《清丽湖州》指导纲要(试行)[EB/OL].(2012-02-19)[2012-08-28]. http://jxjy.com.cn:88/Article_Show.asp?ArticleID=4767.

越的自然环境、丰厚的历史积淀、迅速发展的社会经济，进而激发他们热爱家乡、建设家乡的情感和志向，特开设地方课程《清丽湖州》。

一、指导思想与开发理念

（一）指导思想

以《基础教育课程改革纲要（试行）》、《浙江省基础教育课程建设指导意见》和“来自本土、面向本土、服务本土”的思想为指导，充分发掘湖州丰富的教育资源，注重与自然、社会和生活的联系，注重多学科知识和能力的整合，注重学习过程中的实践与探究，建设一套融地方特色与时代精神于一体的地方课程，以满足本地学生发展需求。

（二）开发理念

通过本课程的开发，使学生较为全面、深入地了解湖州、认识湖州，激发他们酷爱自然、热爱湖州、报效家乡、服务人民的思想情感，提高他们的科学素养和人文精神，成为一位合格的公民，并为日后的进一步发展奠定基础。

二、总体目标与课程内容

（一）总体目标

（1）认识湖州，热爱家乡。通过了解和认识湖州，增强学生酷爱自然、热爱家乡、报效祖国、服务人民的情感。

（2）亲近自然，融入社会。让学生获得亲身参与实践的体验与经验，形成对自然、社会、自我三者关系的科学认识，树立“生态湖州”、“人文湖州”、“数字湖州”、“平安湖州”意识，逐步树立对家乡自然、社会和谐发展的责任感和科学发展理念。

（3）注重实践，完善自我。在各项活动中培养创新精神和实践能力，养成自主、合作、尊重他人和积极进取等个性心理品质。

（4）提高素养，学会做人。全面提高学生的科学和人文素养，做一个合格的湖州市民。

（二）课程内容

（1）两个学段。根据湖州的自然资源和经济、社会、文化、科教发展的历程及学生的年龄特点，拟分3—6年级、7—9年级两个学段编排课程内容。

（2）三大板块。每个学段又分三大板块和若干主题。

第一板块：湖州的“自然与地理环境”。主要包括湖州区域范围、地质、气候、生物、人口、交通和环保等。让学生从中熟悉个人生活的区域范围和特征，了解家乡区域变化和政区沿革，了解家乡社会生活、风土人情和环境保护方面的特征和态势。

第二板块：湖州的“历史与文化积淀”。主要包括民间故事、历史名人、名胜古迹、风俗习惯、时代新风等。让学生从中了解家乡近代人类活动的情况，认识家乡著名人物和事迹，以及改革开放以来新人新事新气象。

第三板块:湖州的“经济与社会发展”。主要包括经济建设、社会发展、科教进步、旅游资源等。让学生从中了解家乡人口、城市发展状况和趋势,了解家乡资源、环境特点,以及坚持科学发展观和建设和谐社会的方略;了解家乡交通、通讯等基础设施建设情况;收集家乡教育、科技发展情况及对家乡经济社会发展的重要意义;了解经济建设成就及经济发展规划和重点。

三、课程特点

(1)地方性与时代性交融。课程具有丰富的乡土内涵和鲜明的地方特色,内容涉及湖州历史和现实的方方面面,具有较强的地方性;努力反映湖州改革、开放、发展的新成就、新面貌,具有一定的前瞻性;及时补充反映湖州建设和发展的新成果,具有很大的开放性。

(2)综合性与专题性兼容。在课程内容上,涉及湖州自然、社会、历史、文化、教育、科技、经济等各个方面,有较强的综合性。在课程结构上,采用主题单元形式呈现,在每个主题单元中,又融合多学科知识,给学生编织了认识家乡的知识网络,以增强他们解决实际问题的体验与能力。

(3)科学性与趣味性渗透。课程在陈述区域性乡土知识科学性的同时,根据学生的年龄特点,在表达形式上注意远近相照,事理交融,动静交替,图文并茂,情趣盎然。

(4)探究性与接受性结合。在学习方式上,课程坚持探究性与接受性结合。倡导以专题研究形式的探究性学习为主,指导学生实地考察、合作学习、探究问题、感悟体验。同时兼容以文本对话形式的有意义接受性学习,引导学生自主阅读教材、报刊和查阅网站,以获取更多的信息,并在各种实践活动中掌握知识,启迪智慧,开发潜能,激活思维,形成能力,发展个性。

二、校本课程

校本课程或学校课程,有广义和狭义之分。广义的校本课程指的是学校所实施的全部课程,既包括学校所实施的国家课程、地方课程,又包括学校自己开发的课程。狭义的校本课程专指校本课程,即学校在实施好国家课程和地方课程的前提下,自己开发的适合本校实际的、具有学校自身特点的课程。目前,人们习惯上将学校自己开发的课程称为校本课程,以区别广义的学校课程。

(一)校本课程开发的意义

课程在很大程度上决定受教育者的知识结构和能力结构,既要强调传授知识的普遍性,还要强调尊重地域差异和人的个性差异;既要强调在同一课程体系下的因材施教,更要强调根据人的差异选择不同的课程而教。校本课程的开发，有利于改变学生的学习方式，为学生提供学习过程中的空间选择和内容选择，体现教育内容的多元性和选择性。

由于国家课程和地方课程带有普遍适用性和较长的周期性，所以难以反映学校的特殊性，也不能及时吸纳新信息和反映社会生活的新变化，而校本课程则弥补了这种缺陷。

以往把课程理解为学校之外的教育行政部门规定的教学内容、教学时间等，使教师成为课程规范的执行者。教师参加课程开发，不仅可以提高课程活力，而且也是教师继续教育的良机，有助于教师专业素质的提高。

校本课程是国家基础教育课程设置实验方案中的一部分，即学校自行规划、设计、实施的课程。其基本定位是非学术性，以发展学生个性为目标指向，因此，课程开发的主体是教师而不是专家。

校本课程开发意味着一种权力，即真正实施教育的地方——学校，有权自主决定部分课程，教师、学生、家长和社区人士合作、共享与探究，以充分利用学校和社区的现有课程资源。

校本课程开发意味着一种责任，即学校负有学生发展的责任，学校必须抵制一切不利于学生发展的课程，必须提供有利于学生发展的课程。

校本课程开发意味着一种机会，即学校特别是教师都有机会得到发展，教师在参与校本课程开发的实践和反思中，逐步加强对学校的认同意识，提高归属感，形成课程意识，掌握课程技术，加快专业发展的进程。因此，校本课程开发是教师和学校自我更新的机会。

（二）开发地理校本课程的目的

开发地理校本课程的目的主要有以下三方面。

1. 确保国家课程的有效实施

地理校本课程尽管是以校为本的，但从根本上说，它也在而且必须在国家宏观课程政策和国家课程标准的框架内，要与国家的教育方针、教育目标特别是人才培养目标相一致，确保人才培养目标更好地实现。因此，地理校本课程可以是地理国家课程的改造与创新，比如某学校根据国家地理课程标准开发的适合本校实际的具有自己特色的地理课程，以补充国家地理课程之不足。地理校本课程要求学校、教师要树立课程意识，要了解、熟悉国家课程政策和课程标准，因此，地理校本课程是国家课程和地方课程实施的催化剂和助推器。

2. 照顾学生的个别差异，满足学生多样化的需要

国家课程注重的是普遍性，很难考虑学生的个别差异，无法照顾不同学生

的不同需要，即使地理地方课程也难以考虑不同学生的不同需要。地理校本课程是以学校为开发单位和组织实施，可以更好地了解学生的不同需要，考虑学生的个别差异。

3. 促进教师专业能力的持续发展

教师具有一定的课程开发能力，不仅有利于国家课程、地方课程的有效实施，也有利于其专业的发展。当前教育的发展，要求学校成为一个不断改革，促进其成员持续发展、充满生机和活力的组织。学校的课程开发能力，对于形成这样的组织有着至关重要的作用。地理校本课程的开发，要求教师成为地理课程与教学的领导者，要在一定的教育理论的指导下，在掌握国家课程政策和课程标准的前提下，在充分了解学生的发展特点和现实需要的基础上参与课程改革。地理校本课程的开发，对促进地理教师的专业发展具有十分重要的意义，是实现地理教师专业持续发展的有效途径。

由于中学地理教师教学任务重，中学非常重视地理课程的学生多为有志于参加地理高考的学生，参加校本课程开发，对于中学地理教师来说，既能够促使其保持教研活力等，更能够丰富课程资源、讲学生感兴趣的地理，使国家课程和地方课程讲得更有吸引力，使学生"亲其师，信其道"，提振地理兴趣。

陕西师大附中高中地理校本课程设置方案（节选）[1]

《普通高中课程方案（试验）》为学生提供了多样化的课程模块，给学生的学习创设了较大的选择空间。高中地理校本课程是根据社会经济、技术、文化发展的需要，为进一步突显学校办学特色和满足学生的兴趣、特长而开设的选修课程。

一、课程说明

高中地理校本课程由老师根据自己专长确定课程，教研组上报学校教务处，经学校课程委员会确认后，形成具有我校办学特色的精品课程；也可以在学校的引导下，由教务处在网上发布信息，让学生提出要选修的内容或方向，老师选择自己感兴趣的课题，提出开课规划。校本课程确定后，由学校向学生公布，选报的学生人数达到一定规模，即可列入课程中。

校本课程设置，要充分挖掘校内潜力，争取每位老师至少开设一门校本课程。同时可以借助社会资源，聘请陕西师大旅游与环境学院等相关单位的教授、专家和研究生，为学生开设选修课或者专题讲座。

[1] 陕西师大附中.高中地理校本课程设置方案[EB/OL].（2007-05-14）[2012-07-28]. http://www.sdfz.com.cn/Article/xinkegai/xiaoben/2007-05-14/20070514082517.htm.

二、校本课程

陕西师大附中高中校本地理课程设置计划

课程名称	内容简介	教学年级	课时	开课时段	教学方式	考核方式
陕西地理环境	介绍陕西自然地理环境和经济发展概况，陕北、陕南、关中三大地理区各自的区域优势和特色	高二	18	第一学期	讲授活动	提交探究性报告或展示成果
陕西旅游文化	分区介绍陕西旅游资源及著名旅游区，明确陕西自然环境及旅游文化的区域差异	高二	18	第一学期	讲授活动	
越剧欣赏	越剧的起源、发展、主要流派及其创始人；欣赏各流派代表作和经典唱段；越剧表演艺术和特点；中、青年越剧表演艺术家继承、创新的剧目欣赏	高二	18	第二学期	活动	口头表达
民俗与地理环境	介绍不同地区和民族的风俗习惯及其与地理环境的关系	高二	18	第二学期	讲授活动	提交探究性报告或展示成果
饮食文化地域差异	通过实例，多角度地讲述中西方文化背景下的饮食文化的不同以及我国各地区各民族饮食文化差异	高二	18	第二学期	讲授活动	
地理专题	地理空间定位的方法；地理计算的原理与解题方法；各种等值线图的阅读、分析与应用；地理区位问题等	高二（文）	36	第二学期	讲授	笔试
区域地理	世界地理和中国地理概况；世界地理分区和主要国家；中国各大地理区域的主要特征；区域地图的判读技巧	高二（文）	36	第二学期	讲授	笔试

三、学分赋值

（1）每18个课时可获得1个学分，计入地理学科校本课程的总学分。

（2）考核成绩由出勤情况（10%）、课堂学习和实践活动（30%）与模块考试（60%）三部分组成（详见《陕西师大附中高中地理课程学分认定方案》），再按学校规定的比例转换成A、B、C、D四个等级：即70%为A（A^+占15%，成绩为95～100分；A占15%，成绩为89～94分；A^-占40%，成绩为80～88分），20%为B（成绩为70～79分），10%为C（成绩为60～69分），D为不合格（成绩＜60分，根据实际情况评定，不设定比例）。

三、地理国家课程、地方课程和校本课程的地位

从地理国家课程、地方课程和校本课程各自的含义和目的以及我国的国情来看，当前我国地理学校课程应以地理国家课程为主，地理地方课程和地理校本课程为辅。

义务教育阶段之所以要以地理国家课程为主，主要基于以下原因。

第一，地理国家课程体现了国家意志，既保证了全体学生接受教育的权利，也为各阶段之间的顺利衔接提供了保障。地理地方课程和地理校本课程的一个重要作用或目的，是为了保证地理国家课程的有效实施。

第二，由于长期以来我国课程管理的权利相对集中在中央一级，地方政府、教育行政部门、中学校长以及教师等的课程意识比较淡薄，课程开发能力、课程与教学领导能力较弱，地方和学校在课程管理和课程开发方面能力有限，经验不足，特别是在校本课程的开发方面还面临着诸多困难。地理国家课程中的课程政策和课程标准，都是集中了全国的专家学者、优秀教师以及教育行政部门的负责人，甚至一流的科学家等参与研究、制定与设计和开发的，因此其科学性较强。

强调义务教育阶段的地理国家课程，并不意味着排斥或否定地理地方课程和地理校本课程。我国地区之间、城乡之间差距较大，部分地理课程能力较强的地区和学校应加大地理地方课程和地理校本课程开发力度，进一步探索并总结地方、学校管理和开发地理课程的经验。

三级课程的管理政策在我国刚刚开始实施，将要经历一个不断探索、不断完善的过程，其中有许多问题值得在实践中进一步摸索。三级课程管理政策的落实和完善必将对我国基础教育课程发展起到较大的推动作用[1]。

思考与练习

1. 什么是地理课程资源？为什么要建设地理课程资源？

2. 传统地理课程资源有哪几种？我们在日常的学习工作中主要运用哪几种？

3. 在日常的学习和教学中主要使用哪几种软件？就某节中学地理教材内容制作一个课件。

4. 如何利用新媒体搜集校外课程资源？

5. 就某项课题登录相关网站，浏览相关内容，下载相关资料。

[1] 许洁英. 国家课程、地方课程和校本课程的含义、目的及地位[J]. 教育研究，2005(8)：56-59.

第七章　地理课程教学评价

地理课程教学评价从产生之日起，始终贯穿于整个地理课程教学过程中。它不但可以使学生获得地理知识、形成地理技能和掌握地理学习方法，而且可以促进教师根据评价结果及时改进教学方法、手段、步骤，提高自身素质，实现预定的教学目标。

在中学地理课程改革中，地理课程教学评价是地理课程实施的一个极为重要的环节，是影响新课程实施的关键之一。因此，切实做好地理课程的教学评价，对如何正确把握地理教学改革的方向，促进教师、学生地理素养的全面提高，有着十分重要的意义。

第一节　地理课程教学评价概述

地理课程改革对地理课程教学评价提出了新的要求，教学评价必须在传统评价方式的基础上，考虑如何在评价过程中促使教师和学生从被动变为主动，从重视对学生的知识和技能的考查，变为对学生的知识与技能、各种能力、情感态度与价值观以及在学习过程中表现的全面考查。

一、地理课程教学评价概念

地理课程教学评价是根据一定的地理教学目标，运用多种科学可行的方法或手段，系统地搜集、分析、整理信息资料，对地理教学活动中的对象、过程以及结果进行价值判断，从而为师生全面发展和教育决策服务。

地理课程教学评价是对地理教学进行的价值判断。不同的价值取向会采取不同的评价方式，不同的评价方式其评价功能不同。终结性的教学评价对于了解学生学习结果与预定教学目标的关系有参照作用；诊断性的教学评价能为改进教学服务；过程性的教学评价凸显教学过程价值，能为学生主体发展服务。

二、地理课程教学评价理念

与过去相比,地理课程教学评价已经发生了很大变化,越来越趋向于评价目标层次化、评价内容全面化、评价方式多样化、评价主体多元化、评价功能发展化。

(一)评价目标层次化

有效的评价有赖于确定的目标。通过与确定的目标对照,就能判断被评价者距离目标有多远。在对学生进行质量评价时,从发展学生个性的角度出发,必须将具体的要到达的目标分成三个层次:达到目标—提高目标—体验目标。

所谓达到目标,是指完全掌握特定的、具体的和能力的目标。这种目标是为客观确认目标完成与否而规定的。目标完成时,能对其状态做出明确表述,通过比较对照,可以确认目标的到达度。

提高目标是指朝着某一方面提高或加深的目标。如智力发展、态度形成、鉴赏力等高级目标即属此类。这类高级目标基本上通过自我比较或与他人比较去把握。

体验目标是以学生产生某种特定的内在体验为目的的目标。在把对学生的智力和心理成长具有重要意义的接触、感动、发现等体验作为教学活动的直接目标时,就可称之为体验目标。体验目标是最高层次的目标,对学生的成长具有重要意义。教育部《普通高中地理课程标准(实验)》对地理概念知识理解的评价上由低到高划分为四个层次,即水平1至水平4。水平1"只能理解少数基本地理概念","存在较严重的误解与混淆"等。水平4则要求"能够理解全部地理基本概念","完全没有误解与混淆","能用不同形式表达同一概念"。

在评价目标层次化上,除了由低级到高级的层次差异,还有不同角度产生的层次差异。如对地理教师教学质量评价时,可以地理教师自评、学生评教、同行评议、专家评议等。不同层次间的评价侧重点不同,但可以互相融合,构成完整的评价层次体系。

(二)评价内容全面化

以往的地理教学评价,主要限于对学生的地理学习成绩和地理课堂行为两个方面的评价,学习成绩是考查学生发展、教师业绩和学校办学水平的重要指标。随着社会的发展,仅仅掌握知识和技能已远远不能适应社会对人才发展的需要。新课程要求不仅对学生进行"学"的评价,同时还对教师进行"教"的评价。

对学生的评价,第一,强调地理学习评价不能局限于学生的认知发展水平,更要关注学生在情感、态度、价值观、创新意识和实践能力等综合方面的进步与变化的评价。第二，倡导学习结果与学习过程的有机结合，既要注意对学生的地理基础知识和技能的理解与掌握的现实状况评价，更要注意学生在地理学习过程中的参与状态、学习方式、思维方式、探索精神、研究水平以及学生在学习过程中表现出来的学习主动性、创造性和积极性等方面的评价。

对教师的评价，不仅评价教师的素质，如思想道德品质、专业知识、业务能力、心理素质等，而且还注意其工作绩效等。例如，仅课堂教学就可以从教学目标、教学内容、教学结构、师生互动、教学方法、教学手段、教学语言、教态及教学效果诸方面全面进行评价。因此，地理教师不仅要注意自身素质的发展提高，促使学生掌握必备的地理基础知识和基本技能，而且还要培养学生的能力，发展其智力，开发其情商，教会学生"会学"。教师的评价既要关注教师的教学效果，又要关注其教学过程，倡导评价内容的全面化。

（三）评价方式多样化

在教学评价的方法上，一直存在着两种不同的体系：一种是实证评价体系，另一种是人文评价体系。与此对应，也存在着两种不同的运作模式：一种是"指标—量化"模式，另一种是"观察—描述"模式。两种体系和模式各有优势，但也都存在着一定的局限性。

传统的地理教学评价对于学生过分注重量化评价，注重分数和等级，在许多时候几乎把考试作为唯一的评价手段。在考试这唯一评价手段中，又过分注重相对评价，注重学生间的比较，淡化绝对评价和个体差异评价，从而经常给学生带来巨大的心理压力，使之产生焦虑甚至恐惧，严重阻碍了学生的进步和发展。有人尖锐地指出，很多所谓的"差生"，实际上是由于"考试"制造出来的。著名华裔科学家诺贝尔奖获得者丁肇中先生在和武汉大学学生座谈时说过："就我所知，在诺贝尔物理奖得主中，没有一个人在中学是经常考第一的，可能居里夫人是个例外。"由此可见，量化评价的结果并不能完全反映学生的真实水平。或者说，在地理教学评价中，过分倚重量化评价是不可靠的。与之相反，对地理教师的评价，过去各级各类学校做得比较少，只是在评职称等少数时候临时做一下，且定性评价居多，难以全面反映教师的教学水平与素质。

地理新课程呼唤教学评价方式多样化。它要求吸取上述两种方法体系的优点，并使之相互配合、相互借鉴，分别应用于不同的评价目标和评价范畴。新的教学评价方法是：可以量化的部分采用"指标+权重"的方式进行，不可量化的部分采取描述性评价或定性评价，并且视定量评价和定性评价同等重要。

对学生而言，把期末终结性考试成绩与日常描述性评语的功效视为相同，不是从单一的考试背景中,而是从广泛的背景如教室、家庭、社会生活中收集信息,全面反映学生的发展,提出针对性的意见。评价方式更多的是采取观察、面谈、调查、作品展示等开放的多样化的方式,而不仅仅依靠测验和考试。虽然考试仍是量化评价的基本形式,但对考试的内容和形式要按照地理课程标准的要求进行改革。比如考试,除了笔试外,可以增加口试、提交作品等形式。考试内容应该注重考查学生运用知识分析问题、解决问题的能力,创新意识和实践能力,而不是知识与技能的简单回忆、模仿和复制。

对教师而言,可以从德、能、勤、绩四大方面再细化成二级指标甚至三级指标,给出一定的"指标+权重",可以在定性评价的基础上进行定量评价,以凸显教师素质和工作绩效的差异性,促进教师个体的持续发展。

(四)评价主体多元化

传统的地理教学评价的主体是教师,学生是被评价者,是教学评价的客体。学生在评价中常处于被动地位,其自尊心、自信心往往得不到很好保护,主观能动性也得不到很好发挥。

课程论理论认为:课程教学要素主要有教师、学生(学习者)、教材(课本)、环境等,他们都可以作为评价主体。对于地理新课程来说,评价的主体应当是教师与学生。过去我们注重对学生的评价,放松了对教师的评价,从建构主义理论出发,地理新课程强调了评价主体的多元化。新的教学评价认为,学生不应是一系列评价的消极应付者,而应当是主动参与者。教学评价应包括教师自评、学生自评、师师互评、生生互评、师生互评、学校与上级教育主管部门和家长对教师的评价等。新的评价体系不再是评价者对被评价者的单向刺激反应,而是评价者与被评价者之间的互动过程。尤其特别强调学生的自我评价,鼓励学生主动参与评价活动,随时对照教学目标和他人的评价,对自己的言行进行反思和评价,从而发现自己的进步与不足,这对引导学生成为自律学习者极有好处。因而,学生的自我评价是学生自我教育和促进自我发展的有效方式。

(五)评价功能发展化

传统的地理教学评价在对学生评价上过分强调评价的甄别与选拔功能,忽视评价促进学生发展、教师提高和改进教学实践的功能,其结果是造成一部分学生特别是学习有困难的学生无法认识到自己的潜能,从而丧失了自我发展的信心和动力。有人形象地把传统的教学评价比作一个大筛子,学生被放在筛子上面筛,筛选的结果产生两种人:一种是筛子上面的,即成功者;一种是筛子下面的,即失败者。很显然,这种评价的功能主要在于甄别。

地理新课程呼唤的教学评价要重视评价功能的发展性。可以说,发展性是地理新课程教学评价最重要的特征。所谓发展，指的是教学评价要改变传统的过分强调评价的甄别与选择功能，发挥其促进学生发展的功能。教学评价不仅要关注学生的现实表现，更要重视全体学生的未来发展，重视每个学生在本人已有水平上的发展，重视每个学生在各方面的发展。新的教学评价观承认学生在发展过程中存在着不同的发展水平，因而强调评价的作用就是为了促进每个学生在每个方面在已有水平上得到不断发展。很显然，地理新课程呼唤的教学评价的着眼点已从评价学生的“过去”和“现在”转向评价学生的“将来”和“发展”。它要求更关注的不是学生的已有成绩，而是他们身上所具有的潜能，主张既看结果，更重过程，要求重视学生学习态度的转变、学习过程的体验、学习方法的掌握、学生之间的交流和合作等。

新的教学评价以激励性、形成性评价为主要特征，但也不会忽视甚至否定指正性、否定性评价。如果一味毫无原则地对学生进行“赏识”、“激励”，而忽视给学生明确指正和适度的挫折，那种评价也是不完整甚至是不负责任的。马卡连柯说：“要尽可能地尊重一个人，也要尽量多地提出坚定、明确和公开的要求。”当然，指正性、否定性评价要以尊重人格为前提，谨慎而巧妙地使用指正性、否定性评价照样可以达到最终目的——促使学生发展。

与学生相对应的地理教师评价，也存在一个发展性问题。上级教育主管部门、学校领导在对教师评价时，也应像教师对学生那样进行评价。

总之，地理新课程教学评价应该使每个地理教师与学生信心更足，劲头更大，发展更快，而不是使每个教师与学生感到心灰意冷，一无是处。

第二节　地理新课程下的教师评价

地理新课程对教师提出了许多新的更高的要求，强调地理教师要对自己的教学行为进行分析与思考，倡导建立促进教师不断提高的新型评价制度。对地理教师的评价，简单地说，就是对教师素质、教学工作过程和教学效果做出价值判断。

目前，我国教师评价制度基本上还是沿用传统的评价制度，即“奖惩性评价”。这一评价制度通常是由教育主管部门或学校事先定好评价内容和标准，再将每个教师逐条对照检查、记分，根据分数高低对教师进行等级划分，做出解聘、降级(极少)、晋级、加薪等决定，以奖惩作为评价目的。

随着地理新课程的确立，奖惩性评价的弊端越来越明显。主要表现在：在评价方向上，主要面向地理教师过去和现在的表现，忽视将来的发展性；在评价目的上，以奖惩性为主，容易滋生虚伪行为，甚至使教师之间矛盾重重；在评价内容上，全面性不够，强调应试的指标多，促进学生全面发展的素质类指标如对学生创造能力和实践能力的培养少；在评价动力上，主要靠外在的行政压力，难以调动全员参与的积极性，效果较差，尤其容易挫伤基础较差的教师的自信心和自尊心。

地理新课程要求建立一套发展性教师评价制度，客观、全面、合理、公正地对地理教师做出正确评价。

对地理教师评价结果，可以有不同的处理方式：一是向学校上级管理部门汇报相关情况，为上级部门决策提供必要的依据；二是向被评者反馈有针对性的信息，提出针对性和建设性的改进意见，促进地理教师进一步提高自己的教学水平；三是在一定范围内公布评价结果，给同行提供一个相互学习的机会。

一、地理教师评价的作用

现代科学技术的新发展与地理素质教育的新课题带来了种种挑战，对地理教师来说，机遇与挑战同在。

(一)有利于教学水平的提高

一方面，有利于地理教学观念的更新。对地理教师的工作进行评价，可以促进地理教师反思自己的教学思想和教学理念，促进地理教师自觉地将现代地理教学理论中的新思想和新理念不断渗透到课堂和课外教学过程中，引起传统地理教学观念和现代教学观念的冲突。为寻求解决这种冲突的途径和方法，势必会激发地理教师积极主动地去学习和探究现代教学理论，使之在实际教学过程中更好地组织和开展地理教学活动。

另一方面，有利于地理教学目标的实现。通过对地理教师的评价，可以获得教师自身素质和工作绩效的全面信息反馈，便于在地理教师之间和全体教师之间进行横向比较，发现别人的长处，找到自己教学工作中以及自身素养中的缺点与不足，进一步明确今后努力的方向，从而有针对性地提出改进措施，顺利实现地理教学目标。同时，可以从中总结一些具有普遍性的地理教学经验，用于指导地理教学活动。

总之，在实现教学目标和地理教学观念更新的条件下，有效的地理教师评价必然有利于教学水平、教学效率和教师自身素质的提高。

(二)有利于自身素质的发展

通过教学评价，地理教师可以进一步了解自身的综合能力，在与其他教师的评价比较中找出自己的不足，不断努力完善自身的专业素质。地理教师在专业理念、专业知识、专业能力、专业道德及专业智慧等方面，与时代同步甚至超前，才能进一步搞好地理新课程的教学。

二、地理教师评价的原则

地理教师评价原则既包括一般教师评价原则，也包括地理专业的特殊原则。

(一)发展性原则

事物的不断发展变化要求我们必须运用动态发展的观点看待一切。目前，地理教师的素质在不断提高，教学水平和教学效果也在逐步提高。在当今科学技术高速发展的社会，人们都在以各种方式积极发展自己，地理教师也不例外。在制定地理教师教学评价标准时，一定要考虑到教师的发展，制定出科学合理、教师经过努力可以达到的评价标准，以激励地理教师不断努力，促进专业发展，实现自我价值。

(二)全面性原则

全面性原则是指在确定评价项目和要点时，要从整体着眼、全面考虑。其具体要求包括三个方面：第一，评价内容要全面，必须从地理教师应具备的素质、教学行为、教学成果等方面作全方位的评价。第二，收集信息要多渠道，尽可能全面掌握评价信息。对地理教师的评价，要求评价小组成员充足，以求全面占有信息。这些信息既可以来自平时的观察，又可以通过听课获得；既可以来自校长、教务主任、年级组长或学科组长、同行教师，也可以来自学生和被评价教师本人。获取信息的渠道越广泛，得到的信息就越丰富真实，对地理教师的评价就越准确。第三，评价指标要综合考虑。既不能忽视某些影响因素，也不能片面强调某些因素，在分配权重时不能以偏概全，要权衡评价项目及要点在整体中的地位和作用，在审视教学结果时，要着重全面分析。

(三)民主性原则

教师评价要真正体现评价工作的民主性，不能包办代替，也不能由个别人说了算。首先，评价要面向全体地理教师，人人都是被评者，也是评价者；其次，增强评价的透明度，评价的目的是促使全体地理教师的发展。评价目标、评价标准、评价制度、评价要求的制定，以及评价结果的形成，都应听取被评者的意见，尊重他们的合理要求，调动他们参与的积极性。

(四)地理性原则

地理科学是一门专业性很强的学科。这就要求地理教师必须具有相应的地理素质。如地理教学中,由于地理学具有综合性和地域性的特点,教师致力于揭示地理事物空间运动、空间变化规律以及自然现象和人文现象有机组合复杂系统的教学能力要优于其他学科的教师。同时,地理教师课堂教学中体现其基本功之一的板图、板画能力具有独特性。在制定评价标准时,需要将这些内容考虑进去,并且适当增加其权重。这是地理性原则的关键所在。

三、地理教师评价内容的依据

评价地理教师的内容,应依据国家教育方针、学校发展状况和教师自身的特点等。

(一)国家教育方针、政策和法规

《中华人民共和国教师法》规定:"教师是履行教育教学职责的专业人员,承担教书育人,培养社会主义事业建设者和接班人、提高民族素质的使命。教师应当忠诚于人民的教育事业。"

作为现代教师,只看到地理教学任务,只传授地理知识和培养学生地理能力是不够的,应当在地理教学过程中充分发挥地理教育的素质教育功能,使学生能在身心、智力、敏感性、审美意识、责任感、精神价值等方面全面发展。地理教师不仅要有效地进行地理课堂教学,积极开展地理课外活动,还要认真承担相关教育任务,兼任学生管理工作,组织指导学生社会实践,促进学生身心健康,并且根据《中华人民共和国教师法》要求,开展地理教育教学改革,从事科学研究,参与学校民主管理和建设,积极从事社会服务。

(二)学校的发展和教师的现状

地理新课程强调教师评价应体现学校对教师的合理要求。各级各类学校由于所处环境不同,差异很大:发达地区与欠发达地区或落后地区,城市与集镇、农村,省、市重点学校与普通中学等都存在着不小的差距。一个建有地理园、天文馆或气象观察站、具有多媒体网络教室的学校与仅有残破黑板的学校,在开展地理教学上对地理教师的考验是不同的。即使在同一地区同一学校不同年级的地理教师,评价标准也有很大差异。

(三)地理学科的教学特点

地理学科与中学其他学科相比,有自己的独特之处。如地理学科的综合性强,教学内容比较复杂,涉及课内、课外、学校、社会等,在组织教学时,除课堂教学外,还有野外考察、社会调查、室外观测等,对教师要求高。加上地理学科区域性特点,教师的图像技能显得特别重要,无论是黑板上的板图板画板书,还是多媒体课件制作,都要求地理教师必须驾轻就熟,运用自如。评价体系中也要体现这一点。

(四)地理新课程的要求

地理新课程体现了现代教育的新理念,反映了地理科学的发展,适应了社会生产生活需要。这要求教师教学时要考虑到学生的心理发展规律和不同的学习需要,积极探索和运用多种教学方式,提高教学效果。因此,地理新课程的要求,如地理教师的角色转变,树立素质教育的地理教学观,注重自身创新品质和人文素养的养成等,是评价地理教师的依据之一。

四、地理教师评价的指标体系

对地理教师的评价,主要从素质、工作两方面展开。

(一)地理教师的素质评价

地理教师素质包括思想道德、专业知识、业务能力、心理健康、身体素质、精神风貌、个人修养等诸多方面。

1. 思想道德

(1)忠诚党的教育事业,热爱地理教学工作。具体表现在:工作兢兢业业,踏踏实实,精益求精,不断进取;能尽职尽责地圆满完成地理教学任务,认真上好每一节课,积极开展好各项地理活动;认真批改作业,辅导学生搞好地理学习,不迟到不早退,有事请假,服从教学工作安排,处理好集体利益与个人利益的关系。

(2)教书育人,为人师表。具体表现在:理解、尊重、信任学生,关心学生的学习、生活、成长与发展,严于律己,宽以待人;善于与社会打交道,善于与同行合作,良性竞争,率先垂范,善于捕捉新思想,勇于实践,敢于创新。

2. 专业知识

"德为才之帅,才为德之资。"专业知识是教师基本素质,它包括三个方面。

(1)学科专业知识。具体表现在逐步递进的三个层次上:首先,熟练掌握中学地理新课程专业基础知识体系,无论是高中地理必修模块中的自然地理和人文地理知识,高中地理选修模块的宇宙地球、海洋地理、旅游地理、城乡规划、自然灾害与防治、环境保护、地理信息技术应用知识,还是初中地理的地图、中国地理、世界地理等区域地理知识,都需要掌握这些知识的基本事实、基本原理和基本方法。其次,熟练掌握中学地理专业的主体知识,即把握地理学科的知识体系,不受所任课程的限制。如熟练把握自然地理、人文地理、区域地理、地理信息技术等系统知识,并能融会贯通。最后,熟悉地理科学的前沿知识,如当前地理科学研究热点。要加强以往较忽略的地理学思想史、地理学科发展史、地理学科发展趋势等专业知识的学习与研究等。

(2)相关学科知识。地理学科兼跨文理的政、经、文、史、哲、社、美、艺、数、理、化、天、生等多门学科知识。要教好中学地理,必须拓宽自己的知识领域,有广泛的爱好和兴趣,不断提高自己的文化修养,注重学科渗透,组织学生把地理知识学透学活。

(3)教育科学知识。具体表现在:认真钻研教育学、心理学、教育管理学、教育经济学、教育社会学、教育技术学、比较教育学、教育科研方法等在内的教育科学知识;掌握必需的当代教育学、心理学、美学的先进理论和方法,密切关注教育科学理论、实践的新进展、新探索、新成果,并随时注意应用于中学地理教育改革实践中;在以学生全面发展为本的思想指导下,倡导学生自主学习、合作学习和探究学习。

3. 业务能力

(1)地理教育观念的适应能力。具体表现在:主动学习先进的教育理论,不断更新地理教育理论知识,具备科学的地理教育观,正确运用科学的教育观念指导地理教学活动。

(2)执教能力。具体表现在:有较强的分析、处理中学地理教材的能力,良好的语言表达能力,灵活运用教育学和心理学理论于地理教学实践的能力,优选和运用地理教学方法的能力,设计调控和组织地理教学过程的能力,运用地图进行教学的能力,运用和选择多媒体课件进行教学的能力,选择运用和制作地理直观教具的能力,指导学生进行地理实践活动的能力和教学评价能力等。

(3)教育科研能力。具体表现在:有强烈的教育科研意识,能审时度势,敏锐地选准研究课题,博于学问,勤于思考,厚积薄发,敢于实践与创造。

(4)社会活动能力。具体表现在:能主动通过各种媒介向社会公众普及地理知识,在资源开发、产业布局、环境保护等方面有一定的理论和实践能力,以便更好地为地方经济、社区建设献计出力,并有较强的协调学校、家庭、社会三者之间关系的能力。

4. 心理健康

心理健康即心理卫生,指个体的一种良好的心理状态。如与他人建立良好的人际关系,能疏导内心的情绪力量,经得起适量的打击与压力,悦纳自己、悦纳他人等。在现代社会,地理教师角色越来越多样化,职能角色也变得越来越多元化,良好的心理品质是地理教育事业的基本保证。顾明远主编的《教育大辞典》将心理健康归纳为九项指标:幸福感;谐调程度,含个人内心及个人所处环境之间的谐调;自尊感;个体潜能发展;个性成熟;人格整合;与环境保持良好的接触；有效适应环境；环境中必要的自我独立。在具体评价地理教师素质时，这九项指标只供笼统参考，不宜细化为指标要点。

（二）地理教师的工作评价

地理教师的工作评价是为了进一步提高地理教师的教学水平，不断提高教学质量。

1. 课堂教学工作

（1）教学态度。既要认真负责，又要发扬民主。具体表现在：始终关注学生，对学生表现出希望和爱心；在教学过程中始终保持一种热爱教学的激情，对教学内容能深入研究，对学生的探究过程极为重视，对自己角色的定位总是朋友式的；在教学过程中始终关注学生情感态度与价值观的教育。

（2）教学内容。具体表现在：正确理解地理课程标准和地理教材，呈现的地理信息科学准确；教学时能突出重点，突破难点，抓住关键；举例恰当，能理论联系实际，对讲授的地理事实知识、地理概念、地理原理等理性知识有助于学生形成地理观念；深入挖掘情感态度价值观因素，并寓于知识与技能的教学过程中；教学内容的深度和广度要合适，并符合课程标准的要求，符合学生年龄特征，有助于促进学生身心的发展。

（3）教学方法。具体表现在：选用的教学方法符合地理课堂教学的原则和特点，能够较好地表现教学内容，激发学生的学习动机，有利于实现教学目标；教学过程中能否激发学生地理学习兴趣，启发学生思考，培养学生的能力，尤其要注意是否转变学生的学习方式，倡导教师指导下的自主探究和合作探究的学习方式；在了解各种教学方法优点和不足的基础上，注重多种方法的有机结合与创新；恰当合理地运用"三板"技能，形象生动地表现地理事物和展示课堂教学基本内容；注重现代教学媒体，如幻灯、投影、录像、电影、激光视盘、计算机网络及多媒体等的使用，并很好地与传统教学媒体如挂图、模型、标本等相结合，使学生更好地获取地理信息，积累地理学习经验。

（4）教学语言。清晰准确，简练生动，智慧幽默，活泼形象，通俗易懂，富有趣味性、条理性、逻辑性、层次性、启示性、科学性、地理性。语速快慢适度，音量适中悦耳，节奏抑扬顿挫。

（5）教态。自然大方，亲切热情，仪表整洁，教态自然。

（6）教学组织安排。具体表现在：课堂教学结构设计合理，教学过程思路清晰，重点突出，层次分明，既体现知识的逻辑关系，又体现学生的认知发展规律，各教学环节有机结合，结构严谨；师生之间沟通性好，互动频繁，课堂气氛好，教师能正确处理来自学生的反馈信息，调控得当。

(7)教学效果。具体表现在实现教学的预定目标,激发学生的学习动机和培养学生学习兴趣的程度等方面。

2. 课外育人工作

(1)兼任学生管理工作。指班级管理、年级管理以及共青团、学生社团指导工作等。

(2)组织指导学生社会实践。学生社会实践包括社会调查、社会服务、公益劳动等。

(3)促进学生身心健康。关心学生,协助心理保健教师指导学生学习与生活,开展有益于学生身心健康的各种课外活动。

3. 教研教改工作

(1)教研活动。最重要的教研活动是本校地理教研室的教研活动。地理教师要按照教研室工作计划,开展集体备课、听课、评课,参加教学工作汇报和教学科研经验交流,参加教师骨干梯队的帮带活动等。同时,还要积极参加校际地理学科教研组织常规教研活动,主动承担教研任务。

(2)申请承担教研课题和教改任务。积极争取各级教育主管部门或学术机构的立项,以教研教改项目来推动本校、本地区地理教学质量及自身教学、科研素质的提高。

(3)学术交流。主动撰写教学总结、教研论文、学术论著等,加强同行之间的交流。

4. 学校建设工作

(1)学校环境建设。以专业的眼光关心学校的自然环境建设,为校园的绿化、美化、净化、香化等献计献策。关心学校各种教学设施的建设,协同班主任关心执教班的班风建设,尽可能地参加学校的党团、社团、工会等集体活动和学校管理工作。

(2)地理教研室及地理教研、科研基地建设。参与教研室工作计划的制定,承担教研室分配给自己的各项任务,关心教研室物质设施软件环境的建设,积极参加教学参考材料的编写、教学地图的编制、教学软件的制作以及教具、地理园、地理专用教室、地理实验室、地理科普宣传栏的建设等。

5. 社会服务工作

(1)带领学生开展社会服务。带领学生利用多种形式的地理课外活动及社会活动,为社区、乡土建设服务。

(2)承担乡土地理科研任务。在资源开发、环境保护、国土整治、城乡规划方面为乡土建设服务。

(3)开展地理科普活动。通过广播、电视、报刊、会议、著书立说等形式,向社会传播地理科普知识。

(4)开展地理社会教育。应社会和学校要求,对成人进行地理素质教育,对相关从业人员如环保、旅游、土地、物业等行业人员进行培训,促进地理教育社会化、终身化。

五、地理教师评价的形式

评价地理教师的形式很多,其中教师自评、学生测评、同行评议、专家评议是最主要的评价形式。

表7-1 **中学地理教师工作评价指标体系(学校与教育行政主管部门用)

一级指标	二级指标	评分参考值					考核分值
德(10%)	热爱地理教学工作	50	40	30	20	10	
	教书育人,为人师表	50	40	30	20	10	
能(25%)	地理专业知识	20	16	12	8	4	
	相关学科与教育学科知识	20	16	12	8	4	
	地理教育观念适应能力	20	16	12	8	4	
	地理执教能力与社会活动能力	20	16	12	8	4	
	地理教育科研能力	20	16	12	8	4	
勤(25%)	地理课堂教学工作	20	16	12	8	4	
	课外育人工作	20	16	12	8	4	
	地理教研教改工作	20	16	12	8	4	
	学校建设工作	20	16	12	8	4	
	社会服务工作	20	16	12	8	4	
绩(40%)	标准分	10	8	6	4	2	
	优生率	10	8	6	4	2	
	低分生率	10	8	6	4	2	
	标准分增量	10	8	6	4	2	
	优生率增量	10	8	6	4	2	
	低分生率增量	10	8	6	4	2	
	年巩固率	10	8	6	4	2	
	直升率	10	8	6	4	2	
	课时率	10	8	6	4	2	
总得分							

(一)教师自评

地理教师自评是地理教师对自己的业务素质和工作绩效进行的自我诊断。这是教师自我激励和自我提高的一种有效途径，也是教师认知水平的一种表现。由于教师自评在很大程度上是教师自愿行为，因此教师一般通过各种有效途径收集对自己所有的工作及行为的反馈信息，通过对这些信息的分析整理，深刻反思自己的地理教育教学工作各个环节，目的是为了更好地改进地理教学和日常工作，不断提高自己的业务水平。

表7-2　＊＊中学地理教师教学质量评价表(教师互评用)

一级指标	二级指标	评分参考值					考核分值
基本素质(20%)	思想品德	20	16	12	8	4	
	专业知识	30	24	18	12	6	
	业务能力	30	24	18	12	6	
	生理心理	20	16	12	8	4	
教学态度(10%)	备课认真	40	32	24	16	8	
	上课不迟到早退	10	8	6	4	2	
	教书育人	20	16	12	8	4	
	作业处理认真及时	30	24	18	12	6	
课堂教学(40%)	教学目标明确	10	8	6	4	2	
	教材处理得当	20	16	12	8	4	
	教法灵活富有启发性	20	16	12	8	4	
	教学语言生动准确	10	8	6	4	2	
	课堂气氛融洽	20	16	12	8	4	
	演示操作熟练	10	8	6	4	2	
	教态与营造学习环境	10	8	6	4	2	
教学效果(30%)	教学目标达到程度	20	16	12	8	4	
	课堂教学效果	20	16	12	8	4	
	学生对地理课的兴趣	20	16	12	8	4	
	学生地理测试成绩	20	16	12	8	4	
	学生地理作品水平	20	16	12	8	4	
总得分							

(二)学生测评

地理教学的主体是学生。学生对教师测评的主要内容包括：教师对学生的态度，教师教学工作的针对性和有效性，课堂教学中教学目标是否合适，教学内容的重点是否突出，难点是否得到突破，教师运用的教学方法、教学手段、教具以及教学案例是否适合学生并具有针对性等。不过，目前学生对教师的测评，多数限于课堂教学工作上，以测评教学效果或教学质量的居多。其形式有问卷调查、学生代表座谈等。

表7-3 ＊＊中学地理教师课堂教学评价表（学生用）

评价项目	等级				
	优	良	中	及格	差
上课时精神饱满，尽心、尽力、尽责	5	4	3	2	1
准时上课，无迟到、早退、无故缺课现象	5	4	3	2	1
能认真及时批改作业	5	4	3	2	1
能耐心解答学生的问题	5	4	3	2	1
注意沟通，能根据学生的反馈意见改进教学	5	4	3	2	1
主动关心学生地理学习，处处为人师表	5	4	3	2	1
备课充分，有地理教案	5	4	3	2	1
讲授内容科学、充实	5	4	3	2	1
教学能理论联系实际	5	4	3	2	1
课内时间利用充分、有效	5	4	3	2	1
讲课思路清晰，重点突出	5	4	3	2	1
注意讲课艺术，学生对地理课有很大兴趣	5	4	3	2	1
因材施教，注重启发式教学	5	4	3	2	1
板书、板画、板图规范、艺术	5	4	3	2	1
使用普通话教学，语言清晰、简洁、生动	5	4	3	2	1
能利用现代教育技术手段或各种教具进行教学	5	4	3	2	1
课堂气氛活跃，师生互动到位	5	4	3	2	1
听完课能掌握主要内容	5	4	3	2	1
在课堂上学到了地理教材上没有的新知识	5	4	3	2	1
乐意上该地理教师的课	5	4	3	2	1

注：请在你认同的等级上打“√”，最后累加成总分。>90分为优，80~89分为良，70~79分为中，60~69分为及格，<60分为差。

（三）同行评议

同行评议有三种方式。

一是地理教师之间互相听课与观摩，课后根据记录集中进行评课。同行对地理课堂教学的教学内容、教学目标、教学重难点、教学方法、教具和地理教师的素质非常熟悉，对地理教师的课堂教学评价很专业，可以提出有价值的提高和改进的建议，利于取长补短、共同提高。

二是组织地理教师背对背地谈话或进行评价，由教育主管部门或学校组织进行。这种方式多数在评优晋级时使用。

三是通过问卷，由相关专业教师根据问卷备选答案逐条选答进行。这种方法可以节省大量的人力和时间。

(四)专家评议

专家评议是由学校和教育行政主管部门抽调的专门人员组成的教学评价专家组对地理教师的工作进行的评价。专家组可以通过听被评教师讲课、检查学生的相关作业、与教师和学生谈话等方式，获取被评教师的工作信息，根据这些信息做出最后评价。

专家组的评价往往重在结果的评价上。由于对地理教师不一定熟悉或因为交往时间短，专家组对地理教师的素质一般不太清楚，只能从教学工作的绩效中进行主观判断。所以，专家组对地理教师的评价可能不太全面。

由于专家既具有专业的眼光，又有广阔而高远的视野，因此，专有可能不太全面的评价对教师发展同样具有重要的指导意义。当然，专家也应该尽可能深入调查研究，不可以“下车伊始”“指手画脚”，而要多鼓励、多指导。

以上四种评价形式各有特点。实际使用时，如果仅采用某一种评价形式，往往缺乏全面性和合理性。最好的办法是：根据评价内容、评价目的不同，选用恰当的评价形式，或采用多种评价形式相结合的办法，加强过程评价，以保证评价结果的客观性。

六、地理教师评价的方法

评价地理教师的方法，包括定量评价和定性评价。

(一)定量评价法

定量评价法就是力图把复杂的教育现象简化为数量，进而从数量分析比较中推断某一评价对象的成效。定量评价是目前日益为人们所重视的方法之一，它对地理教师的个人素质和工作绩效中诸因素用数量加以描述，有较强的客观性和准确性。

(二)定性评价法

定性评价法是在某一时段内以集体口头评议的方式，对地理教师素质和教学工作进行全面而有重点的评价。定性评价可以就教师教学的某一方面展开深入分析与探讨，使被评教师了解自己工作中的优点与不足及产生的原因。

进行定性评价，首先要对地理教师的教学工作进行全面而细致的观察，而且应当把观察到的情况一一记录下来，为评价提供事实与依据。

第三节 地理新课程下的学生评价

对学生的评价实际是对学生学习质量的评价，也是对学生学习进展与行为变化的评价。学生评价是学校教育评价的核心，因为促进学生发展是教育活动的本质追求，学生发展的水平和状况理所当然是教育评价关注的焦点，而且学生评价还在很大程度上决定着教师评价和学校评价的结果。新课程改革倡导建立促进学生发展的评价体系。

学生地理学习质量评价的结果，一是作为地理教师进一步改进教学的依据；二是作为学生在某个阶段地理学习的成绩或者作为选拔的依据；三是反馈给学生本人，以促进学生对地理学习的总结和反思。

一、地理学习质量评价的功能

学生地理学习质量评价的主要作用在于促进学生的学习和教师的教学，以及对学生做出科学的鉴定。

（一）反馈调节功能

中学地理学习质量的评价能够提供学生学习效果及其变化的反馈信息。学生实现教学目标的程度、学习成绩的优劣、学习中存在的问题等，不仅是教师关心的问题，也是学生关心的问题。

对教师而言，获得学生地理学习的结果，了解什么教学内容被学生接受了，是经过怎样思维加工接受的，什么教学内容没有被接受，在思维加工中还存在什么问题等，就能促使教师采取相应的地理教学对策，调节教学工作，以改善学生的学习。

对学生而言，通过教师的评价或学生的自我评价，了解自己的学习结果，可以纠正学习过程中的错误，激励自己朝着正确的方向努力。

（二）考察鉴别功能

通过地理学习评价，可以了解学生学习地理的质量和水平、学习方式的优点和缺点、学习过程中产生的矛盾和问题，还可以考察鉴别学生的学习能力和潜力、学习状况和发展水平，为学生的前一阶段学习做出证明和评定成绩。

教师及时了解学生的学习结果，可有效地调整教学策略，调控教与学的各个环节；学校了解学生的学习结果，为国家选拔人才、学校配备教师提供参考，体现了社会的需要。

(三)诊断指导功能

诊断指导功能是指通过学生地理学习质量评价,可以对学生已掌握的地理知识、地理技能状况和地理思维等智力发展水平进行必要的了解,及时对学生的非智力因素包括地理学习兴趣、合作精神、创新意识等有一个充分认识,从而综合掌握学生的现有状况,诊断学生地理学习能力水平。

美国学者克拉克等在《中学教学法》中说过:“评价与测量的基本价值在于它们具有作为诊断教与学情境的工具的潜力。”准确的诊断对于教学来说必不可少。有了“诊断”,就可以“指导”,教师就能明确新的地理课程的教学应建立在学生什么样的起点上,知道学生在学习中何处存在困难,从而能够针对困难发生的原因纠正错误,弥补教与学的缺陷等。

(四)强化激励功能

科学、合理的地理学习质量的评价,可以激起学生学习地理的积极性,使学生把注意力集中在学习任务的某些重要部分。

教学评价实践证明,任何学生都有获得较好的评价和实现自我的愿望,父母特别是教师的表扬和奖励、同学之间的竞赛等,都可以提高学生的学习积极性和学习效果。

二、地理学习质量评价的类型

学生地理学习质量评价的类型较多,主要有诊断性评价、形成性评价和终结性评价。

(一)诊断性评价

诊断性评价是指进行某项学习活动之前,对学生各方面状况进行的评价。所以,诊断性评价一般在学年、学期或单元开始时进行,因而也叫学前评价。

诊断性评价的目的,是根据评价了解学生的入学准备程度以及对新知识学习的准备程度。教师要根据学生之间的个别差异和差别程度,为学生提供适合其特点的学习环境,既可以保证教学活动的有效进行,也能使每个学生尽可能得到充分发展。

在高中地理教学活动中实施诊断性评价想要了解的是:第一,学生开始学习高中地理时,初中的中国地理、世界地理、地球地图知识掌握得怎样?学生的地理水平如何?有无必须预先具备的地理技能?学生地理思维等智力发展程度如何?学生的地理学习动机、学习兴趣、学习方法等学习高中地理的前提条件满足程度如何?第二,在高中地理学习过程中,学生学习时产生困难的根本原因是什么?

(二)形成性评价

形成性评价是指在教学活动进行过程中对教学活动本身的效果进行的价值判断,其目的是为了了解教学的效果及学生的学习进展情况和所存在的问题,以便于及时反馈,及时调整和改进地理学习方法。形成性评价可以改进学生的学习,为学生的学习定位,并可以给教师提供教学反馈,强化学生的学习。

高中地理学习形成性评价有三种常见形式:

1. 以课时为单位的形成性评价

高中地理新教材基本上一节内容一周内上完,独立性、完整性比较好,很方便地理教师的教学。在一节课的教学中,教师通过提问、作业、观察等形式,了解学生的课堂回答的过程、举手状况、课堂气氛、作业完成情况以及学生的表情态度等,可以实现教学中途的即时反馈。其目的是考察每节课的既定目标是否实现,教学方法、教学速度等是否适合学生的能力,能否引起地理学习的兴趣等,以修正教学活动中的不足之处,帮助学生提高其成绩。

2. 以单元为单位的形成性评价

多以形成性测验的方式进行,在一个单元搞一次或几次反馈性评价。根据测验结果分析,可使教师了解学生达到地理教学目标的程度,诊断单元学习中的难点,用以调节教学。同时,学生也可以根据教师给予的反馈,了解自己的学习情况,明确单元学习的不足,找出今后努力方向。

3. 以学期为单位的形成性评价

一般指期中和期末考试进行的评价,这是一种总结性的评价。教师可运用考试结果来考虑如何组织地理课程的下阶段或下学期的教学。

(三)终结性评价

终结性评价是指为了对学生预定目标的综合效益进行全面鉴定而进行的价值判断。它是以预先设定的目标为基准,对学生学习活动某一阶段最终结果的评判。通过终结性评价,可以确定学生的学习进步和教学目标的达到程度,从而为学生评定成绩;可以估计学生在后续学习中成功的可能性,并确定学生后续学习的起点,为学生学习提供反馈信息。

高中地理新课程中终结性评价有两种形式:必修模块学完后的终结性评价;七个选修模块中任一模块学完后的终结性评价,这种评价可以在高一进行,也可以在高二或高三进行,视学生选修时段而定。终结性评价既可以向学生提供他们达到地理教学目标程度的反馈,又为已完成的这门课程确定成绩,合格时可以拿到规定的学分。

评价方式需要改革,评价方式改革需要慎重。

三、地理学习质量评价的内容

学生地理学习质量评价比较复杂,评价角度不同,侧重点不同,评价体系也有差别。

(一)地理知识的评价

地理知识的评价,主要是指地理课程标准所规定的地理知识范围,包括地理基本事实和地理基本概念、特征、原理等方面的状况。对地理知识的掌握水平可分为三个层次。

1. 识记水平

识记水平是要求学生能对地理名称、地理景观、地理数据、地理分布等地理感性知识和对地理概念、地理特征、地理成因、地理规律、地理原理等地理理性知识的记忆,还包括对地图上地理事物的识别及地理基本知识的准确再认和回忆。

2. 理解水平

指学生对已学的地理基础知识的正确领会,要求学生能用自己的语言简要地说明、解释地理现象的成因和原理,能概括说明地理事物和现象的变化及特征,并能从地图中对地理事象进行归纳,找出规律并抽象出特征,甚至能将一种表达方式变换成另一种表达方式。

3. 应用水平

学生能将所学到的地理基础知识和技能运用到新的情境中,进行总结推广,即能运用所学知识解决实际问题。

这三个层次中,识记水平为低,应用水平最高。

(二)地理能力的评价

学生在学习过程中,需要各种各样的能力,如地图能力、计算能力、地理观察能力、地理想象能力、地理思维能力和空间能力、图像能力、创新能力等,它们对学生的学习质量都有重要影响。

1. 地理技能的评价

地理技能主要包括阅读、画图等地理图像技能、地理计算技能、地理观测、地理调查、地理实验等技能。地理新课程越来越关注地理学科的实践性,因此,地理技能形成状况的评价也是现代地理学习评价的重要内容。

2. 地理智能的评价

(1)地理观察能力。地理观察能力是学生地理学习中最基本的能力,也是其他地理能力形成的基础。中学地理大量感性素材需要观察,通过观察所获得的地理信息是想象、思维、记忆、空间等智力活动有用的材料。评价学生观察能力主要有以下四方面。

①良好的观察习惯。地理学习仅仅局限于课堂上是不行的，学得再好也是死知识。学生应走出小课堂，进行地理隐性知识的学习，“处处留心皆学问”。

②会不会观察。学生在观察地理事象时是否有目的、有计划，能否从繁杂的背景中区分出有意义的观察目标，并按照一定程序进行观察，观察时不依个人的好恶选取目标等。

③做好观察记录和整理资料。“好记性不如烂笔头。”感性观察所获得的成果，可能像过眼烟云，看过了或看多了容易遗忘，应当学会随时做观察记录，整理观察材料。第一手观察资料很宝贵，往往时间流逝已久它也不会在人的主观意识中走样。观察资料的整理尽量客观真实，要去伪存真、去粗存细。

④多种观察相结合。地理观察有实地观察、实物观察、多媒体画面观察、课堂图像观察等。为了加强观察效果，促进从直观到概括、从形象到抽象的过渡，可以采用多种观察相结合的方式，促进观察能力从浮光掠影到入木三分。

(2)地理想象能力。中学地理内容时空广远，绝大多数知识无法直接观察，有些连间接观察都难以进行，超越时空的想象能力对地理学习十分必要。中学生的地理想象能力评价内容主要包括两方面。

①有无大量地理表象的积累。地理表象是地理想象的基本材料，来自地理观察与地理记忆。

②是否经常依托地图展开想象。地图是地理学习的“第二语言”，地图上有各种各样的地理信息，反映着各种地理事象以及事象间的关系。想象力出众的学生从图上可以读懂或想象出现实中的地理事物等。

(3)地理思维能力。学生的地理思维能力是学习地理知识的核心能力。评价学生地理思维能力主要看学生以下三方面的能力。

①地理判断能力。判断能力好的学生能正确地把握地理概念并能廓清概念之间的关系，不做绝对化的判断。

②地理推理能力。地理推理能力强的学生，在平时学习中会自然养成总结归纳的好习惯，善于运用演绎方法学习新内容；对于相同、相似、相反的地理事象会大胆谨慎地进行比较，找出复杂地理事象的共性和差异。

③分析综合能力。分析和综合是地理思维的一对逆过程。分析是在头脑中将地理事象按一定的角度分解成各种地理因素或地理要素，认识各因素或各要素及其相互之间的关系。综合则是在头脑中将各地理因素或地理要素按照一定的规则组合起来，形成对组织等级较高的地理事象的整体认识。

(4)空间能力。空间能力是学生地理学习过程中特有的一种能力。对学生这种能力的评价主要从以下两方面展开。

①平常活动空间。狭隘的活动空间,老是从家里到教室“两点一线”,空间能力一般较差;经常外出旅游、深入社会、深入大自然的学生,空间能力一般较强。

②心理地图水平。心理地图是评价空间能力乃至整个智能发展水平的工具,也是空间智力活动的工具。学生经常有意识地运用想象绘制家居平面图、居住社区图、上学路线图、学校平面图、公共场所平面图等,可以锻炼心理地图能力。

(5)创新能力。创新能力是学生地理学习中最高层次的能力。评价学生的创新能力主要看其在以下两方面的表现。

①有无创新意识。在学习过程中,有创新意识的学生往往不循规蹈矩,多独辟蹊径。

②敢不敢大胆“求异”。地理科学由于上至宇宙太空,下至海底地层,远及地球诞生,近及今日此时,囿于人们研究的水平,还有不少谜团至今未解。创新能力强的学生,能克服思维定势,善于捕捉主要矛盾,运用多种思维方式,敢于“求异”。

(三)地理情感的评价

地理新课程提出了知识与技能、过程与方法、情感态度与价值观的三维目标,明确把情感领域的评价作为学生地理学习评价的重要内容。地理情感方面的评价主要包括爱国主义情感、辩证唯物主义观、地理科学态度、环境伦理观、可持续发展观、全球意识、地理审美观等。

(四)地理教师的测评

教师测评是地理教师对学生进行多种手段的终结性地理学习质量评价。教师结合平时教学和期终检查,通过提问、观察、日常作业、测验考试、访谈交流、问卷调查等方法,对学生地理学习目标的认知领域、行为领域、情感领域进行综合评价,找出学生心理特征、地理学习方式和学习特点等方面的差异,指出发展方向,以提高学生下阶段地理学习质量。

四、地理学习质量评价的方法

学生学习质量评价方法很多,常见的有以下几种。

(一)书面测验法

书面测验即书面考试。书面测验是实践中常用的地理学习评价形式。根据测验的时段，可以分为课堂测试、单元测试、期中测试和期末测试等；根据考试中是否允许学生查阅资料，可分为开卷考试和闭卷考试，其中闭卷考试又是实践中常用的方法；根据考试的范围，可分为全国或全省范围内进行的选拔性考试（如高等院校招生考试）和结业性考试（如初、高中地理会考），以及学校进行的各种地理考试（如月考、区域性联考等）。

书面测验一般由地理教师或专门人员事先拟定试卷，以全体学生为测试对象，要求每一个学生在同一时间回答同样的问题。其优点是，在相同的测试情况下，对学生的要求相同，学生面对的评价工具和评价尺度也相同，在一定程度上保证了地理学习评价的相对公平。特别适宜对认知领域中有关学习行为进行定量评价，据此可以推断学生在相应领域中的学习行为所发生的变化。它为了解和鉴别学生地理学习成绩、改进和提高地理教学质量提供了一定的反馈信息。其不足之处是它忽略了学生之间的个体差异，难以体现学生地理学习的个性化。

为了克服上述书面测验的缺点，试卷编制在考虑效度、信度和区分度的基础上，应避免以知识记忆为主、脱离实际的倾向。注意测试试题类型的多样化，既要有选择、判断等客观性试题，以测试学生对地理基础知识和基本技能的回忆和再认水平，也要有读图分析、简答、综合分析等主观性试题，以测定学生的理解能力、情感态度、价值观念等内容。同时，在试卷中应尽量多提供一些与学生真实生活相似的情境问题和开放性问题，允许学生依照自己的兴趣和个性做出不同形式和内容的回答，以提高学生的创新能力和分析解决实际问题的能力。编制试卷时，要注意区分水平测试和选拔性考试的区别。

（二）观察法

观察法是教师有目的、有计划地对学生在地理学习活动中的各种表现进行系统、深入观察记录，依据地理学习质量评价指标体系进行评价的方法。这种方法虽然不及书面测验法所获取的信息那样全面和精细，而且得来的评价资料也易受到教师主观因素的影响，但该方法方便易行，往往可以获得用其他方法难以获得的有价值的第一手资料。尤其在自然状态下对学生学习的观察，保证了所得信息的真实性，比较适宜于对学生的地理学习态度、兴趣、方法、习惯、情感、价值观、创造性等方面的评价。

1. 常用观察方法

（1）自然观察。在自然境况中所进行的观察，即指不加任何控制的日常观察。它涉及时间长，事情多，范围广，获取的信息真实，但有时不易在观察中把握重点。

(2)抽样观察。包括时间抽样观察和事件抽样观察。前者指在特定时间内观察和记录学生在地理学习中的行为表现，如在课堂教学的巩固环节对全班学生的练习状况进行的观察。后者指在特定的事件里对学生的地理学习状况进行的观察，如在地理竞赛、小组讨论、野外观测等过程中观察学生的表现。

(3)追踪观察。这是一种长期、系统、全面观察学生地理学习行为发展变化过程的方法。如对学生地埋阅读能力或地理计算技能等某个方面的发展变化所做的观察和记录。

2. 运用观察方法应注意的事项

做好观察前的准备工作，包括明确观察目的任务，确定观察内容，选择观察方法，确定观察策略，准备评价所需用具等；尽可能在自然真实状态下进行观察，这样可以克服主观因素的影响，提高观察效果的真实性；及时做好观察记录。

(三)访谈法

访谈法是教师通过与被评学生有目的、有计划地交谈，获取学生地理学习信息并进行评价的方法。它可以用来评价学生地理学习态度、兴趣、价值观等个性或非智力因素，也可以作为地理考试的辅助手段，评价学生的地理知识、地理技能的掌握状况。

与观察法相比，访谈法可以使教师更为直接地接近学生，并且在谈话的过程中可以根据评价的需要，控制谈话场面，在较短时间内获取大量比较真实详细的评价信息。

1. 直接访谈与间接访谈

直接访谈是指教师与被评学生当面的交谈。此法便于彼此间理解和沟通，教师可以通过表情和动作影响学生，学生在回答问题时的表情可以为教师提供更多的反馈信息。

间接访谈是教师借助一些媒介工具如电话、网络等进行交谈的方式。这种方法便于了解不宜当面交谈的事和急于了解的信息，但不易深入了解情况。

2. 标准化访谈与非标准化访谈

标准化访谈是从问题的设计到结果的统计分析都有严格的规范要求，访谈过程要严格按照规范执行，不能随意变动。非标准化访谈一般只有一个访谈提纲，列出要提问的主要问题和基本要求，访谈时教师灵活掌握，可以自由发挥，其不足之处是结果不规范，不便统计，难以对访谈结果进行定量分析。

3. 访谈注意事项

(1)要有访谈准备。如确定访谈目的，选取访谈要获得的信息，即拟定谈话内容，准备谈话措辞，确定访谈方式与对象，有时还需准备仪器与工具，如纸、笔、录音设备、录像设备等。

(2)建立融洽的访谈氛围，让学生消除疑虑与恐惧心理。

(3)准确迅速地做好记录。

(四)问卷法

问卷法是教师运用预先设计的问卷，通过书面的形式获取学生地理学习状况信息并进行评价的方法。它是从谈话法发展而来的一种书面形式的特殊方法。

问卷法具有一定的隐蔽性，教师与学生不直接接触，便于对不宜访谈的问题的调查和宜于不愿暴露身份的调查。

为了提高调查的真实客观性，问卷的编制是关键。设计的问卷要注意以下问题：问题的表述要适合被调查对象，做到被调查对象填写问卷时一看就明白，无须附加任何说明；表述问题时要避免引起强烈的情绪联想，也不要给以暗示；防止被调查对象对问题作模棱两可的回答或理解；在问题的编排上应先易后难；问卷一般不要求记评价者的姓名。

与口头访谈法相比，问卷法能够对许多人同时进行调查，具有省时、省力、省费用、易统计的优点。但采用此方法只能从收集的资料中看到一般性的倾向，在实施过程中，回答者对问卷中难以理解的地方不能得到及时解决，会影响作答。

问卷法在评价学生情感发展方面比较有效。通过学生对有关问题的回答，可以分析、判断其相关的态度、兴趣、情感和价值观等，从而达到评价目的。

(五)自评法

学习评价只有内化为学生自己的认识，才能起到指导学生学习的作用。此外，学生自评的过程也是一个自我反思、自我激励、自我调整的过程，对学生地理学习具有明确的导向作用。

学生的自评有在地理学习过程中进行的日常自评或称作业自评和某一阶段地理学习结束后进行的总结性自评之分。前者如学生完成一项实验、一次野外调查活动后，就学生前期准备情况、实施过程中遇到的问题、问题产生的原因、活动或实验的结果等进行反思、做出评价，并提出改进建议。后者是教师将某一阶段学生学习的档案交给学生，学生重新翻阅自己以前的“作业”，对该段时间自己各方面所发生的变化进行反思评价。

(六)学生互评法

同学互评是在学生自评的基础上，通过学生对地理学习中的各种表现的相互评价。这种评价的优点有二:一是通过互评,每个学生都可以发现别人的优点和自己的缺点,从而相互激励和促进,共同提高;二是小组为组内各成员做出结论性的评价,为地理教师给学生作综合性评价提供依据。

在提倡合作学习的今天,地理学习中的很多任务和作业都是以小组形式完成的,能否圆满完成任务以及作业质量的高低,在许多时候都依赖于小组内部成员之间的交往与合作程度。随着交往次数的增加,学生之间更加熟悉和了解,特别是对情感、态度、价值观等情感领域目标的评价信息,要比教师依靠观察得到的信息更具有客观性和可靠性。

五、地理成长记录袋评价

成长记录袋又叫档案袋,是20世纪80年代西方结合中小学评价改革运动形成和发展起来的一种新的质的评价方式。它是用以显示有关学生学习成就或持续进步信息的一连串表现、作品、评价结果及其他相关记录和资料的汇集。在自我评价和反思的过程中,学生要依据标准和要求,评价自己的作品,反思自己的学习过程,从而发现自己的优势和不足,形成追求进步的愿望和信心,明确改进的目标和途径,在学习与发展中不断进取。学生自己选择作品与自我反思的结合,可以为教师提供有关学生成就的信息,同时也为教师了解学生的自我评价提供了一个窗口。

(一)成长记录袋的特性

成长记录袋具有目标性与计划性、成长性与表现性、整合性与多元性、主题性与反思性等特征。

1. 目标性与计划性

教师依据地理课程标准和具体教学目标计划,有组织、有目的地要求学生收集一系列表现或作品,以展示其能力和进步。"档案袋"不只是装满材料的容器,它能系统、有组织地收集相关证据,以监控学生在某一特定学科领域中知识、技能与态度的发展。

如果创建成长记录袋的目的是为了展示学生的最优成果,收集的内容应该是学生认为最满意或最重要的作品;如果创建成长记录袋的目的是为了描述学生在某一时期内学习与发展的过程,发现其优势和不足,收集的内容就不仅包括学生的最终作品,还要把过程性的东西(如一篇文章的草稿)也装进去;如果创建成长记录袋的目的是为了评估学生学习与发展的水平,收集的内容就要结构化或半结构化,即其中有些东西是统一要求的,以便于在不同学生之间进行比较。

2. 成长性与表现性

学生的成长记录袋关注学生的成长过程，强调形成性评价与表现性行为，既注重学习结果，也注重学习过程。成长记录袋的基本成分是学生作品，主要收集学生在学习过程中完成的各种作品（如作业、论文、手工作品、表演录像等），用以展现学生的努力、成就与进步，描述学生学习的过程与结果。学生作品是重要的评价信息来源，是构成成长记录袋内容的主体。与传统评价方法相比，它更能显示学生的成长历程、进步与成就。

3. 整合性与多元性

成长记录袋依据课程目标与计划，系统、有效地收集各式各样有代表性的学习成果，重视教学与评价的有机整合，强调评价本身就是教学，二者不可分离。成长记录袋多元化评价体现在：评价主体多元化，教师、学生本人、同伴、家长等都参与评价；评价的内容多元化，记录袋内容可以是学生测试试卷、实验报告、小论文、小制作等。

4. 主题性与反思性

成长记录袋最好采用文件夹的形式，内容上包含多个主题。学生在平常学习过程中，围绕设计的几个主题有意收集资料。无论是为展示最佳成果而设计的成长记录袋，还是为描述学生学习过程而设计的成长记录袋，都十分重视学生在成长记录袋创建和使用过程中的参与，尤其是学生的自我评价和反思。实际上，"反思本来就是档案袋设计的关键"。在自我评价和反思的过程中，学生依据标准和要求评价自己的作品，反思自己的学习过程，从而发现自己的优势和不足，形成追求进步的愿望和信心，明确改进的目标和途径，逐步提升学生自我评价、自我选择、自主成长的能力和品质。

（二）成长记录袋的创建和使用

成长记录袋的创建和使用是依据特定目的而展开的，需要精心设计。没有经过精心设计的成长记录袋，就可能变成一般意义上的作品文件夹，而应用成长记录袋所预期的功能也难以有效实现。

1. 明确成长记录袋的类型与功能

成长记录袋的类型主要有三种：工作型的成长记录袋、展示型的成长记录袋和评价型的成长记录袋，三种类型之间存在一定程度上的交叉。每种类型的成长记录袋各自具有不同的功能。

（1）描述学生学习与发展的过程。工作型成长记录袋表现的是"学生学习过程中的作品"。用于这种目的的成长记录袋不仅收集不同时期学生的作品，还收集观察或测试的结果、家长信息等一切过程性的东西。学生的自我评价与自我反思也可以收入其中。

(2)展示最佳成果。学生从工作型成长记录袋中挑选出自己认为最满意的作品,收集起来就形成了展示型成长记录袋。

(3)评估学生学习与发展的水平。工作型成长记录袋的目的是生成优秀作品,展示型成长记录袋是展示最优作品,评价型成长记录袋就是描绘学生在学校课程中到底学到了什么。工作型成长记录袋和展示型成长记录袋中可能收集一些超出课程内容的作品和资料,而评价型成长记录袋内容的选择必须严格依据课程标准,以反映学生在课程领域内的掌握程度。学生有很多作品,教师在征求学生意见的基础上,决定将哪些作品放入评价型成长记录袋。教师不仅以它作为评定学生成绩的依据,而且为管理者制定有关方案和设置课程提供依据。

2. 引导学生自主参与成长记录袋的创建与使用

成长记录袋是学生作品的有意收集,反映的是学生已获得的成就以及获取成就的过程。学生既是成长记录袋评价的对象,又是评价的主体,从建构主义的观点来看,学生的自主参与是决定成长记录袋成功与否的关键因素之一。自我评价和自我反思,是学生参与成长记录袋创建的最高水平。要想学生的自我评价与自我反思能起到预期的积极作用,教师不能只是简单地提出要求,还要给学生以必要的指导,让学生知道评价什么、反思什么,以及怎么评价和反思。

3. 确定评分的程序及评价标准

成长记录袋评分与否以及如何评分,取决于它的使用目的。如果成长记录袋用于展示学生的最佳成果,那么所收集的作品不必专门进行评分,因为既然学生选择了这些作品,就表明他对自己的作品十分满意,认为作品已经体现了他所能达到的最高水平;如果成长记录袋用于形成性评价,通常要经常性地对所收集的单件作品进行分项目的细致评分,使学生清楚地看到自己的优势与不足;如果成长记录袋用于终结性评价,教师要根据评价内容的性质决定成长记录袋评分的具体方式,可以先给所收集的每份作品评分然后换算出一个整体的分数,也可以直接采用通过整体印象进行评分的方法。

4. 在教学和交流中应用成长记录袋

成长记录袋的一个突出特征就是动态性,它会随着每天、每周以及每月的流逝而不断发生改变。教师有很多机会来检查和回顾这些作品,并与学生展开讨论和对话。在创建和使用成长记录袋的过程中进行观察,可以为教师实施形成性评价和采取教学策略提供依据。

成长记录袋也可以作为学校、教师和学生与家长交流的一个很好的载体。

作品和学生的自我反思可以为家长提供一个了解课堂的窗口，让他们更清楚地了解孩子在学校各个方面的经历和表现。成长记录袋可提供三个方面的信息，即关于学生的现状、进步和下一步努力的领域。家长对成长记录袋中各项内容及其整体进行的评价，同样可以作为成长记录袋中的一个组成部分。

学生成长记录袋的建立过程，体现了收集、选择和反思的过程，信息收集的过程是学生体验学习的过程，信息选择的过程是学生展示自己能力的过程，反思过程是学生自我了解的过程[1]。

思考与练习

1. 地理新课程教学评价与以往地理课程教学评价有何不同？
2. 一个合格的中学地理教师应该从哪些方面去考察？
3. 你认为地理教师用什么方法评价学生最合理？
4. 如何开展地理成长记录袋评价？

[1] 马玉宾，熊梅. 试谈档案袋评价中的学生档案[J]. 教育发展研究，2002(10)：44-47.

第八章　地理教师专业化发展

国运兴衰，系于教育，教育成败，系于教师。教师被喻为人类灵魂的工程师、诲人不倦的模范，教师职业被认为是阳光下最神圣的职业。教师肩负着引导社会文明不断进步的使命。如何提高教师的整体素质，在开展教学工作的同时使自己的专业相应发展，以适应时代发展对教育提出的新要求，已成为当前教育改革的焦点之一。

第一节　地理教师专业化发展概述

一个职业经过一段时间后不断成熟，逐渐获得鲜明的专业标准，并获得相应的专业地位的过程，叫做专业化。教师在整个专业生涯中，通过终身专业训练，习得教育专业知识技能，实施专业自主，表现专业道德，并逐步提高自身从教素质，成为一个良好的教育专业工作者的专业成长过程，叫做教师专业化。

一、教师专业化发展的内涵

教师专业化概念有两方面内涵：一是动态的，二是静态的。

从动态的角度来看，教师专业化主要指教师通过终身专业训练，习得教育专业知识技能，实施专业自主，成为一个教育专业工作者的成长过程，即教师从一个“普通人”变成“教育者”的专业发展过程。这是一个长期的过程，是一个与教育环境的互动发展过程，需要教师不断调整自己的思想观念、价值取向，丰富专业知识和技能，满足自身不同层次的需求，从而表现出与特定职业发展阶段相适应的教师角色行为。

教师专业化发展具有积累和持续的特性，过去所学的知识和技能是现在立身的基础，也是未来发展规划的基础，所以，教师专业发展是一种“动态”发展过程。教师的态度、价值、信仰、知识技能和种种行为表现，每时每刻都需要不断调整、修订、重新审视评估和接受挑战考验，教师必须不断充实自己才能在发展过程中保持活力。

从静态角度看,教师专业化是指教师职业真正成为一个专业,教师成为专业人员得到社会承认这一发展结果。

纵观中外教育史,教师职业伴随着人类社会的产生而产生,是人类社会古老而永恒的职业活动之一。但是,人类在长期的历史发展中,并没有把教书视为一种专业化的职业而给予专业化的训练。起初是“养老与育幼相结合,师长合一”,后来是“官师合一”、“僧师合一”,并无专门的机构与特别的制度,口耳相传的“艺徒式”教师养成模式在历史上沿用了相当长的时间。

随着社会进步,科学技术发展,教育水平和质量的提高,对教师的要求也不断提高。教师需要有专门机构进行专门培养,于是产生了师范教育。伴随着师范教育理论与实践的产生、丰富与发展,教师职业才逐渐成为一种专门的、科学的职业。但是,与医生、律师这些专业人员相比,教师的专业化程度相对不足。因此,一些教育界人士认为,当前教师职业正在由“准专业化”或“半专业化”向“专业化”方向发展,“专业化”是未来教师发展的方向。

二、地理教师专业化发展的必要性

教育是一种社会现象,是人类有意识、有目的、有计划、有组织的社会活动。作为人类的一种社会活动,教育几乎与人类社会有同样长的历史,对人类社会的延续和发展具有重大意义和作用。教师作为履行教学工作的一种职业,其社会功能得到了广泛肯定。

(一)地理教师职业特点

地理教师职业所依据的专业知识具有双重学科基础,即任教科目的地理学科知识和教育学科知识。人们都承认,从事地理教学工作必须掌握的地理学科知识要求越来越高,所谓“良师必学者”。因此,对地理教师学历的要求,首先体现在所教的地理学科知识方面至少应满足《教师法》和《教师资格条例》的规定。很多人亦赞成,从事地理教学工作需要具备教育学科知识,要了解教育理念、学生心理、教育方法等知识。教学工作的双重学科基础,使得教师教育在和其他专业教育相同的时间里,既要达到同等的学术水平,又要掌握必备的教育学科知识。很显然,这是一种“鱼与熊掌兼得”的要求。地理教师专业化发展是一个持续不断的过程。

(二)学生发展的需要

传统的课程是以知识为本位,新课程取而代之的是以学生发展为本位。以学生发展为本位的教学目标首先体现在三维结构上,即知识与技能、过程与方法、情感态度与价值观三个方面的目标。知识技能的发展是人的特殊发展，能力与情感态度的发展是人的一般发展。人的特殊发展的过程也是一般发展的载体，一般发展又能促进特殊发展，两者是统一而不是对立的。一般发展的目标具有普适性，如"培养创新意识和实践能力"、"增强对地理事物和现象的好奇心"等，往往不是一节课或几节课就能够达到的，所以，以学生发展为本的教学核心是过程性目标。为达到这些目标，地理教师作为实施地理教育的主体和操作者，教师本身的质量决定了学校实施地理教育的质量。

学生的发展需要优秀的地理教师，不仅需要较好学科专业水平的地理教师传授知识，而且需要地理教师在教学中给学生树立做人的榜样，关注学生需要，关爱学生成长。通过设计一系列在新理念指导下的活动，使学生的能力得以提高，有积极的情感、态度和正确的价值观念和行为，成为新一代具有健康身心的公民。

因此，地理教师在教学中不仅要能清楚明确地表达自己的知识，还应该是学生发展的促进者。这是新时期学生的发展对地理教师的要求。

(三)课程改革的要求

新一轮地理课程改革，体现在地理课程四个"化"上，即课程的微型化、乡土化、个别化和综合化。关于学习的研究结果表明，个人认知层面的学习变化与个性差别相关，表现在每个人对学习的兴趣、态度各异，要注重每个个体的情感层面。

基于这些，新一轮地理课程改革采取地理课程多样化方式，并且在教学内容上注重微型化和乡土化，以适应地理教学的个别化和综合化。多样化的地理课程改变了单一的国家课程管理，表现为国家、地方、学校三级课程管理模式。多样化的地理课程变"一纲一本"模式为"一标多本"模式。多样化的长处是：学生能够自由选修，灵活学习，有利于提高学生对地理学科的兴趣。多样化也给地理教师提出了更高的要求。

新地理课程注重学生能力的差异。学生能力差异就是学习速度的差异和学习方法的差异，由此带来的新课程个别化教学也摆在了地理教师面前。国家、地方、校本三级课程体系的建设，要求地理教师必须具备地方课程尤其是校本课程的建设能力，随之而来的地理教材和地理考试改革要求地理教师同时具有自我更新能力、教育教学研究能力等。这是课程改革对地理教师专业化发展的新要求。

(四)地理学科在中学的作用

在人类精神文明和物质文明高度发达的今天，伴随着科学技术日新月异以及人类对大自然无休止的索取与掠夺造成的环境、资源、能源等问题，地理教育价值更加明显。

首先，地理知识是人的社会文化科学素质的重要组成部分。中学地理教学的内容是向中学生普及地理科学知识，包括自然地理知识和人文地理知识。这些知识，对人的科学文化修养的提高、人格的完善，起着十分重要的作用。我国著名的已故地理学家竺可桢先生早在1929年就说过："地理教学的主旨在于养成健全之国民。……使学子能以世界眼光推论时事。"中小学生正处于身心全面发展的时期，他们不仅应当具有语言、数学、外语等工具类知识，而且应当具有历史、地理及其他科学知识。地理知识从自然和社会两方面让学生科学地认识世界，让学生从家庭狭小空间中"走"出来，认识社区、村镇、城市、国家、世界、地球及其宇宙环境，认识世界各地的自然风光、社会经济、民族文化、风土人情，从我国及世界各国人民的经验中吸取营养，充实自己，去学会做人、做事，学会与他人交往，学会生活。在现代社会里，一个缺乏地理科学知识、充满迷信思想和孤陋寡闻的人，一个对家乡、对祖国、对世界缺乏了解和情感的人，很难适应科学技术高度发展、信息交流频繁、社会联系复杂、产业和职业瞬息万变的社会。

其次，地理空间能力是人的基本能力之一。美国心理学家西莱辛格和格德曼认为，人的三大类能力是"空间能力、计算能力和语言表达能力"。地理空间能力是人的基本能力之一。因为，人类的生存离不开环境，人类从茹毛饮血时代发展到今天的信息社会，总是在与环境进行能量与物质的交换中求得生存与发展的。在这个过程中，人类文明得到进步，人的自身也得到进化和发展。空间和时间是物质及物质运动的存在方式，人类活动总是在具体的时间、地点中进行的。因此，人在与环境的接触中，必须具有判断空间方位的能力，具有正确的空间观念。判断空间方位，确定事物之间的空间联系及结构，是人的基本能力，是人的最基本的素质之一。电脑能解放人的左脑，能够取代人从事信息存储加工处理和逻辑推理计算等许多工作，但人的形象思维能力、空间想象能力电脑难以代替，还要靠人的右脑来实现。人的右脑能完成计算机所不能完成的工作——创造性活动。开发右脑是人类进入21世纪的伟大使命，地理教学培养学生的空间想象能力，对开发学生的右脑将起到重要的作用。

最后，地理是中学各课程中唯一以人类的可持续发展、人类赖以生存发展的地理环境为基本内容的课程。人类要在地理环境中求得生存和发展，就要掌握环境本身的发展规律，按科学规律办事。作为一个具有现代文明的人，就必须具备地理环境方面的科学知识，具有正确的保护环境的观念及全球意识。了解人类面临的种种环境问题,按照正确的行为准则,自觉地参与改善环境的行动,这些都是地理教育的重要内容。环境保护知识、环境意识、全球意识是现代人必须具备的素养,是人类精神文明的重要组成部分。中学地理教育就是从协调人地关系的角度出发,让学生认识人类的地理环境,包括地球的宇宙环境、地球本身的自然环境、中国和世界各国的自然环境和社会环境,让学生具有科学的保护环境的知识、环境意识和全球意识,形成“人类只有一个地球”、“地球村”等正确的态度和价值观。

第二节　地理教师专业化构成

地理教师专业化构成主要包括两方面:地理教师的专业素质和客观环境。其中,地理教师的专业素质是根本和核心,它主要包括以下三个方面:地理教师的专业知识;地理教师的专业技能;地理教师的专业态度。

地理教师的专业素质形成与良好的客观环境关系密切。这种客观环境包括:政府教育主管部门创建完善的教师培训体系,为地理教师提供严格而专门的职前训练;提供多途径多形式的在职进修机会,以发展和提高其专业水平;为地理教师提供参与教育教学研究的机会,采取切实有效的措施,鼓励其积极参与科研;建立地理教师专业团体;制定严格的地理教师选拔制度等。

专业素质是专门职业对从业人员的整体要求,因而在职业专业化的进程中人们对专业素质给予了广泛的关注。地理教师的专业素质包括地理专业知识、专业技能和专业态度等。

一、地理专业知识

无疑,地理教师作为一个专业人员,必须具备从事地理教学工作所要求的基本知识。地理教师的知识结构直接影响教师教育教学质量。国内外学者对教师知识结构的看法不完全相同,但一般认为,教师的知识结构至少包括专业知识、科学文化基础知识以及教育学、心理学知识。根据国内外学者的观点以及地理课程改革对地理教师提出的要求,我们认为,地理教师的知识结构应由四部分组成:地理学科专业知识、相关学科知识、教育专业知识和地理信息素养。

(一)地理学科专业知识

教师的劳动是一种复杂的创造性的劳动。要成功地完成教学任务,首先要精通所教学科的知识,深入透彻地了解自己所教学科的全部内容。雷诺兹认为,所教学科知识主要包括:①内容知识,即各学科有关事实、概念、原理、理论等;②实质知识,即一个学科领域的主要诠释架构与概念架构;③章法知识,即一个学科领域里新知被引入的方式及研究者对知识的追求与探究的标准或思考方式等;④有关学科的信念;⑤有关学科最新发展和正在进行的研究。

"资之深,则取之左右逢其源。"因此,教师首先应是一个学者,是所教学科的专家。作为中学地理教师,具备广泛而完整的地理知识是非常重要的。地理专业知识主要包括地理专业基础知识和地理专业科学方法。

1. 地理专业基础知识

地理专业基础知识就是地球、地图、中国地理、世界地理、自然地理、人文地理、地理技术中的地理术语,地理概念、地理现象、地理空间分布、地理过程、地理因果关系、地理特征、地理规律等内容。总体来说,它涵盖以下几个问题的内容:它在哪里?它是什么样子?它为什么在那里?它是什么时候发生的?它产生了什么作用?怎样使它有利于人类和自然环境?这就是我们常说的地理知识"六何":何处、何物、为何、何时、何用、如何。地理教师必须对地理学科基础知识有广泛而准确的理解,因为教师不能把不准确或错误的东西教给学生。还有一个重要原因是,只有在对地理知识熟练掌握的基础上,教师才可能花更多的时间和精力去关注学生的发展,而不是只弄懂自己所教的内容。

2. 地理专业科学方法

地理专业科学方法是地理科学体系的一个重要组成部分,也是地理教师知识素养中的一个不可或缺的内容。中学生掌握地理学的一般科学方法,不仅是学习地理的一个重要部分,对学习其他学科以及毕业后的继续教育和创造性的工作也将大有裨益。在中学地理教学中涉及的地理学的一般科学方法主要有比较法、分析法、综合法、归纳法、演绎法等,地理学科还有特有的方法,如地理观察法、野外调查法、区域比较法、区域综合分析法、地理实验法等。

(二)相关学科知识

在中学各门课程中,地理是综合性、实践性和思想性最强的学科之一。一名合格的现代地理教师,不仅应该具有精深的专业基础知识,而且还应该具有宽厚的与本专业密切相关的各门学科知识。

中学地理教学内容与物理、化学、生物、数学、历史、语文等自然和社会科学知识的联系甚广。例如,物理学上热胀冷缩现象与解释地理学上的岩石风化,化学中水对石灰岩的溶蚀作用与地理学中的喀斯特的发育形成,生物学中的生物对自然环境的要求与地理学中生物的地理分布和环境保护,数学计算与地理学中一些定性定量分析等，都有着直接或间接的联系。

我国历代文人墨客留下了丰富的文化遗产，对我国的自然景观、地理现象都有形象的描绘。采用诗歌、散文讲授地理分布和地理特色，利用名人轶事、历史典故、各地自然景观及风土人情作为教学资源，既可以增加地理教学内容的趣味性和语言的艺术感染力，更能引发学生学习兴趣，提高教学效果。

（三）教育学科专业知识

教育工作是一种培养人的专业工作，仅通晓一门学科并非必然地使他成为该学科的好教师，“学者未必是良师”。一个教师要成功地扮演好自己的角色，在所教学科知识的基础上，更重要的是具有教育学科方面的知识。教师的专业领域毕竟是教学而不是其任教的学科。传统的教学过分关注任教学科，过分强调任教学科的独立性和重要性，这是学科本位论的反映。以学科为本位的教学是一种目中无人的教学，缺少对人的生命存在及其发展的整体关怀，因而不利于学生的身心健康发展。

“一切为了学生的发展”是地理新课程的核心理念，这意味着教师要关注每一位学生，关注学生的情绪和情感体验，关注学生的道德和人格养成等。如果教师缺乏教育学、心理学的基本知识，不了解学生的心理特点及发展规律，就没有办法根据学生的心理规律进行教育和教学。所以，教育学、心理学知识欠缺会影响教师处理教育教学问题的科学性，在一定程度上会影响教学及教育过程的顺利实施，也会妨碍基础教育课程改革的顺利推进。地理教师要胜任教学工作，仅仅掌握地理专业知识是远远不够的，还必须具有丰富的教育学、心理学知识。这类知识的主要作用表现在能够使教师迅速准确地解释学生的言行并且在需要的时候给学生以适当的指导，因此，在很大程度上可以帮助教师有效地履行自己的专业工作。我们可以把这类知识统统称为教育专业知识。

地理教师所需掌握的教育专业知识可以分为两类：一般教育学知识和地理教育学知识。一般教育学知识范围相当广泛，既包括教育学知识，如教育史、教育基本理论、教育科学研究方法等，也包括心理学知识，如心理学基本理论、教育心理学、发展心理学等。除此之外，地理教师还应掌握地理教育学知识，如地理教学论、地理课程论、地理学习论等。

（四）地理信息素养

21世纪是信息的时代，计算机与其他信息技术迅猛发展，并广泛应用于人类社会的各个领域以及人类生活的方方面面，成为人类生活不可或缺的一部分。信息技术的发展使得人们获取知识的方式、表达自己的方式、开展社会活动交往的方式都发生了巨大变化。信息素养已成为公民素养的重要组成部分。信息技术有关的知识、能力水平已经成为现代人的一项重要标志。

地理教师必须具备的信息素养主要包括以下几个方面内容：信息技术的基本常识与历史；信息系统的工作原理；信息系统的结构与各个组成部分；信息技术的作用与影响；信息技术有关法律与道德问题等。

二、地理专业技能

专业化的地理教师必须具备从事教育教学工作的基本技能和能力。在关于教师技能和能力的研究中，存在着许多概念表述，如教师基本功、教学技能、教学技巧、教学能力、教学才能等。这些概念有的在意义上非常接近，有的则在层次上有所差异。

教学技能指教师在教学过程中运用一定的专业知识和经验顺利完成某种教学任务的活动方式。它可以分成广义和狭义两种。教师具有书写钢笔字、粉笔字、毛笔字（简称“三字”）和用普通话说话、讲课、朗读（简称“一话”）的本领，以及会制作教具、教学挂图，会编写教案、编排板书、画教学示意图，熟悉地理课程标准和教材等，属于教师的教学基本功，可以看做是狭义的教学技能。广义的教学技能即教学技巧，是教学技能的高级阶段。

教学能力是指教师达到教学目的，取得教学成效所具有的潜在的可能性。它由许多具体的要素所组成，反映出教师个体顺利完成教学任务的直接有效的心理特征。教学能力与教学活动密切联系在一起，并在教学活动中得以展现，这种展现是可以观察到的外显的行为。因此，对教学能力评价需要借助于对教学行为的观察。上述教学技能和教学能力的完备结合，被认为是教学才能。

教师专业技能应该有哪些？国内外学者对此有比较深入的研究。1992年9月国家教委师范司印发了《高等师范学校学生的教师职业技能训练基本要求（试行稿）》，1994年又颁布了《高等师范学校学生的教师职业技能训练大纲（试行）》，规定了教师专业技能的五个方面：①教学设计技能；②应用教学媒体技能；③课堂教学技能；④组织指导学科课外活动技能；⑤教学研究技能。

结合国内外的其他研究成果，我们认为，地理教师的专业技能可以分成三个部分：地理教学技能、地理教研技能、地理教育能力。

（一）地理教师的教学技能

地理教学技能的功能在于引导学生的地理学习活动，并控制课堂气氛与学生的注意力，使地理教学活动顺利进行。

（二）地理教师的教研技能

地理教师的教研技能主要包括说课、听课和评课技能。

1. 地理说课技能

说课是近年来教师(继续)教育中广泛开展的一种教学研究活动。它是授课教师在独立备课的基础上,系统地解说自己的教学设想及理论依据,以达到相互交流共同提高的一种教学研究方式。一般要求教师在15分钟左右的时间内,将一节课的教学设计思路、教学过程及教学内容,用简要准确的语言表述出来。由于说课中不但要说出教师教什么和学生学什么,教师怎么教和学生怎么学,而且要从现代教育理论角度说出教师为什么要这样教和学生为什么要这样学,所以,说课不仅能体现出教师的教学基本功水平,而且能表现出教师的现代教学理论水平,因此,它在中学教学中的应用越来越广泛。

2. 地理听课与评课技能

听课与评课是常规教学的重要组成部分,也是教师业务上相互交流、相互学习的重要途径。

听课教师科学地分析所听课的水平并给予正确的评价,对一个教师业务水平的提高、教学思想的完善、教学特色的形成都起着重要的作用。听课与评课是相互联系的。听课时,要做好一切准备,课前尽可能地熟悉授课内容与授课方案。课堂上善于观察记录教师的教与学生的学。看教,就是看教师对地理课程标准和教材的把握、重难点处理、教法设计和基本功展示等;看学,就是看学生课堂表现、学习习惯与教师的配合等。课后要多思,琢磨执教者的得失,再与自己比较找出长短,促进自己教学水平的提高。

评课主要从六个方面进行:教学目标制定是否具体、全面、适宜,通过教学是否达到;教材处理,重点是否抓住,难点是否突破;教学思路是否清晰,课堂结构是否严谨;教学方法是否得当,教学手段是否合理;教师教学基本功,如板书、教态、语言表达、教具操作等是否妥当;教学效果如何。

(三)地理教师的教育能力

地理教师的教育能力主要表现在地理教学设计能力、实施能力和学业评价能力三方面。

1. 地理教学设计能力

教学设计是指教学工作开始之前,根据一定的目的、要求对教学过程中相互联系的各个部分的安排做出整体计划,预先制定教学方案,设计教学活动模式或结构的过程。教学设计能使教学工作具有明确的指向性,从而能减少教学的盲目性,提高教学工作的质量和效率。因此,教学设计对教学活动的顺利实施有着重要意义。

地理教学中,教学设计能力主要包括三个层次:制定学期或学年教学计划—制定单元教学计划—制定课时教学计划。在学年或学期计划中,要体现本学年或学期教学、实习、参观、课外活动总体计划；在单元教学计划中，要确定单元教学目标和要求、单元教学结构、策略和方法系统、单元教学评价方案等；在课时计划中，要确定本课时教学目标、教学思路、教学策略、教学方法、教学媒体等。完成地理教学设计需要多种能力的配合，如掌握运用地理课程标准和地理教材的能力，运用地理课程资源的能力，了解学生年龄特征和心理特征的能力，编写教案的能力等。

2. 地理教学实施能力

地理教学实施能力是教师在一般教学情况下有效实施所设计的教学计划，并能根据实际情况控制情境的能力。教学实施能力也是多种具体能力的综合，如课堂教师语言表达能力，选择教学模式和方法的能力，因材施教能力，课堂教学组织能力，实验设计和操作能力，分析能力，自制教具及演示能力，运用各种教学技能技巧能力，偶发事件处理能力（教学机智）等。

3. 地理学业评价能力

学生学业评价能力是指教师在教学过程中收集资料，运用各种评价方法了解学生的学习状况，以判定教师是否完成了预定的教学目标，学生是否达到了预定的学习目标，从而根据反馈的信息来补救或改进教学工作的能力。这是一项综合能力，它包括：设定评价目标和评价标准的能力，收集评价资料的能力，选择和运用评价方法或评价工具的能力，分析或解释评价资料与结果的能力，以及反馈与矫正的能力等。

三、地理专业态度

态度是在一定情境下，个体对人、物或事件以特定方式作出反应的一种心理倾向。如果说“地理专业知识”、“地理专业技能”强调的是地理教师在从事地理教学中会不会、能不能的话，“地理专业态度”强调的则是地理教师愿不愿从事地理教学的心态。专业态度要比一般心理学意义上的愿意、喜欢、向往的态度有更深的含义或更高的境界，这是人们在对所从事专业的价值、意义深刻理解的基础上形成的奋斗不息、追求不止的精神。

（一）地理专业理想

地理专业理想是地理教师以客观现实的发展规律为依据，对未来地理事业的想象或希望。地理教师的专业理想是地理教师成为一个成熟的地理教育教学专业工作者的一种向往与追求，它为地理教师提供了奋斗的目标，是推动地理教师专业发展的巨大动力。具有专业理想的地理教师，对地理教学工作会产生强烈的认同感和投入感，愿意终身献身于地理教育事业；对教学工作抱有强烈的责任感,致力于改善教学素质,以满足社会对地理教育专业的期望。

树立地理专业理想,如努力提高地理专业才能与专业服务水平,努力维护地理专业的荣誉、形象等,都不是凭空而来的,而是在地理专业训练过程中,在地理教育教学过程中,由地理教师本身这种愿望加上合适的环境条件共同作用产生的,并且一旦形成专业理想后,能经得起社会上形形色色的诱惑。

(二)地理专业情操

地理专业情操是地理专业情操教育形成的。地理专业情操教育是有目的地培养以地理专业观念为中心的各种相互联系的地理高级情感及相应地理行为方式的教育。地理专业情操与地理人生观、世界观、理想和个性培养紧密相关,具有道德、理智、艺术等方面价值。

地理教师的专业情操,是地理教师对地理教育教学工作带有理智性的价值评价的情感体验,是构成地理教师价值观的基础,是构成优秀地理教师个性的重要因素,也是地理教师专业情感发展成熟的标志。

地理教师的专业情操包括:理智的情操,即由于对教育功能和作用深刻认识而产生的光荣感和自豪感;道德的情操,即由于对地理教师职业道德规范的认同而产生的责任感和义务感。

具有地理专业情操的教师,热爱教育,忠诚教育,敬业事业,能正确看待教师工作的苦与乐,甘为教育事业献身,并且会尊重学生、关心学生,以民主平等的心态对待每一个学生,是《中小学教师职业道德规范》的积极践行者。

(三)地理专业性向

性向即个性倾向。地理专业性向是指地理教师成功地从事地理教学工作所具有的人格特征,或者说适合地理教学工作的个性倾向。

具有地理专业性向的教师,懂得关心集体、团结协作。因为教师的劳动是一种群体性和个别性相结合的劳动,只有团结协作的教师集体,才能保证教育的一致性、完整性和教育工作的有效进行。因此,地理教师必须能与他人在工作中友好协作,互勉共进,不仅与同行协作,还要与同事(不同学科教师)、学生协作。每个地理教师只有在工作中发挥自己的兴趣、爱好和个性特长,并不断从同事那里获得信息,借鉴和吸收经验,彼此在互动、合作中成长,地理专业才可以得到长足发展。

(四)地理专业自我

与传统上强调教师的知识和能力倾向相反,人们越来越重视教师的自我意识或自我价值。库姆斯在20世纪60年代出版的《教师的专业教育》一书中就提出,一个好的教师首先是一个人,是一个有独特人格的人,是一个知道运用"自我"作为有效工具进行教学的人。高"自我"的教师,倾向于以积极的方式看待自己,能够准确、现实地领悟自己和所处的世界,对他人有深刻的认同感,具有自我满足感、自我依赖感、自我价值感。

教师的职业劳动是一种以人格培养人格、以灵魂来塑造灵魂的劳动。因此,地理教师必须具备良好的专业态度。这是地理教师做好教学工作的先决条件,是地理教师自我完善的内在动力,也是地理教师敬业乐教的基础。

第三节 地理教师专业化发展

地理教师的专业成熟无疑是一个长期的发展过程,需要经过一系列的发展阶段。对教师专业发展阶段的研究,国内并不多,国外的研究植根于20世纪60年代美国幼教专家富勒及其助手。

一、教师专业化发展阶段理论

20世纪60年代以后,美国教育工作者凯茨、美国俄亥俄州州立大学伯顿、美国学者费斯勒等人,先后提出有关教师专业化发展的阶段理论。

综合不同学者的研究成果可以看出,关于专业化教师成长阶段主要有以下三种观点。

(一)二阶段论

专业化教师成长分为两个阶段:预期专业阶段和继续专业阶段。

预期专业阶段是指个体为适应将要承担的职业角色而进行的准备性个体社会实践。如师范生接受专门的师范教育或师范性教育,便是教师专业发展的第一个阶段,即预期专业阶段。

继续专业阶段指个体在承担某种职业角色之后为了更好地扮演角色而进行的社会实践,包括教师工作实践,也包括进入有关院校脱产、半脱产进修学习。

(二)三阶段论

从教师作为社会人的角度考察其成为一名专业教师的变化过程,我国台湾省王秋绒等人将教师成长过程分成三个阶段:师范生阶段、实习教师阶段和合格教师阶段。三个阶段中又分若干小阶段,如师范生阶段可以划分出探索适应期、稳定成长期和成熟发展期;实习教师阶段可以划分出蜜月期、危机期和动荡期;合格教师阶段可以划分出新生期、平淡期和厌倦期等。

(三)四阶段论

以美国富勒为代表,认为教师专业成长过程可以分为四个阶段:任教前关注阶段、早期求生存阶段、关注教学情境阶段和关注学生阶段。

任教前关注阶段是师资养成时期,师范生扮演学生角色,对于教师角色仅是想象,没有教学经验,只关注自己。

早期求生存阶段是初次实际接触教学工作,所关注的是作为教师自己的生存问题,所以他们关注课堂的控制、是否被学生喜欢和他人对自己的评价等。此阶段他们具有相当大的压力。

关注教学情境阶段的教师比较重视自己的教学,对学生的学习关注较少。

一般地,当教师经历过上述三个阶段以后,才开始把学生作为关注中心,从而达到第四个阶段。

此外,还有将教师专业化成长阶段划分成四阶段(求生、巩固、更新、成熟)、五阶段(新手、已入门者、胜任者、熟练者、专家)等。

二、地理教师专业化发展形式

教师专业化依靠两个方面,一是教师自身素质,二是客观环境。如果教师没有专业意识,不具有专业理想、专业情操和专业性向,专业化发展无从谈起。教师专业化发展还要靠政府的政策保障,如法律保障体系、经济保障体系、制度保障体系等。

世界上许多国家都非常重视此项工作,作出各种规定。英国政府1972年宣布新任教师应有五分之一的时间进修,正式教师可以每隔七年轮流脱产带薪进修一年。法国在《继续教育法》中规定,每个中小学教师每年都有享受学习进修假两周。日本规定,有五年以上教龄的中小学教师可以推荐到教育研究生院、大学深造等。发达国家还为教师业余继续教育创造各种便利条件,或者对坚持业余继续教育的教师给予奖励。更有甚者,德国1992年颁布的《教师继续教育法》严格规定:中小学教师连续三年少于六周或不参加进修者则被取消教师资格。

近年来,我国教育部门对在职教师的培训进修非常重视,各地教师进修院校做了大量扎扎实实的工作,并在实践中积累了一定经验,为地理教师的进修创造了良好条件。由于我国教师专业化研究和实施起步较晚,许多法规保障体系和激励机制还在不断形成和完善中,地理教师的专业化发展普遍存在"重职前培养、弃入职教育、轻职后提高"的倾向。为此,我们认为,在更新地理专业化发展观念的基础上,加强地理教师的一体化教育非常重要。

(一)微格教学

微格教学(Microteaching)是师范生和在职教师掌握课堂教学技能的一种培训方法,又被译为"微型教学"、"微观教学"、"小型教学"等。微格教学始于1963

年美国斯坦福大学的教授阿伦和他的同事伊芙。微格教学"是一种利用现代化教学技术手段来培训师范生和在职教师教学技能的系统方法",一般包括以下几个步骤:一是事前学习和研究;二是组成微型课堂,提供示范;三是确定培训技能和编写教案;四是角色扮演,准确记录;五是反馈和评价;六是修改教案后重新进行角色扮演。

(二)参加合格学历进修

美国是世界上率先将中小学(包括幼儿园)教师的职前培养水平提高到大学本科程度的国家。

为了提高教学质量,我国于20世纪末提出了初中教师必须达到大专学历,高中教师应该具备大学本科学历的要求。由于种种原因,目前我国初、高中地理教师还有一部分人未达到学历要求。为此,国家在各地开办了一些进修院校或在大学内设继续教育学院,以满足部分地理教师的学历进修。由于进修学员的经济原因,或者在学校里还有相当重的教学任务,如果进修学员本人不能妥善处理好系统进修与当前教学的矛盾,地理学历进修有可能流于形式。

(三)参加在职短期培训

为了适应教育发展需要,不断提升教师教育教学水平,我国参照国外教师进修工作经验并结合我国实际情况,逐步试行在职教师进行不同层次的培训进修,如利用寒暑假进行地理新课程改革培训、2010年开始的"国培计划"、中小学教师远程全员培训、中小学教师"五年一轮训"等,这对加强中学地理教学业务能力有很大帮助。

(四)开展专题研究

在一些有条件的示范中学,许多地理教师利用业余时间结合地理教学中的专门课题开展研究,这是较高层次的进修提高形式。承担专题研究的教师需要结合所研究的专题学习有关教育理论,联系实际进行系统的研究和实践,然后总结出研究成果。因此,开展专题研究是一种综合的进修提高措施。专题研究并非深奥莫测,通常学校里组织的地理研究课、观摩课、示范课,还有突出教学改革研究的教改实验课,都应该属于专题研究的范畴。

思考与练习

1. 什么是专业、专业化? 教师专业化发展有何必要性?

2. 地理教师专业知识和专业技能包括哪些?

主要参考文献

[1] 卞鸿翔,李晴. 地理教学论[M]. 南宁:广西教育出版社,2001.

[2] 陈澄. 地理教学论[M]. 上海:上海教育出版社,1999.

[3] 陈澄. 地理教学论与地理教学改革[M]. 上海:华东师范大学出版社,2001.

[4] 陈澄. 新编地理教学论[M]. 上海:华东师范大学出版社,2007.

[5] 陈澄,江晔. 地理课堂教学技能训练[M]. 上海:华东师范大学出版社,2001.

[6] 陈澄,夏志芳. 地理学习论与学习指导[M]. 上海:华东师范大学出版社,2001.

[7] 褚亚平. 中学地理教学法[M]. 北京:人民教育出版社,1981.

[8] 褚亚平. 地理学科教育学[M]. 北京:首都师范大学出版社,2000.

[9] 地理课程标准研制组. 全日制地理课程标准(实验稿)解读[M]. 武汉:湖北教育出版社,2002.

[10] 地理课程标准研制组. 普通高中地理课程标准(实验稿)解读[M]. 南京:江苏教育出版社,2003.

[11] 段玉山. 地理课程测量评价[M]. 北京:高等教育出版社,2003.

[12] 段玉山. 地理新课程课堂教学技能[M]. 北京:高等教育出版社,2003.

[13] 段玉山. 地理新课程研究性学习[M]. 北京:高等教育出版社,2003.

[14] 段玉山. 地理新课程教学方法[M]. 北京:高等教育出版社,2003.

[15] 段玉山. 地理新课程测量评价[M]. 北京:高等教育出版社,2003.

[16] 段玉山. 信息技术辅助地理教学[M]. 北京:高等教育出版社,2003.

[17] 段作章. 基础教育课程改革透视与展望[M]. 合肥:安徽教育出版社,2004.

[18] 冯忠良. 教育心理学[M]. 北京:人民教育出版社,2000.

[19] 顾君忠. 多媒体信息技术及应用[M]. 沈阳:辽宁科学技术出版社,2004.

[20] 顾明远,孟繁华. 国际教育新理念[M]. 海口:海南出版社,2001.

[21] 韩志坚,封昌权,徐建祥. 现代教育技术教程[M]. 北京:人民邮电出版社,2003.

[22] 教育部. 中学地理教学大纲(草案)[S]. 1956.

[23] 教育部. 全日制中学地理教学大纲(草案)[S]. 1963.

[24] 教育部. 全日制义务教育地理课程标准(实验稿)[M]. 北京:人民教育出版社,2001.

[25] 教育部. 普通高中地理课程标准(实验)[M]. 北京:人民教育出版社,2004.

[26] 教育部. 义务教育地理课程标准(2011年版)[M]. 北京:北京师范大学出版社,2012.

[27] 教育部. 中学教师专业标准(试行)[S]. 2012.

[28] 教育部,中国教科文卫体工会全国委员会. 中小学教师职业道德规范(2008年修订)[S]. 2008.

[29] 教育部基础教育司,教育部师范教育司. 地理课程标准研修[M]. 北京:高等教育出版社,2004.

[30] 教育部基础教育司,教育部师范教育司. 课程资源的开发与利用[M]. 北京:高等教育出版社,2004.

[31] 教育部基础教育司,教育部师范教育司. 综合实践活动的实施与管理[M]. 北京:高等教育出版社,2004.

[32] 靳玉乐. 新教材将会给你带来些什么——谈新教材新功能[M]. 北京:北京大学出版社,2002.

[33] 孔祥发. 地理教学艺术论[M]. 北京:学苑出版社,2001.

[34] 李治洪,段玉山. 地理信息技术基础教程[M]. 北京:高等教育出版社,2005.

[35] 林培英,陈澄. 初中地理新课程案例与评析[M]. 北京:高等教育出版社,2003.

[36] 凌申. 走进高中新课改[M]. 南京:南京大学出版社,2005.

[37] 刘明远. 21世纪,谁来教综合课——谈新课程结构的重建[M]. 北京:北京大学出版社,2002.

[38] 欧益生,张建芳. 综合实践活动课程[M]. 杭州:浙江教育出版社,2006.

[39] 裴新生,殷培红,孟胜修. 地理教育中的思维、实践、创新[M]. 北京:北京科学技术出版社,2002.

[40] 皮连声. 教学设计——心理学的理论与技术[M]. 北京:高等教育出版

社，2000.

[41] 任长松. 课程的反思与重建——我们需要什么样的课程观[M]. 北京：北京大学出版社，2002.

[42] 施良方. 学习论[M]. 北京：人民教育出版社，2001.

[43] 施良方，崔允漷. 教学理论：课堂教学的原理、策略与研究[M]. 上海：华东师范大学出版社，1999.

[44] 孙根年. 地理课程改革的新理念[M]. 北京：高等教育出版社，2003.

[45] 孙家镇. 中学地理微格教学教程[M]. 北京：科学出版社，1999.

[46] 王民. 地理课程论[M]. 南宁：广西教育出版社，2001.

[47] 王民. 地理新课程教学论[M]. 北京：高等教育出版社，2003.

[48] 王策三. 教学论稿[M]. 北京：人民教育出版社，2000.

[49] 王树声. 中学地理教材教法[M]. 北京：高等教育出版社，1995.

[50] 汪刘生. 教学论[M]. 合肥：中国科学技术大学出版社，1996.

[51] 吴文凯. 比较教学论[M]. 北京：人民教育出版社，1996.

[52] 夏志芳. 地理学习论[M]. 南宁：广西教育出版社，2001.

[53] 夏志芳. 地理课程与教学论[M]. 杭州：浙江教育出版社，2003.

[54] 肖川，邹邵林，李光辉，等. 义务教育地理课程标准（2011年版）解读[M]. 武汉：湖北教育出版社，2012.

[55] 袁书琪. 地理教育学[M]. 北京：高等教育出版社，2001.

[56] 袁孝亭. 中学地理素养教育[M]. 北京：高等教育出版社，2005.

[57] 张超，段玉山. 地理教育展望[M]. 上海：华东师范大学出版社，2002.

[58] 张楚廷. 教学论纲[M]. 北京：高等教育出版社，1999.

[59] 张华. 课程与教学论[M]. 上海：上海教育出版社，2000.

[60] 张亚南. 地理教育测量[M]. 北京：科学出版社，2000.

[61] 中国教育学会地理教学研究会. 走进二十一世纪的中国地理教育[M]. 北京：人民教育出版社，2003.

[62] 中共中央，国务院. 国家中长期教育改革和发展规划纲要（2010—2020年）[R]. 2010.

[63] 钟启泉. 新课程师资培训精要[M]. 北京：北京大学出版社，2002.

[64] 钟启泉. 基础教育课程改革纲要（试行）解读[M]. 上海：华东师范大学出版社，2003.

[65] 周广强. 课程资源开发和整合[M]. 北京：人民教育出版社，2004.

[66] 周小山. 教师教学究竟靠什么——谈新课程的教学观[M]. 北京：北京大

学出版社,2002.

[67] 朱爱光,涂从润,禹宾. 多媒体CAI软件系统的设计与制作[M]. 北京:电子工业出版社,2000.

[68] 筑波大学教育学研究会. 现代教育学基础(第二版)[M]. 钟启泉,译. 上海:上海教育出版社. 2003.

[69]《走进高中新课程》编写组. 走进高中新课程[M]. 武汉:华中师范大学出版社,2004.

后 记

地理正式作为我国中小学课程，始于20世纪初清朝光绪年间。地理教学论作为一门学科，其名称历经演变，从早期的“地理教授法”、“地理教学法”、“地理教材教法”等，发展到20世纪90年代的“地理教学论”。地理教学论学科名称的演变，反映了地理教学论课程教育已经由单纯的教授“教法”转变为教授“教法”与“学法”并重，由单一的研究地理教学“具体的、操作性的方法”发展为研究地理教学“法则”、“规律”，由“应用性”提升到“理论性和应用性并重”，是地理教学论学科日臻完善的必然。

地理基础教育是我国基础教育体系的重要组成部分，基础教育课程改革对地理基础教育提出了新要求。基础教育课程改革呼唤地理教师要贯彻新理念，走进新课堂，采用新教法，在教学过程中倡导自主学习、合作学习、探究学习，强调依据课程标准，积极挖掘教材资源，一切为了学生的发展。基础教育课程改革对地理教师的思维方式、知识结构、教学水平、专业发展等提出了新的要求，迫切需要地理教师改变传统教学观念和教学方法等，学习、运用乃至创造新的教学理念、教学方法等，积极推进地理课程改革。

高等师范教育承担着培养基础教育教师的重任。如何使我们的学生尽快熟悉、掌握和运用新课程理念下地理课程标准、教学过程、教学方法、课程资源、课程评价等，以便他们走向地理教育岗位时更好地实施和推进地理课程改革，是高等师范教育地理人的责任，更是我们这些地理教学论课程教师的义务。基于以上想法，我们在“新课程学科教学论系列教材”编委会的领导下，开始了《地理教学论》编写工作。

改革开放以来，我国地理教学论研究大家先后出版了很多教材。这些教材各有特色，为推进我国地理教学论学科的发展做出了不可磨灭的贡献。

我们是多种版本的地理教学论教材的忠实读者，也是地理教学理论、地理教学方法、地理课程改革的积极实践者。我们试图理论和实践相结合，全面解读经典地理教学理论，系统传承地理教学实践经验，全面贯彻新一轮基础教育课程改革理念，以培养新时期优秀的中学地理教师为目标，从地理教育发展、地理课程改革、地理教学过程、地理教学方法、地理课程资源建设、地理课程评价、地理教师专业化发展等方面构建教材框架,分别论述其内涵,进而揭示地理教学的客观规律,努力融先进性、理论性、系统性、实用性于一体。

本书第一版由安徽人民出版社2007年9月出版,基本框架由安徽师范大学黄成林等构建,各章撰稿分工如下:第一、第六、第八章,皖西学院黄新南;第二章,安庆师范学院周葆华;第三章,安徽师范大学李俊峰;第四章,安徽师范大学刘学梅;第五章,滁州学院刘东良、王官勇、潘立新;第七章,滁州学院潘立新。最后由黄成林、李俊峰、郑平建等统稿,黄成林定稿。该书被列为"安徽省高等学校'十一五'省级规划教材"。

2012年7月,本书改由安徽师范大学出版社出版。改版修订工作由黄成林主持、定稿,参加修订工作的有黄新南、周葆华、李俊峰、刘学梅、潘立新等。

2013年9月,我们启动了申请"2013年度安徽省高等学校省级质量工程项目"之"省级规划教材"立项工作。申请工作由安徽师范大学黄成林主持,参加人员有安徽师范大学李俊峰、刘学梅,皖西学院黄新南,安庆师范学院周葆华,滁州学院潘立新。在申请立项的同时,我们开始了教材的修订工作。修订工作由黄成林主持:黄成林写了前言,调整了书稿结构,将原来的第七章改为第六章,第六章改为第七章;各位作者本着"贴近课改、贴近课标、贴近需要"的原则,各自修订了书稿,最后由黄成林统稿、定稿。

在写作和修订过程中,我们参阅了许多专家学者的研究成果,得到了作者单位的大力支持和出版社的鼎力相助,在此一并表示由衷的感谢。限于篇幅,敬请使用本教材的老师在教学过程中适时增加必要的案例。我们祈盼地理教学论研究大家和广大读者提出宝贵的修改意见,以便进一步完善本教材,共同推进地理教学论学科的发展。

作　者

2013年12月16日